SUSANNE OSADNIK

Mein Haus zahlt meine Rente

SUSANNE OSADNIK

Mein Haus zahlt meine Rente

Mehr Geld im Alter mit Teilverkauf, Immobilienrente, Rückmietkauf & Co.

FBV

Bibliografische Information der Deutschen Nationalbibliothek
Die Deutsche Nationalbibliothek verzeichnet diese Publikation in der Deutschen Nationalbibliografie. Detaillierte bibliografische Daten sind im Internet über http://dnb.d-nb.de abrufbar.

Für Fragen und Anregungen
info@finanzbuchverlag.de

Wichtiger Hinweis
Ausschließlich zum Zweck der besseren Lesbarkeit wurde auf eine genderspezifische Schreibweise sowie eine Mehrfachbezeichnung verzichtet. Alle personenbezogenen Bezeichnungen sind somit geschlechtsneutral zu verstehen.

Originalausgabe
1. Auflage 2023

Türkenstraße 89
80799 München
Tel.: 089 651285-0
Fax: 089 652096

Redaktion: Ulrich Wille
Korrektorat: Christiane Geldmacher
Umschlaggestaltung: Monika Tomaszewska
Umschlagabbildung: akg-images / IKON images / Thomas Kuhlenbeck
Satz: Röser MEDIA GmbH & Co. KG, Karlsruhe
Druck: CPI books GmbH, Leck
Printed in the EU

ISBN Print 978-3-95972-606-1
ISBN E-Book (PDF) 978-3-98609-179-8
ISBN E-Book (EPUB, Mobi) 978-3-98609-180-4

Wir produzieren nachhaltig
www.m-vg.de

Weitere Informationen zum Verlag finden Sie unter
www.finanzbuchverlag.de
Beachten Sie auch unsere weiteren Verlage unter www.m-vg.de

INHALT

VORWORT

Einer neuen EU-Statistik zufolge lebt knapp die Hälfte der Deutschen in einer eigenen Wohnung oder einem eigenen Haus – und der Anteil der über 70-Jährigen daran ist besonders hoch. Die Mehrheit dieser Menschen hat sich das eigene Haus im Laufe des Lebens erarbeitet und ist froh, im Alter mietfrei leben zu können.

Gleichzeitig stellt man fest, dass die Lebenshaltungskosten gestiegen sind, Reparaturen oder Umbauten am Haus notwendig werden und deshalb für die langersehnten Reisen oder die Unterstützung von Kindern und Enkeln kein finanzieller Spielraum mehr besteht.

Da stellt sich die Frage: Wie kann ich aus meinem »Betongold« bares Geld machen, ohne mein Zuhause aufgeben zu müssen?

Eine Antwort bietet seit einigen Jahren die Immobilienverrentung. Wir kennen diese Möglichkeit aus Großbritannien oder den USA, Ländern, in denen die Quote der Hauseigentümer auch sehr viel höher ist. Auch hier in Deutschland haben sich in den vergangenen Jahren verschiedene Modelle am Markt etabliert. Es gibt Leibrenten, Nießbrauch, Verkauf mit lebenslangem Wohnrecht, die Möglichkeit der Beleihung der Immobilie mit Rückzahlung durch die Erben und – noch relativ neu – die Möglichkeit des Teilverkaufs. Alle diese Angebote haben eines gemeinsam: Sie sind für Laien nicht ganz einfach zu verstehen und erfordern deshalb gründliche Information und Beratung.

Es gilt, die verschiedenen Modelle zu verstehen, sie zu vergleichen und zu entscheiden, welches für die eigene Situation und die eigenen Bedürfnisse das Beste ist.

Dieses Buch wird Ihnen helfen, sich einen Überblick zu verschaffen, und kann damit auch einen wichtigen Beitrag zur Entscheidungsfindung leisten. Denn die Autorin hat sich nicht nur eingehend mit den sehr unterschiedlichen Möglichkeiten zur finanziellen Nutzung der eigenen Immobilie beschäftigt und die Vor- und Nachteile der aktuellen Angebote analysiert. Sie lässt auch ausgewiesene Fachleute zu Wort kommen, liefert konkrete und einfach nachvollziehbare Rechnungen und hat mit Senioren gesprochen, die sich beispielsweise für die noch relativ neue Möglichkeit des Teilverkaufs entschieden haben.

Für alle, die noch unsicher sind, ob und in welcher Form sie künftig mit ihrer abgezahlten und selbst genutzten Immobilie ihre Rente aufbessern möchten, wird dieses Buch ein guter Ratgeber sein. Soweit Sie im Anschluss an die Lektüre noch vertiefte individuelle Informationen möchten, bieten beispielsweise die Verbraucherzentralen eine unabhängige Beratung an.

Für was auch immer Sie sich entscheiden – ich wünsche Ihnen ein glückliches Leben im Ruhestand.

Brigitte Zypries

Ehemalige Bundesministerin der Justiz und für Wirtschaft und Energie, Mitglied im Expertenbeirat von wertfaktor

EINLEITUNG

Ein Haus lässt sich kaufen,
aber nicht ein Zuhause.

*Walter Ludin (*1945), Schweizer Journalist und Mitglied des franziskanischen Ordens der Kapuziner*

»Die Rente ist sicher.« Es gibt kaum einen anderen Satz, der so in unserem kollektiven Gedächtnis verankert ist wie dieser. Als sich Norbert Blüm 1986 in der Hitze des damaligen Bundestagswahlkampfs zu dieser Äußerung hinreißen ließ, ahnten nur wenige, wie sehr der CDU-Bundesminister für Arbeit und Sozialordnung danebenliegen würde.

Jahrzehnte später wissen viele Senioren, dass die gesetzliche Rente nie und nimmer für einen sorgenfreien Lebensabend reichen wird. Um 2.000 Euro Rente zu bekommen, muss man schon 45 Jahre lang 4.214 Euro im Monat verdient haben. Für 1.500 Euro Rente sind es 3.330 Euro. Und für 1.000 Euro immerhin noch 2.103 Euro.[1]

Bei vielen Rentnern wächst daher auch die Sorge vor finanziellen Engpässen: Dem Ruhestand sehen sie zwar mehrheitlich positiv entgegen und freuen sich einerseits darauf. Andererseits wird das Rentnerdasein aber auch mit knapper werdendem Geld verbunden. Wer die Altersgrenze von 50 Jahren schon überschritten hat, fürchtet sich bereits vor Altersarmut[2], wie eine Umfrage unter über 50-Jährigen im vergangenen Jahr gezeigt hat.

Die Sorge ist durchaus begründet. Neben schmalen Renten kommt ein weiterer Aspekt dazu, der zu Geldnot führen kann: Wir werden immer älter. Inzwischen haben Männer um die 60 eine Lebenserwartung von mehr als 21 Jahren, Frauen von gut 25 Jahren. Und wer heutzutage 70 Lenze zählt, kann als Mann noch auf 14 weitere Lebensjahre hoffen. Eine Frau nähert sich mit statistischen 87 Jahren schon der Grenze zum 90. Geburtstag. Ein stolzes Alter.

So erfreulich diese Entwicklung auch ist: Wer länger lebt, braucht länger Geld. Die finanziellen Reserven, über die viele Senioren verfügen, sind aber eher überschaubar. So geht fast die Hälfte der Rentner in Deutschland mit weniger als 10 000 Euro Sparguthaben in Rente, mehr als jeder Sechste kann während der Rentenzeit kein Geld zurücklegen und knapp drei von zehn Immobilienbesitzern haben bei Rentenstart laut einer Forsa-Umfrage[3] noch eine Restschuld auf ihrem Eigenheim. Selbst ein vermeintlich gutes Polster von 100 000 Euro auf der hohen Kante zu Rentenbeginn mit 65 Jahren bedeutet nur ein zusätzliches Einkommen von monatlich rund 463 Euro. Nach spätestens 18 Jahren ist das Geld schlicht aufgebraucht.

Häufig unterschätzen Senioren, wie alt sie tatsächlich werden, und stehen im hohen Alter ohne Reserven da. Und dabei haben sich die wenigsten bis dahin wirklich etwas gegönnt: eine langersehnte Reise, das bequemere Auto, ein bisschen Luxus, der den Alltag verschönert, oder einfach das Konzertabonnement, das mit ein paar Hundert Euro im Jahr zu Buche schlägt.

Also trübe Aussichten für ältere Menschen? Nicht in jedem Fall. Wer eine eigene Immobilie besitzt, hat sich damit ein Vermögen zusammengespart, das er nun im Herbst des Lebens nutzen kann, um diesen zu vergolden – auch ohne Eigenheim oder Eigentumswohnung verlassen zu müssen.

Das selbst bewohnte eigene Heim stellt zwar häufig einen enormen Wert dar – aber eben nur theoretisch. In der Realität sind Hunderttausende Euro im eigenen Zuhause fest gebunden. Totes Kapital, das aber zum Leben erweckt werden kann. Warum nicht Haus oder Wohnung für sich arbeiten lassen?

Noch vor wenigen Jahren ist kaum jemand auf die Idee gekommen, sein Eigenheim in eine Rente aus Stein umzuwandeln. Alternativen dazu gab es ohnehin nicht. Blieb bislang nur noch der Verkauf von Haus oder Wohnung, wenn es finanziell eng wurde. Das hat sich inzwischen geändert: Die Zahl der Möglichkeiten, mithilfe seiner Immobilie Geld zu verdienen – ohne sie vermieten zu müssen –, wächst. Sowohl die verrentete Immobilie als auch Alternativen wie der Teilverkauf sind in Deutschland ein viel diskutiertes Thema geworden.

Die unterschiedlichen Modelle bieten Rentnern die Chance, das Einkommen aufzustocken und gleichzeitig in der eigenen Immobilie und der gewohnten Umgebung bleiben zu können. In Frankreich, Großbritannien oder den USA besteht die Möglichkeit, Haus oder Wohnung in bares Geld zu verwandeln und dennoch darin zu wohnen, seit Jahrzehnten. In Frankreich existiert die Leibrente bereits seit dem 9. Jahrhundert – und erfreut sich immer noch großer Beliebtheit. Mit Charles de Gaulle, Valéry Giscard d'Estaing und François Hollande haben gleich drei französische Präsidenten Immobilien über Leibrentenverträge erworben.

Wer lange gebraucht hat, ein Haus oder eine Wohnung endlich sein Eigen nennen zu können, freundet sich ungern mit dem Gedanken an, es wieder abgeben zu müssen. Das ist aber gar nicht nötig: Bei einer Leibrente wird das Eigentum beispielsweise gegen lebenslanges Wohnrecht und eine Rentenzahlung verkauft. Auch der Verkauf gegen eine Rückanmietung ist möglich. Hört sich erst einmal seltsam an, kann aber durchaus interessant sein: Der Verkäufer erhält auf einen Schlag eine größere Menge Bargeld und bleibt in seinem Eigentum wohnen. Und bei der Umkehrhypothek, die hierzulande eher ein Nischenprodukt ist, belastet man im Grunde sein Wohneigentum wieder mit einem Kredit, an dessen Laufzeitende die Immobilie verkauft wird.

Die zehn größten Zukunftsängste der Best Ager

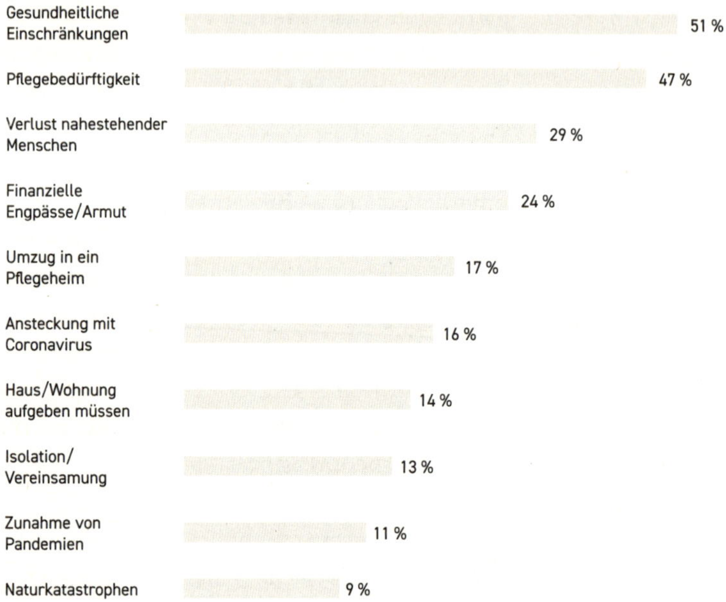

Quelle: Studie „Lebensträume", Befragung von 1.500 Personen 50+ Jahre, Januar 2021, Engels & Völkers LiquidHome

Alle klassischen Verrentungsmodelle gehen allerdings mit dem zwangsläufigen Verkauf der Immobilie einher: Zwar bleibe ich, wo ich bin, und erhalte zusätzlich entweder eine einmalige Zahlung oder eine monatliche Zusatzrente oder auch eine Kombination aus beidem. Außerdem wird lebenslanges oder auch zeitlich befristetes Wohnrecht gewährt. Dafür kann ich aber nicht mehr über mein Wohneigentum verfügen, wie ich es bislang gewohnt war. Und vererben kann ich es auch nicht mehr.

All das hat viele Immobilienbesitzer bislang zögern lassen. Seit 2018 gibt es eine Alternative zu den üblichen Verrentungsmöglichkeiten. Beim sogenannten Teilverkauf können Eigenheimbesitzer nur einen Teil ihrer Immobilie veräußern. Sie wohnen weiterhin in ihrem Haus oder in ihrer Eigentumswohnung, können das Objekt vermieten, vererben, eines Tages den verkauften Teil zurückerwerben oder die Immobilie mithilfe des neuen Teilhabers verkaufen. In der Zwischenzeit verfügen sie über genügend Kapital, um ihr Leben sorgenfrei zu gestalten.

Entwickelt hat das Modell das Hamburger Unternehmen wertfaktor. Die Idee: Warum nicht weiter wohnen bleiben und dennoch an den Wertsteigerungen der Immobilie teilhaben? Wer nur einen Teil seines Hauses verkauft, kann bei einem späteren Verkauf nochmals von gestiegenen Preisen profitieren. Über den sogenannten Teilverkauf wird in diesem Buch sehr ausführlich berichtet, weil das Produkt zum einen neu ist und bislang noch kaum Erfahrungswerte in der Praxis vorliegen; zum anderen, weil es aus rechtlicher und wirtschaftlicher Sicht erklärungsbedürftig ist.

Grundsätzlich basiert das Modell des Teilverkaufs auf der Annahme, dass Immobilien auch in Zukunft an Wert gewinnen werden. Das muss nicht so bleiben, auch wenn es in den vergangenen Jahren ganz gut geklappt hat. Allein in den Jahren 2016 bis 2021 haben die Preise für Eigentumswohnungen (nicht nur) in den deutschen Metropolen und wenigen Zuzugsregionen enorm zugelegt: Kostete in München der Quadratmeter Wohnfläche 2016 noch 6.799 Euro, waren es fünf Jahre später schon 11 006 Euro – ein Plus von 62 Prozent. In Hamburg legte das Preisniveau in diesem Zeitraum um rund 71 Prozent auf 7.211 Euro pro Quadratmeter zu.[4] Selbst in Freiburg im Breisgau stiegen die Preise für Eigentumswohnungen um 38 Prozent binnen fünf Jahren und damit um 7,6 Prozent pro Jahr. Und im oberbayerischen Rosenheim mussten Wohnungskäufer 2021 schon 6.644 Euro für den Quadratmeter zahlen, 2016 waren es noch 4.054 Euro gewesen.

Im vergangenen Herbst meldete das Statistische Bundesamt den größten Preisanstieg seit dem Jahr 2000: Innerhalb von nur drei Monaten – zwischen April und Juni 2021 – verteuerten sich Eigentumswohnungen und Eigenheime bundesweit im Schnitt um 10,9 Prozent im Vergleich zum Vorjahresquartal.[5] Die Bundesstatistiker bestätigten in diesem Zusammenhang auch den Trend, dass Wohnimmobilienpreise inzwischen nicht mehr nur in den Großstädten steigen, sondern zunehmend auch in deren Peripherie und auf dem flachen Land. Eine weitere Erkenntnis: Die Schere zwischen Angebot und Nachfrage bei Ein- und Zweifamilienhäusern geht immer weiter auseinander. Sowohl in der Stadt als auch auf dem Land verteuerten sich Eigenheime stärker als Eigentumswohnungen.

Man muss kein Wissenschaftler sein, um zu erkennen, dass die Corona-Pandemie diese Entwicklung verstärkt hat. Nirgends fühlen sich die Menschen vor dem Virus so geschützt wie in der Abgeschiedenheit von Haus und Garten. Wer in den vergangenen zwei Jahren sein Eigenheim verkauft hat, konnte demnach – je nach Lage und Region – ordentliche Gewinne einfahren. Allein 2020 sind die Preise für Einfamilienhäuser deutschlandweit um fast 11 Prozent gestiegen und legten 2021 nochmals um 13 Prozent zu.[6] Neben einem Rekordzuwachs in Metropolen wie Berlin (plus 16,36 Prozent), Hamburg (plus 21,84 Prozent) und München (plus 11,56 Prozent) haben auch Einfamilienhäuser in einzelnen Bundesländern enorm an Wert gewonnen: In Schleswig-Holstein haben sich Häuser um 29,8 Prozent verteuert, in Brandenburg um 26,34 Prozent, in Sachsen-Anhalt um 22 Prozent.

Wo das Preisniveau ohnehin schon sehr hoch war, etwa in Bayern, legten die Angebotspreise für Eigenheime im Durchschnitt nur noch um 2,58 Prozent zu. Dafür zahlt man aber beispielsweise im Landkreis München aktuell schon 9.325 Euro für den Quadratmeter Eigenheim.[7] Im nördlichen Bayern wird es etwa im Landkreis Augsburg mit 4.259 Euro pro Quadratmeter zwar schon erheblich günstiger. Aber ein Einfamilienhaus mit rund 100 Quadratmetern kostet durchschnittlich eben auch schon 425.900 Euro – ohne Nebenkosten.

All das ist Ausdruck eines ungeheuren Booms am Immobilienmarkt, der 2010 seinen Anfang genommen hat – und bislang anhält. Das muss aber nicht so bleiben. Bundesweite Preissprünge für Einfamilienhäuser von 24 Prozent binnen zwei Jahren dürfen nicht als die Regel, sondern vielmehr als Ausnahme angenommen werden – zumindest aus Sicht eines Immobilienbesitzers. Niemand sollte sich davon leiten lassen, auch künftig auf überdurchschnittliche oder gar explosionsartige Wertsteigerungen seines Zuhauses zu setzen. Das tun beispielsweise auch die Anbieter von Teilverkäufen nicht. Vielmehr rechnen sie bei ihren Prognosen mit geringen Preissteigerungen von teils nur 2 Prozent pro Jahr.

Das sind die 10 größten Lebensträume im Alter

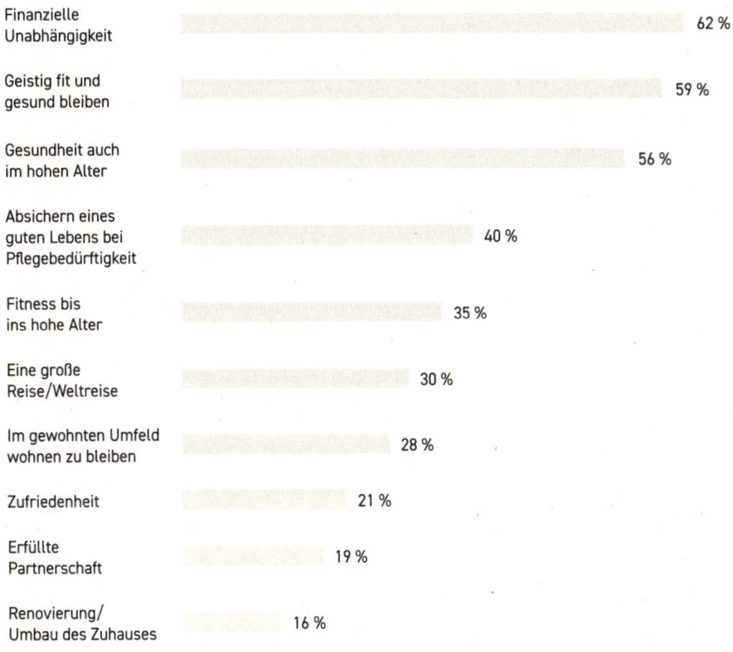

Quelle: Studie „Lebensträume“, Engel & Völkers LiquidHome, Februar 2022

Denn das Blatt kann sich auch wieder wenden, wie ein Blick in die Vergangenheit zeigt: In den Jahren zwischen 2000 und 2010 haben die Immobilienpreise weitgehend stagniert. Das gilt im Übrigen auch für die 90er-Jahre. Die Immobilienexperten der Deutschen Bank gehen beispielsweise schon jetzt davon aus, dass der außerordentliche Boom bereits 2024 zu Ende gehen könnte.[8] Denn die hohe Inflation und die steigenden Hypothekenzinsen dürften in den kommenden Jahren dafür sorgen, dass die Kaufkraft schrumpft und immer weniger Familien sich den Erwerb von Wohneigentum leisten können.

Wer sich mit dem Gedanken trägt, seine Immobilie durch Verrentung, Rückmietkauf oder Teilverkauf zu barem Geld zu machen, sollte also immer bedenken, dass der aktuelle Wert von Haus oder Wohnung nur eine Momentbetrachtung ist. Angesichts hoher Angebotspreise und großer Nachfrage ist gerade jetzt vielleicht der richtige Zeitpunkt, um einen guten Verkaufspreis in eine möglichst hohe Leibrente umzuwandeln oder eine stattliche Einmalzahlung bei einem Teilverkauf zu erhalten. Grundsätzlich ist bei allen Verrentungsmodellen der Wert der Immobilie die Ausgangsbasis für die Berechnung künftiger Leistungen. Allerdings sollte das nicht das einzig entscheidende Kriterium bei der Wahl des richtigen Modells oder Anbieters sein.

Die Entscheidung, ob eine Leibrente, ein Rückmietkauf, eine Umkehrhypothek oder ein Teilverkauf das richtige Konzept ist, kann nur jeder Immobilienbesitzer für sich selbst entscheiden. Dieses Buch soll einen Beitrag dazu leisten, sich einen Überblick über die verschiedenen Möglichkeiten und Angebote zu verschaffen – um dann die für sich im individuellen Einzelfall richtige Entscheidung treffen zu können.

KAPITEL 1:

IMMOBILIENVERKAUF GEGEN ...

1.1 IMMOBILIE GEGEN WOHNRECHT

Immobilienbesitzer nutzen in fortschreitendem Alter die Möglichkeit, ihr Eigenheim schon zu Lebzeiten an ihre Kinder zu übergeben und sich im Gegenzug ein lebenslanges Wohnrecht zu sichern. Andere wollen zusätzlich auch ihren Lebenspartner schützen, der nicht auf der Straße landen soll, wenn man selbst nicht mehr lebt. Und dann gibt es auch die Eigentümer, die ihr Zuhause gegen ein Wohnrecht an Dritte verkaufen. Damit solche Geschäfte und Abmachungen nicht später zu Unstimmigkeiten führen, gibt es vieles zu beachten.

Schon zu Lebzeiten sein Haus oder seine Wohnung an die Kinder zu übertragen, kann eine gute Entscheidung sein. So können Erbstreitigkeiten vermieden und später anfallende Erbschaftssteuern gespart werden. Man muss nicht umziehen, keine Miete zahlen und bleibt bis zum Tod in seiner gewohnten Umgebung. Wer sich dazu entschließt, sollte sich jedoch ein lebenslanges Wohnrecht sichern. Dazu reicht es nicht, das Wohnrecht in einem Schenkungsvertrag zu dokumentieren. Um sichergehen zu können, dass man unbefristet und so lange man selbst möchte, in seiner Immobilie wohnen kann, sollte das Wohnrecht in jedem Fall im Grundbuch eingetragen werden. Häufig wird im familiären Umfeld gern darauf verzichtet, um zusätzliche Kosten zu sparen, die mit einem Grundbucheintrag einhergehen.

Doch das ist Sparen am falschen Ende. Nur durch den Eintrag im Grundbuch ist gewährleistet, dass das Wohnrecht auch bei einem etwaigen Verkauf der Immobilie an Dritte bestehen bleibt. Ansonsten schützt ein vertraglich vereinbartes Wohnrecht nur im Verhältnis zum neuen Eigentümer, nicht aber gegenüber Dritten, sollte die Immobilie verkauft werden. Bei einem Grundbucheintrag muss ein möglicher neuer Käufer die Immobilie samt Wohnberechtigtem übernehmen. Zusätzlich einen notariellen Vertrag abzuschließen, in dem neben dem Wohnrecht auch andere Rechte und Pflichten geregelt werden, ist aus Sicht von Verbraucherschützern und Mietrechtsexperten immer anzuraten. Darin kann beispielsweise auch vereinbart werden, dass der Lebenspartner nicht ausziehen muss, wenn man selbst in ein Alters- oder Pflegeheim wechselt oder stirbt.

All das gilt auch, wenn man sich entscheidet, seine Immobilie gegen ein lebenslanges Wohnrecht zu verkaufen. Dafür erhält man im Gegenzug entweder zusätzlich eine Einmalzahlung oder eine Leibrente.

WAS IST EIN LEBENSLANGES WOHNRECHT?

Was ein Wohnrecht[9] ist, regelt Paragraf 1093 im Bürgerlichen Gesetzbuch (BGB). Danach liegt dann ein Wohnrecht vor, wenn man ein Haus oder eine Wohnung bewohnen darf, ohne selbst Eigentümer der Immobilie zu sein. Es kann zeitlich befristet vergeben werden und endet entsprechend mit dem Datum, das zuvor festgelegt wurde. Wird vereinbart, dass das Wohnrecht erst mit dem Tod endet, gilt das als lebenslanges Wohnrecht. Wem das gewährt wird, darf nicht nur für den Rest seines Lebens in der Immobilie bleiben, sondern kann auch entscheiden, mit wem er dort wohnen möchte. Sowohl

Familienangehörige als auch neue Lebenspartner oder Pflegekräfte für eine Rund-um-die-Uhr-Versorgung dürfen mit einziehen – ohne dass dafür um Erlaubnis gefragt werden muss. Eigentümer können das nicht untersagen. Ausnahme: Das lebenslange Wohnrecht wurde auf Grundlage von Paragraf 1090 BGB vergeben. In dem Fall gilt das Wohnrecht ausschließlich für den Wohnberechtigten und nicht für weitere Personen.[10]

Absatz (3) in Paragraf 1093 BGB kann entscheidend sein – je nachdem, was vertraglich vereinbart wurde. Umfasst das lebenslange Wohnrecht beispielsweise nur einen Teil der Immobilie und nicht das gesamte Gebäude – etwa in einem Mehrfamilienhaus, in dem sich das Wohnrecht nur auf eine Wohnung bezieht –, darf man dennoch Gemeinschaftsräume, den Keller, den Garten oder Dachboden oder auch die Dachterrasse weiterhin nutzen, auch wenn man nicht mehr Eigentümer der Wohnung, sondern nur noch deren Bewohner ist.

Wohnrecht oder Wohnungsrecht

Der Gesetzgeber unterscheidet »Wohnrecht« und »Wohnungsrecht«, weil es gravierende inhaltliche Unterschiede zwischen beiden Begriffen gibt. Im allgemeinen Sprachgebrauch wird meist von »Wohnrecht« gesprochen, wenn eigentlich das Wohnungsrecht gemeint ist. Auch in diesem Buch wird der Einfachheit halber der Begriff »Wohnrecht« benutzt, weil er sich eingebürgert hat. Dennoch soll kurz auf die Unterschiede eingegangen werden.

Wohnungsrecht, Paragraf 1093 BGB

Beim Wohnungsrecht ist die Nutzung des Eigentümers ausgeschlossen und die Wohnung oder das Haus steht ausschließlich demjenigen zur Verfügung, dem das Recht dazu eingeräumt wurde. Wer seine Immobilie verschenkt oder verkauft, will in den meisten Fällen genau das: weiterhin

dort wohnen bleiben und allein darüber entscheiden können, mit wem er eventuell sein Zuhause teilen will. Dazu können Familienangehörige genauso gehören wie Personal oder Pflegekräfte, für den Fall, dass man im Alter dauerhaft und rund um die Uhr Hilfestellung benötigt.
Im Gesetz heißt es:
»(1) Als beschränkte persönliche Dienstbarkeit kann auch das Recht bestellt werden, ein Gebäude oder einen Teil eines Gebäudes unter Ausschluss des Eigentümers als Wohnung zu benutzen. Auf dieses Recht finden die für den Nießbrauch geltenden Vorschriften der §§ 1031, 1034, 1036, des § 1037 Abs. 1 und der §§ 1041, 1042, 1044, 1049, 1050, 1057, 1062 entsprechende Anwendung.
(2) Der Berechtigte ist befugt, seine Familie sowie die zur standesmäßigen Bedienung und zur Pflege erforderlichen Personen in die Wohnung aufzunehmen.
(3) Ist das Recht auf einen Teil des Gebäudes beschränkt, so kann der Berechtigte die zum gemeinschaftlichen Gebrauch der Bewohner bestimmten Anlagen und Einrichtungen mitbenutzen.«

Wohnrecht, Paragraf 1090 BGB

Beim Wohnrecht sieht es anders aus. Eigentlich ist es nur ein »Mitbenutzungsrecht«, das sowohl dem Nutzer als auch dem Eigentümer erlaubt, die Immobilie gemeinsam zu nutzen. Genau das möchte aber niemand, der sich ein Wohnrecht vertraglich zusichern lässt. Die Stiftung Immobilienrente macht darauf aufmerksam, dass das Wohnrecht früher angewandt wurde, um unverheiratete Familienangehörige für die Zukunft abzusichern. Dazu wurde bei größeren Häusern ein Zimmer zur ausschließlichen Nutzung[11] für den Wohnrechtsnutzer festgelegt – darüber hinaus die Mitbenutzung von Bad, Küche, Waschküche oder Garten ermöglicht.
Im Gesetz heißt es:
»(1) Ein Grundstück kann in der Weise belastet werden, dass derjenige, zu dessen Gunsten die Belastung erfolgt, berechtigt ist, das Grundstück in einzelnen Beziehungen zu benutzen, oder dass ihm eine sonstige Be-

fugnis zusteht, die den Inhalt einer Grunddienstbarkeit bilden kann (beschränkte persönliche Dienstbarkeit).
(2) Die Vorschriften der §§ 1020 bis 1024, 1026 bis 1029, 1061 finden entsprechende Anwendung.«
Sowohl das Wohnungsrecht als auch das Wohnrecht sind persönliche Rechte, die nicht auf andere Personen übertragbar oder vererbbar sind.

VERKAUF GEGEN WOHNRECHT

Wer seine Immobilie gegen Wohnrecht verkauft, muss damit rechnen, nicht den vollen Verkaufspreis zu erhalten, den Haus oder Wohnung auf dem Immobilienmarkt eigentlich erzielen könnten. Denn ein im Grundbuch eingetragenes Wohnrecht (oder auch Nießbrauchsrecht) mindert den Wert einer Immobilie. Der Grund ist ganz einfach: Ein Objekt, das vermietet verkauft wird, ist weniger wert als eines, das leer steht und neu vermietet werden kann – möglichst zu einer höheren Miete. Oder aber selbst genutzt werden könnte, was vor allem bei privaten Käufern das Hauptmotiv ist. Nutzt der Verkäufer die Immobilie aber weiterhin selbst, entgehen dem Käufer entweder Mieteinnahmen oder die Chance, Haus oder Wohnung selbst zu nutzen. Also müssen die Käufer aus Sicht des Gesetzgebers dafür entschädigt werden und erhalten eine Art Nutzungsgebühr, die vom Kaufpreis abgezogen wird. Je länger das Wohnrecht vergeben wird, desto höher die Gebühr. Logischerweise ist ein lebenslanges Wohnrecht am teuersten.

Die Nutzung der Immobilie selbst stellt einen Wert dar, der nach einer bestimmten Formel errechnet wird (siehe Absatz »Wohnrecht und Steuern«). Dieser Wert wird wie eine Gebühr vom Immobilienwert abgezogen und danach ergibt sich im Bestfall[12] die Summe, die man ausgezahlt bekommt.

WOHNRECHT UND ZWANGSVOLLSTRECKUNG

Grundsätzlich sollte das lebenslange Wohnrecht im Grundbuch eingetragen werden, um den Wohnungsnutzer abzusichern. Dabei kann entscheidend sein, in welchem Rang das Wohnrecht eingetragen wird. Das amtliche Grundbuch ist ein öffentliches Register, in dem vermerkt ist, wem eine Immobilie oder ein Grundstück gehört.[13] Zusätzlich werden weitere Informationen darin notiert – eingeteilt nach drei Kategorien, die auch als »Rangordnung« oder kurz »Rang« bezeichnet werden.

1. Der erste Rang regelt die Eigentumsverhältnisse.
2. Der zweite Rang enthält Nutzungs- und Nießbrauchsrechte.
3. Der dritte Rang weist auf finanzielle Belastungen wie Grundschulden und Hypotheken hin.

Entscheidend für die Reihenfolge der Rechte im zweiten und dritten Rang ist der Zeitpunkt des Eintrags. Werden beispielsweise am selben Tag Rechte im zweiten und dritten Rang eingetragen, verfügen sie über denselben Rang – sofern keine gesonderte Rangabstimmung vorgenommen wurde.[14] Die wiederum ist davon abhängig, ob sich alle Vertragsparteien auf eine abweichende Rangfolge haben einigen können.

Aus diesem Grund wird häufig angeraten, das Wohnrecht im ersten Rang im Grundbuch eintragen zu lassen – gleichrangig mit den Eigentumsverhältnissen. Dann ist das Wohnrecht auch im Fall einer Zwangsvollstreckung rechtlich abgesichert. Rangiert es weiter hinten im Grundbuch, kann der Wohnrechtsinhaber eine böse Überraschung erleben: Mit dem Zuschlag zur Zwangsversteigerung erlischt automatisch auch das Wohnrecht – wenn es rangschlechter gestellt ist.[15] Finanzierende Banken bestehen in der Regel darauf, Kredite immer vor dem Recht auf Wohnen im Grundbuch zu platzieren. So können die Kreditgeber bei einer Insolvenz des Kreditnehmers vor allen anderen Gläubigern Kapital aus einem Zwangsverkauf der Immobilie schlagen. Nur selten vergeben Banken Darlehen, wenn das Wohnrecht im ersten Rang eingetragen ist. Passiert das doch mal, zahlt der Kreditnehmer einen hohen Aufschlag.

Dem Wohnrechtnutzer bleibt bei Zwangsversteigerung der Immobilie, in der er wohnt, noch eine Option, die aber eher theoretisch als praktisch zu beurteilen ist: Er hat Anspruch auf Wertersatz für das verlorene Wohnrecht – ebenfalls aus dem Erlös der Versteigerungssumme (Paragraf 92 Zwangsversteigerungsgesetz).[16] Da bei einer Zwangsversteigerung erfahrungsgemäß viel zu wenig Geld übrig bleibt, um alle Gläubiger zu bedienen, bleiben Wohnberechtigte meist auf der Strecke.

Eine andere Möglichkeit ist, dass sich die Bank in einer Zusatzvereinbarung zur Grundschuld dazu verpflichtet, die Grundschuld so lange nicht zu verwerten, wie der Wohnrechts- oder Nießbrauchinhaber selbst seine an den Nießbrauch geknüpften Verpflichtungen erfüllt. Eine solche von der Bank abgegebene sogenannte »Sicherungszweckerklärung« oder »Sicherungsabrede« wird insbesondere im Teilverkauf genutzt (siehe Kapitel »Teilverkauf«). Bei diesen Modellen finanziert der Käufer den Anteilskauf meist über einen Kredit. Gleichzeitig ist der Nießbrauch des Wohnungsnutzers an die Zahlung eines monatlichen Entgelts gekoppelt. Solange diese Zahlungen geleistet werden, ist der Inhaber des Nießbrauchs geschützt und kann in der Immobilie wohnen bleiben, auch wenn der Teilverkaufs-Anbieter pleitegehen sollte. Zahlt der Wohnungsnutzer jedoch selbst nicht mehr, erlischt sein Nießbrauch – ganz unabhängig vom eingetragenen Rang im Grundbuch – und er muss aus der Immobilie ausziehen.

WOHNRECHT UND RÜCKFORDERUNG DER SCHENKUNG

Wer nun denkt, dass das alles gar nicht eintreffen kann, weil die Immobilie, die man den Kindern zu Lebzeiten übertragen hat, schuldenfrei ist, kann sich irren. Denn der beschenkte Sohn könnte das Eigenheim beispielsweise verkaufen und niemand weiß, wie solvent der Käufer auf Dauer ist. Geht er pleite, ist das Wohnrecht futsch. Sohn oder Tochter könnten aber auch einen Kredit aufnehmen und der Bank die Immobilie als Sicherheit überlassen – beispielsweise, weil sie sich beruflich verändern wollen und dafür Kapital brauchen. Aber auch Jobverlust und Krankheit der Angehörigen können dazu führen, dass selbst gut situierte Kinder in Schwierigkeiten geraten und Geld brauchen.

Aus diesem Grund raten Juristen manchmal, eine sogenannte Rückforderungsklausel im Grundbuch zu verankern. Unter bestimmten Umständen kann man dann die Immobilie zurückfordern, bevor sie unter den Hammer kommt. Sowohl der Tod des Beschenkten als auch dessen Scheidung, Insolvenz und Zwangsversteigerung können solche Motive für die Rücknahme der Schenkung sein. Eine Steigerung dieser Absicherung besteht darin, ein Rückforderungsrecht auch für den Fall zu vereinbaren, dass der Beschenkte die Immobilie ohne Zustimmung des Wohnrechtsinhabers veräußert oder mit Krediten belastet.[17] Das Ganze ist zumindest auf familiärer Ebene nicht ganz unproblematisch: Wer möchte schon den eigenen Kindern oder potenziellen Erben etwas schenken und gleichzeitig den Daumen darauf halten?

Eine Abwägung, die man grundsätzlich mithilfe eines Rechtsanwalts oder Notars treffen sollte. Der Bayerische Notarverein e. V.[18] macht darauf aufmerksam, dass ohne entsprechende Klausel (oder Eintrag des Wohnrechts im ersten Rang des Grundbuches) nur die gesetzlich verankerten Rückforderungsrechte bleiben, die aber nicht so leicht durchzusetzen sind. Da wäre zum einen der »grobe Undank«

des Beschenkten. Wie will man den beweisen? Zum anderen die eigene Verarmung. Das gilt aber auch nur dann, wenn zwischen dem Zeitpunkt der Schenkung und der eigenen finanziellen Bedürftigkeit weniger als zehn Jahre vergangen sind.[19]

WOHNRECHT UND STEUERN

Wer mietfrei gegen lebenslanges Wohnrecht in einer Immobilie wohnt, muss Steuern zahlen. Die Logik des Gesetzgebers: Wer keine Miete zahlt, hat einen Vorteil denjenigen gegenüber, die monatlich ihre Miete entrichten. Das Wohnrecht selbst wird als realer Vermögenswert gesehen und durch die nicht zu zahlende Miete als sogenannter geldwerter Vorteil gewertet – und muss versteuert werden. Grundlage für die Besteuerung ist Paragraf 14 des Bewertungsgesetzes.[20]

Wie hoch die Steuerzahlung ausfällt, hängt von drei Dingen ab:

1. dem Marktwert der Immobilie,
2. der fiktiven Jahresmiete, die erzielt werden könnte, und
3. dem Alter und Geschlecht des Wohnrechtsinhabers.

Rein rechnerisch ergibt sich der Wert des Wohnrechts, der versteuert werden muss, folgendermaßen: Aufgrund des Marktwerts der Immobilie wird eine Jahresmiete errechnet, die sich am regionalen Mietspiegel orientieren sollte. Grundsätzlich ist bei der Festlegung der fiktiven Miete eine Grenze gesetzt: Sie darf nicht höher ausfallen als der Immobilienwert, geteilt durch 18,6.

Wenn sich beispielsweise eine Immobilie mit einem aktuellen Marktwert von 350 000 Euro für 1.000 Euro Kaltmiete vermieten ließe, würde man als Jahresmiete 12 000 Euro ansetzen. Dieser Wert wird mit dem sogenannten »Kapitalwert« multipliziert, der sich auf die statistische Restlebenszeit des Wohnrechtsnutzers bezieht. Der Kapitalwert, der manchmal auch »Vervielfältiger« oder »Barwert«

genannt wird, findet sich in einer Tabelle des Bundesfinanzministeriums[21], die online abgerufen werden kann. In dieser Tabelle wird die statistische durchschnittliche Lebenserwartung von Frauen und Männern jeden Alters von 0 bis 100 Jahren erfasst und einem Kapitalwert zugeordnet, der unter Berücksichtigung von Zinsen mit 5,5 Prozent errechnet wird. So hat eine 70 Jahre alte Frau noch eine Lebenserwartung von 17 Jahren, ein gleichaltriger Mann von gut 14 Jahren. Der Kapitalwert der Frau liegt bei 11,175, der des Mannes bei 10,036.

Formel zur Berechnung des Wohnwerts

Jahresmiete × Kapitalwertfaktor = Wert des Wohnrechts.

Jahresmiete = Nettokaltmiete pro Monat × 12.

Kapitalwertfaktor: abhängig von Alter und Geschlecht.

Multipliziert man die fiktive Jahresmiete von 12 000 Euro mit dem Kapitalwert der Frau, also mit 11,175, ergibt das rund 134 000 Euro als Wert des Wohnrechts. Beim gleichaltrigen Mann läge der Wohnwert bei rund 120 000 Euro – eine Differenz, die sich aus den unterschiedlichen Lebenserwartungen von Frau und Mann ergibt.

Nach diesen Berechnungen müsste die Frau 134 000 Euro versteuern, der Mann 120 000 Euro. Wie viele Steuern Frau und Mann in diesem Beispiel tatsächlich zahlen müssten, hängt im Wesentlichen davon ab, ob der neue Eigentümer ihrer Immobilie mit ihnen verwandt ist oder nicht. Da der Wert des Wohnrechts nach dem Erbschaftsteuer- und Schenkungssteuergesetz besteuert wird und zwischen Eltern und Kindern steuerliche Freibeträge geltend gemacht werden können, fällt häufig gar keine Steuerzahlung an.[22] Anders sieht es aus, wenn man seine Immobilie an ein Unternehmen oder an eine nichtverwandte Privatperson gegen lebenslanges Wohnrecht verkauft. Da bedient sich das Finanzamt aufgrund geringerer Freibeträge. Die anfallende Steuer muss aber nicht einmalig bezahlt werden, sondern kann jährlich entrichtet werden.[23].

Grundsätzlich sollten Steuerfragen mit Fachleuten besprochen werden, die dafür ausgebildet wurden und bestenfalls auf das Wohnrecht spezialisiert sind.

IST DAS LEBENSLANGE WOHNRECHT PFÄNDBAR?

Jein. Das lebenslange Wohnrecht ist ein persönliches Recht, das in der Regel nicht auf jemand anderen übertragen werden kann. Es ist an die Person gebunden, an die es vergeben wurde. Da es sich aber beim Wohnrecht um ein Nutzungsrecht handelt und Nutzungsrechte grundsätzlich pfändbar sind, könnte auch ein Wohnrecht darunter fallen (Paragraf 857 ZPO).[24] Allerdings ist das nur dann möglich, wenn das Wohnrecht auch einer weiteren Person überlassen wurde – und das Recht auch so im Grundbuch eingetragen wurde.[25] Wer als alleiniger Nutzer des Wohnrechts im Grundbuch eingetragen wurde, läuft demnach keine Gefahr, durch eine Pfändung sein Zuhause zu verlieren.

Fazit: Haus oder Wohnung schon zu Lebzeiten an seine Kinder zu verschenken, kann Vorteile mit sich bringen. Ohne entsprechende Absicherung eines lebenslangen Wohnrechts im Grundbuch ist die Schenkung allerdings mit hohen Risiken für den Immobilienbesitzer verbunden. Denn nach der Schenkung hat er keinerlei Einflussmöglichkeiten mehr. Er kann danach jeden Tag vor die Tür gesetzt werden, wenn die Verwandten beispielsweise Eigenbedarf anmelden. Wer hingegen ein lebenslanges Wohnrecht rechtlich so absichern lässt, dass es unangreifbar ist – selbst bei einem Verkauf der Immobilie oder einer Zwangsversteigerung –, kann in Ruhe in seinem Zuhause alt werden und selbst entscheiden, wann er auszieht. Die Pflichten, die er weiterhin hat, sind überschaubar, vorausgesetzt, sie wurden in einem Vertrag exakt beschrieben und notariell beglaubigt. Eltern sollten bei diesen Fragen versuchen, möglichst rational vorzugehen und Regelungen und Absprachen so betrachten, als würden sie sie mit einem Fremden und nicht mit den eigenen Kindern abschließen. Nur so können dauerhaft Streitigkeiten vermieden werden. Das gilt ebenso für Immobilienverkäufer, die Rechte und Pflichten als künftige Wohnrechtsnutzer absichern wollen. Sie haben den Vorteil, bei aktuell hohen Verkaufspreisen von einem ordentlichen finanziellen Gewinn profitieren zu können. Allerdings muss der Verkaufspreis auch hoch sein. Denn davon wird mindestens der Wert des Wohnrechts abgezogen; zusätzlich fallen Steuerzahlungen auf das gewährte Wohnrecht an.

Vorteile des Wohnrechts

- Lebenslanges Wohnrecht
- Aufhebung des Wohnrechts nur mit Zustimmung des Berechtigten möglich
- Kein Umzug nötig
- Keine Mietzahlungen
- Steuerersparnis bei Schenkung an Angehörige

Nachteile des Wohnrechts

- Lebenslanges Wohnrecht nicht auf Dritte übertragbar
- Keine Vermietung möglich
- Fiskus erhebt Steuern auf das Wohnrecht
- Wohnrechtnutzer zahlt Nebenkosten und kleinere Reparaturen
- Grundbuchabsicherung im ersten Rang oder entsprechende Zusatzregelung notwendig

1.2 IMMOBILIE GEGEN NIESSBRAUCH

Nießbrauch kann ebenso wie Wohnrecht lebenslang oder zeitlich befristet vergeben werden. Es ist ein persönliches Recht, das nicht vererbt oder verkauft werden kann. In der Regel endet der Nießbrauch erst mit dem Tod des Nießnutzers – vorausgesetzt, es wurde nicht etwas anderes vertraglich vereinbart.

Es gibt aber einen grundsätzlichen Unterschied zwischen Wohnrecht und Nießbrauch: Beim Nießbrauch genieße ich mehr Rechte als beim Wohnrecht.

Der Nießbrauch erlaubt mir, nicht nur selbst ein Leben lang meine verschenkte oder verkaufte Immobilie zu nutzen. Ich kann Haus oder Wohnung auch jederzeit vermieten, verpachten, andere darin mietfrei wohnen lassen oder aber das Objekt komplett oder teilweise vermieten und die erzielte Miete behalten. Zusätzliche Mieteinnahmen könnten dann notwendig werden, wenn aufgrund von Krankheit oder Pflegebedürftigkeit der Umzug in eine Alters- und Pflegeeinrichtung ansteht und die Rente nicht ausreicht, um die Kosten dafür zu tragen. Hat man durch einen Verkauf der Immobilie genügend Geld zur Verfügung, wird das vermutlich selten vorkommen. Wer aber sein Eigentum schon frühzeitig verschenkt hat, könnte später feststellen, dass die Rente doch nicht reicht, und eine zusätzliche Einnahmequelle zu schätzen wissen.

Statt eines Wohnrechts den Nießbrauch im Grundbuch eintragen zu lassen, kann demnach unter bestimmten Umständen sinnvoll sein. Wer hingegen künftig möglichst nichts mehr mit der Verwaltung des Hauses oder Reparaturen zu tun haben möchte und über ausreichend Rente verfügt, sollte beim lebenslangen Wohnrecht bleiben.

Denn der Nießbrauch geht nicht nur mit mehr Rechten, sondern auch mit mehr Pflichten einher: Der Nießnutzer muss im Sinne des Eigentümers gut wirtschaften und die Immobilie pflegen. Im Normalfall sind alle zum Eigentum zählenden Lasten während der Nutznießung zu tragen.[26] Paragraf 1074 BGB regelt, dass dazu alle öffentlichen und privatrechtlichen Lasten gehören. Dazu zählen beispielsweise neben der Gebäudeversicherung auch die Grundsteuer sowie die Kosten für Straßenreinigung oder Kanal- und Müllgebühren. Nebenkosten für Strom, Wasser und Heizung sind ebenso vom Nießnutzer zu tragen. Auch mit dem tropfenden Wasserhahn oder der kaputten Glühbirne hat der neue Eigentümer nichts zu tun. Aber was ist beispielsweise mit einem abgenutzten Treppengeländer, das nicht mehr sicher ist, oder dem defekten Verteilerkasten im Keller?

Der Gesetzgeber verpflichtet den Nießnutzer zum Erhalt der Immobilie (Paragraf 1041 BGB)[27] und dazu gehört auch, eine zerbrochene Fensterscheibe zu ersetzen oder geringe Schäden am Dach zu beseitigen. Der Austausch des Fensters oder eine neue Dacheindeckung fallen aber nicht darunter. Ebenso wenig die Instandsetzung elektrischer Anlagen oder deren Austausch. Auch umfangreiche Arbeiten am Außenputz des Hauses oder der Einbau einer neuen Heizungsanlage sollten vom Eigentümer veranlasst und bezahlt werden. Allerdings gibt es in der Praxis immer wieder Auseinandersetzungen zwischen Nießnutzern und Eigentümern, wer für welche Reparaturen oder den Ersatz von Geräten, Anlagen oder selbst Arbeiten zuständig ist, die durch einfache Abnutzung notwendig geworden sind. Deshalb ist es ratsam, solche Details vertraglich festzulegen und notariell beglaubigen zu lassen. Dann wissen alle Beteiligten schon frühzeitig, was auf sie zukommt.

NIESSBRAUCH UND GRUNDBUCHABSICHERUNG

Für den Nießbrauch gilt dasselbe wie für das Wohnrecht: Beides sollte unter allen Umständen ins Grundbuch eingetragen werden (siehe Abschnitt »Immobilie gegen Wohnrecht«). Zwar ist es möglich, ein Nießbrauchsrecht auch in einem formlosen Vertrag zu vereinbaren. Aber ohne Grundbucheintrag ist das Recht verwirkt, sobald die Immobilie an einen Dritten verkauft wird. Der Nießnutzer hat nur einen Anspruch dem Eigentümer gegenüber, der ihm das

Recht zur Nutzung des Hauses oder der Wohnung gewährt hat – nicht aber einem möglichen weiteren Käufer gegenüber. Bei einem weiteren Verkauf muss man sich auf einen Auszug gefasst machen.[28] Ist die Immobilie hingegen mit einem Nießbrauch belastet – da Wohnrecht und Nießbrauch den Wert einer Immobilie senken, wird das häufig so ausgedrückt –, erlischt der Nießbrauch auch bei weiterem Verkauf nicht. In der Praxis wird das eher selten passieren, weil eine Immobilie, die man nicht selbst nutzen kann, wenige Käufer anzieht. Selbst professionelle Aufkäufer dürften wenig Interesse haben, weil sie aus demselben Grund das Objekt nicht vermieten können.

Wer sich mit dem Thema »Grundbuchabsicherung« beschäftigt, stößt zwangsläufig auf die Frage: In welchem Rang soll der Nießbrauch eingetragen werden – vor oder hinter der Grundschuld? Um Nießbrauchnutzer optimal zu schützen, sollte ihr Recht möglichst im ersten Rang eingetragen werden – also vor den Ansprüchen der finanzierenden Bank. Das dürfte aber nur selten durchzusetzen sein, weil die Banken da nicht mitspielen. Um den Nießbrauchnutzer auch im zweiten Rang besser abzusichern, gibt es die Möglichkeit zusätzlicher Vereinbarungen, die auch Teilverkäufer wie wertfaktor nutzen: Die Zweckerklärung, die auch »Sicherungsabrede« genannt wird, schützt den Nießbrauchnutzer vor Zugriff der Bank, solange er selbst seine Zahlungen leistet. Einem Teilverkäufer, der demnach monatlich seine Zahlungen leistet, kann der Nießbrauch nicht entzogen werden. Nur falls er selbst in finanzielle Schwierigkeiten gerät, kann die Bank den Nießbrauch beenden.

VERKAUF GEGEN NIESSBRAUCH

Der Verkauf einer Immobilie gegen Nießbrauch ist analog zum Verkauf gegen Wohnrecht zu sehen. Man verkauft seine Immobilie, deren Wert zuvor von einem möglichst neutralen Gutachter geschätzt werden sollte. Dieser Wert, der entweder »Marktwert« oder auch

»Verkehrswert« genannt wird, ist die Basis für das Geschäft. Allerdings erhält man als Verkäufer nicht den vollen Verkaufspreis, weil der Nießbrauch eingepreist wird. Das heißt: Der Wert des Nießbrauchs wird vom Verkaufspreis abgezogen und der Käufer erhält maximal die Differenz einmalig ausgezahlt, denn möglicherweise werden auch künftige Instandhaltungskosten oder anstehende Sanierungen eingepreist. Der Wert des Nießbrauchs wird genauso berechnet wie der Wert des Wohnrechts (siehe Kapitel »Wohnrecht«). Dabei gilt ebenso wie beim Wohnrecht: Je länger es gewährt wird, desto teurer wird es – und desto höher die Abschläge auf den Verkaufspreis.

Wie hoch die Abschläge durch den lebenslangen Nießbrauch für den Verkäufer tatsächlich sind, zeigt eine Untersuchung des gemeinnützigen Portals IMMO.info im Jahr 2021. Dabei wurden 74 Objekte ausgewählt, die aufgrund bestimmter Faktoren miteinander vergleichbar waren: lebenslanger Nießbrauch, der unentgeltlich und ohne Instandhaltungspflichten vergeben worden war, und Immobilienpreise der Objekte, die auf Angebotspreisen bei den Immobilienportalen immowelt und Immo Scout24 basierten. (Es handelte sich demnach nicht um die tatsächlichen Verkaufspreise. Diese stehen aber in Deutschland nicht zur Verfügung.)[29]

Das Ergebnis der Studie ist ernüchternd. Selbst wenn es sich aufgrund der kleinen Datenbasis nicht um eine repräsentative Untersuchung handelt, wie IMMO.info selbst erklärt[30], ist doch eine Tendenz auszumachen, wie das Rechenbeispiel zeigt:

Eine Wohnung in Wiesbaden, deren Angebotspreis bei 240 000 Euro liegt, 80 Quadratmeter Wohnfläche aufweist und zu einer monatlichen Miete von 818 Euro kalt zu vermieten wäre, brächte den Verkäufern mit Nießbrauch (Mann/Frau) so viel:

Mann, 86 Jahre: 195 956 Euro (ein Minus von 18 Prozent),
Frau, 55 Jahre: 93 693 Euro (ein Minus von 61 Prozent).

Der lebenslange Nießbrauch würde den Mann im Alter von 86 Jahren demnach rund 44 000 Euro kosten, die sehr viel jüngere Frau mehr als 146 000 Euro.

Zweites Beispiel: Ein Haus in Berlin, dessen Angebotspreis bei 1,2 Millionen Euro liegt, 200 Quadratmeter Wohnfläche aufweist und zu einer monatlichen Miete von 3.000 Euro kalt zu vermieten wäre, brächte den Verkäufern mit Nießbrauch (Mann/Frau) so viel:

Mann, 86 Jahre: 1 083 468 Euro (ein Minus von 13 Prozent),
Frau, 55 Jahre: 663 420 Euro (ein Minus von 45 Prozent).

Der lebenslange Nießbrauch würde den Mann im Alter von 86 Jahren demnach rund 116 530 Euro kosten, die sehr viel jüngere Frau mehr als 536 580 Euro.

Weitere Eckpunkte der Untersuchung: IMMO.info verglich Häuser und Wohnungen mit Nießbrauch mit Objekten ohne Nießbrauch, die im Untersuchungszeitraum angeboten wurden. Das Ergebnis: Abzüglich des Nießbrauchwertes verloren die Immobilien mit Nießbrauch im Durchschnitt weitere 13,2 Prozent ihres Wertes.

IMMO.info folgert aus diesem Ergebnis, dass die offizielle Berechnungsmethode zur Wertminderung durch Nießbrauch/Wohnrecht nicht ausreichend ist für die Festlegung eines Marktwertes. Denn der Verkauf einer Immobilie, auf der ein lebenslanges Wohnrecht oder ein lebenslanger Nießbrauch lasten, senkt den Kaufpreis in der Praxis ganz erheblich. Folglich muss auch die Preisfindung über den Wertansatz der Finanzverwaltung (siehe Abschnitt »Wohnrecht und Steuern«) hinausgehen. Denn:

1. Privatleute, die eine Immobilie kaufen, wollen sie entweder selbst nutzen oder aber vermieten. Beides können sie nicht, wenn Haus

oder Wohnung mit lebenslangem Wohnrecht/Nießbrauch belegt ist.

2. Banken finanzieren in der Regel keine Wohnrecht-Nießbrauch-Immobilien. Das schränkt den Kreis der Käufer ein.
3. Die Unsicherheit, die mit Käufen solcher Immobilien einhergeht, muss ausgeglichen werden.

NIESSBRAUCH UND STEUERN

Wie auch das Wohnrecht wird der Nießbrauch als realer Vermögenswert betrachtet – und damit als geldwerter Vorteil. Das bedeutet: Wer nach Verkauf oder Schenkung einer Immobilie mietfrei wohnt, hat einen enormen Vorteil gegenüber einem Mieter. Der Nießbrauch selbst stellt damit einen Vorteil dar und muss versteuert werden. Die Besteuerung ist wie beim Wohnrecht geregelt (siehe Abschnitt »Immobilie gegen Wohnrecht«).

Beim Nießbrauch kommt aber unter Umständen noch eine weitere Besteuerung zum Tragen. Sollte der Nießnutzer von seinem Recht auf Vermietung oder Verpachtung Gebrauch machen, muss er die Einnahmen daraus versteuern – wie ein normaler Vermieter, der Einkünfte aus Vermietung und Verpachtung erzielt. Dagegen kann er aber auch wieder Werbungskosten absetzen. Abschreibungen, wie sie ein Eigentümer, der seine Immobilie vermietet, vornehmen dürfte, kann man als Nutznießer nicht geltend machen.[31]

NIESSBRAUCH UND SOZIALAMT

Wer sich bei Verkauf oder Schenkung einer Immobilie ein Nießbrauchsrecht einräumen lässt, kann damit bares Geld erwirtschaften. Ist das Haus groß genug oder verfügt sogar über abgetrennte Wohneinheiten, kann man schon vermieten, wenn man selbst noch dort wohnt. Steht ein Umzug in ein Alten- oder Pflegeheim an, ist eine Vermietung des gesamten Objekts möglich. Für Senioren mit schmaler Rente ist das eine willkommene Aufbesserung der monatlichen Zahlungen.

Nicht selten versucht indes das Sozialamt, beim Umzug in ein Pflegeheim an diese zusätzlichen Einkünfte heranzukommen – sofern es zunächst die Kosten der Heimunterbringung übernommen hat, so das Finanzinformationsportal Finanztip.[32] Bedürftige müssen ihr gesamtes verwertbares Vermögen einsetzen, bevor sie staatliche Hilfe bekommen. Werden Einkünfte aus Vermietung oder Verpachtung erzielt, wird die Behörde darauf zugreifen wollen. Oder im Fall einer Schenkung Druck ausüben, um diese Schenkung rückgängig zu machen – sofern nicht die Beschenkten einspringen. In der Praxis verlangt das Sozialamt häufig, dass die Kinder oder Enkel, denen Haus oder Wohnung geschenkt wurde, anteilig für die Heimkosten aufkommen. In dem Fall kann man nur hoffen, dass zwischen Schenkung und Übersiedlung ins Pflegeheim mindestens zehn Jahre verstrichen sind (Paragraf 529 Absatz1 BGB).[33] Erst dann hat die Behörde keinen Zugriff mehr auf die Immobilie.

Bis dahin kann es unter Umständen besser sein, die Immobilie leer stehen zu lassen. Somit hat die Behörde kein Recht, Forderungen zu stellen. Denn ein Nießnutzer ist nicht verpflichtet, das Objekt zu vermieten. Das entschied das Oberlandesgericht Köln bereits vor elf Jahren (OLG Köln, Beschluss vom 24. Juni 2011, Aktenzeichen 11 U 43/11).

Das Sozialamt sieht das naturgemäß anders und geht davon aus, dass Nießnutzer eigentlich verpflichtet sind, Haus oder Wohnung zu vermieten – selbst gegen den Willen der Eigentümer.

Vorteile des Nießbrauchs

- Vermietung der Immobilie nach Auszug möglich
- Einnahmen aus Vermietung
- Überlassung des Nießbrauchs an Dritte gestattet
- Lebenslanges Wohnrecht
- Umfangreiche Sanierungen und große Reparaturen trägt der Eigentümer

Nachteile des Nießbrauchs

- Wertminderung der Immobilie
- Der Nießbrauchnutzer trägt die Instandhaltungs- und Betriebskosten sowie die Kosten für die Versicherung der Immobilie
- Die Immobilie darf nicht umgestaltet, verändert oder als Garantie für ein Darlehen eingesetzt werden
- Nachrangiger Grundbucheintrag kann zu Verlust des Nießbrauchs führen

1.3 INTERVIEW:

»Nicht allein der Rang im Grundbuch ist für die Sicherung des Wohnrechts oder Nießbrauchs entscheidend ...«

Dr. Andreas C. Peters, *Rechtsanwalt bei GSK Stockmann in Hamburg, über lebenslanges Wohnrecht oder Nießbrauch beim Gesamt- oder Teilverkauf von Immobilien*

Worauf muss ich als Immobilienverkäufer achten, um nach dem Verkauf oder Teilverkauf meiner Immobilie auch wirklich den Rest meines Lebens in meinem Zuhause bleiben zu können?

Andreas Peters: Wichtig ist, dass man sich einmal in Ruhe die Zeit nimmt, sich mit den verschiedenen Angeboten und deren rechtlichen Strukturen selbst und idealerweise auch mit juristischer Unterstützung eines Anwalts, auseinanderzusetzen. Man sollte das Angebot, für das man sich entscheidet, verstanden haben. Hält das Konstrukt beispielsweise auch dann, wenn wider Erwarten mein Vertragspartner in eine wirtschaftliche Schieflage gerät? Hier gilt vom Grundsatz her, dass eine grundbuchliche Absicherung meiner Rechte – etwa durch einen Nießbrauch – belastbarer ist als eine bloße vertragliche Bindung. Dazu gehört auf der anderen Seite ebenfalls, dass ich weiß, welche künftigen Verpflichtungen ich selbst eingehe. Denn nur, wenn ich meine Pflichten erfülle, kann ich davon ausgehen, dass ich dauerhaft wohnen bleiben darf.

Welche Pflichten können das sein?

Ich muss mich fragen: Kann ich mir zum Beispiel beim Teilverkauf die gegebenenfalls zu erbringenden monatlichen Zahlungen mittel- und langfristig leisten und was passiert, wenn das mal nicht der Fall sein sollte? Unterliegen diese Zahlungen eventuell einer Anpassung? Reagiert mein Vertragspartner flexibel auf unerwartete Engpässe, etwa durch Zahlungsaufschübe oder beim Teilverkauf durch den Ankauf zusätzlicher Anteile? Neben dieser rechtlichen Komponente spielt aus meiner Sicht – nachgeordnet, aber ebenfalls wichtig – das Vertrauen in die Seriosität des Vertragspartners eine Rolle. Wie lange ist der Anbieter bereits am Markt? Fühle ich mich wahrgenommen und wie steht es mit der Zufriedenheit bisheriger Kunden?

Wie wichtig ist es, ein lebenslanges Wohnrecht im Grundbuch eintragen zu lassen?

Eintragungen im Grundbuch entfalten eine sogenannte dingliche Wirkung, das heißt, sie wirken nicht lediglich gegenüber meinem Vertragspartner, sondern gelten grundsätzlich gegenüber jedermann – auch gegenüber Rechtsnachfolgern. Aus diesem Grund ist es in der Tat wichtig, dass das Recht, auf dessen Grundlage ich die betreffende Immobilie bewohnen möchte, im Grundbuch eingetragen wird.

Es gibt beim Eintrag von Wohnrecht oder Nießbrauch im Grundbuch die Unterscheidung zwischen einem ersten und einem zweiten Rang. Es wird zuweilen darauf hingewiesen, dass Wohnrecht oder Nießbrauch nur im ersten Rang wirklich sicher sind. Stimmt das?

Aus meiner Sicht ist das so nicht zutreffend. Letztlich ist nicht allein der Rang im Grundbuch für die Sicherung des Wohnrechts oder Nießbrauchs entscheidend, sondern die rechtliche Gesamtkonstruktion. So gibt es beispielsweise Anbieter, bei denen die

Grundschuld der finanzierenden Bank zwar im ersten Rang vor dem Recht des Kunden steht; der Kunde wird jedoch in einer Zusatzvereinbarung zur Grundschuld – etwa einer Zweckerklärung oder Sicherungsabrede – dadurch verbindlich geschützt, dass die Bank sich dazu verpflichtet, die Grundschuld nur dann zu verwerten, wenn aufgrund eines Zahlungsverzugs des Kunden die Voraussetzungen für eine Beendigung des Nießbrauchs vorliegen. Liegen diese Voraussetzungen vor, wäre der Kunde auch durch eine Erstrangigkeit seines Nießbrauchs – zu Recht – nicht geschützt, denn der Nießbrauch könnte ohnehin beendet werden.

KAPITEL 2:

LEIBRENTE

1. Leibrente

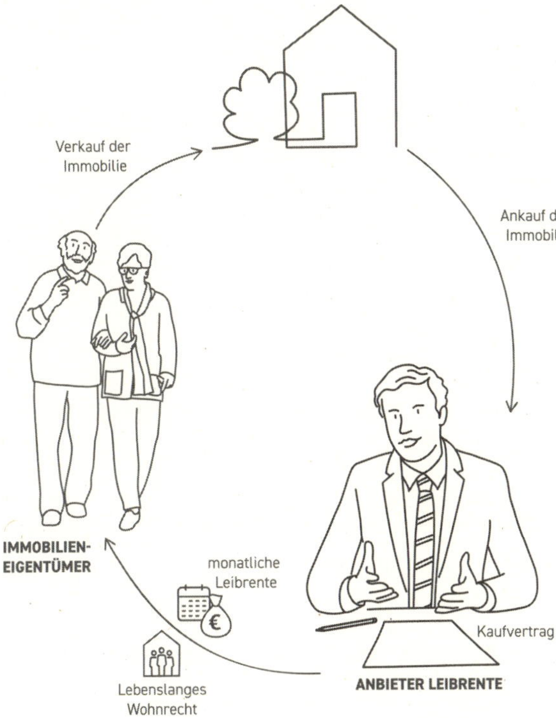

2.1 DIE LEIBRENTE – Immobilie verkaufen, wohnen bleiben, zusätzliche Rente beziehen

Es klingt ganz einfach: Haus gegen monatliche Rente. Wer knapp bei Kasse ist, weil die Rente kaum zum Leben reicht, dafür aber ein schuldenfreies Haus besitzt, ist fein raus. Gegen lebenslanges Wohnrecht kann die Immobilie verkauft werden – zusätzlich gibt es noch eine Rente, die zeitlich begrenzt oder ein Leben lang gezahlt wird. Doch wie immer gibt es eine Menge Details, die im Vorfeld geklärt werden müssen.

Grundsätzlich ist eine Leibrente eine zusätzliche Zahlung, die man ein Leben lang erhält – meist monatlich, wie etwa die gesetzliche Altersrente, die auch eine Leibrente ist. Daneben gibt es Unfallrenten, Betriebsrenten, Erwerbs- und Berufsunfähigkeitsrenten oder auch Witwenrenten.

Die Immobilien-Leibrente, die von unterschiedlichen gewerblichen Akteuren angeboten wird, besteht aus zwei Teilen: einer Geldleistung und einem Nutzungsrecht. Die Geldleistung ist die Leibrente, das Nutzungsrecht entweder ein lebenslanges Wohnrecht oder ein Nießbrauchsrecht. Senioren, die ein Eigenheim oder eine Eigentumswohnung besitzen und an einen Leibrentenanbieter verkaufen, können also weiterhin lebenslang in ihrem Zuhause wohnen bleiben – und darüber hinaus monatliche Zahlungen erhalten. Auch die einmalige Auszahlung einer höheren Summe in Kombination mit zeitlich begrenzten oder lebenslangen Rentenzahlungen ist möglich. Der Immobilienkäufer zahlt somit nicht den vollen Kaufpreis auf einmal – wie bei einem herkömmlichen Immobilienverkauf üblich –, sondern verpflichtet sich vertraglich, dem ehemaligen Eigentümer die Summe nach und nach auszuzahlen.

Der Vorteil der Leibrente gegenüber dem Verkauf eines Hauses: Als älterer Mensch muss ich mich nicht mehr um die Instandhaltung meiner Immobilie kümmern, weil das der neue Eigentümer übernehmen muss. Sämtliche Sanierungen – von der defekten Heizung bis zum kaputten Dach – liegen nicht länger in meiner Verantwortung. Für alles andere bin ich aber nach wie vor zuständig. Vom Auswechseln der Glühbirnen bis zum Rasenmähen bin ich als Leibrentenbezieher verpflichtet, Haus und Grund in Schuss zu halten. In einigen Fällen kümmert sich beispielsweise der Leibrentenanbieter um die Gartenarbeiten, sobald ich selbst dazu nicht mehr in der Lage sein sollte.

Wer durch die zusätzliche Leibrente seine eigenen Altersbezüge aufbessern kann, sollte also immer bedenken, dass man zwar mietfrei wohnt, aber jeden Monat weiterhin für sämtliche Betriebs- und Nebenkosten und anteilig für Steuern und Versicherungen aufkommen muss.

WOHNRECHT AUF LEBENSZEIT

Die Anbieter von Leibrenten vereinbaren mit dem Immobilienverkäufer in der Regel ein Wohnrecht auf Lebenszeit, das auch im Grundbuch eingetragen wird. Dabei gibt es zwei Möglichkeiten: Entweder wird das Recht, sein Leben lang in der Immobilie wohnen zu können, im sogenannten ersten Rang eingetragen. Das bedeutet: Falls der Leibrentenzahler insolvent gehen sollte, bleibt das eingetragene Wohnrecht davon unberührt. Das gilt auch, wenn die Immobilie weiterverkauft werden sollte – beispielsweise im Zuge von Zwangsvollstreckungen.

Ebenfalls gebräuchlich in der Praxis ist der Eintrag des Wohnrechts auf Lebenszeit im zweiten Rang des Grundbuchs – direkt hinter der Finanzierungssumme für den Immobilienkauf. Doch sollte der Leibrentenanbieter zahlungsunfähig werden, könnte der Rentenbezieher in diesem Fall leer ausgehen. Denn zunächst müssten sämtliche Darlehen getilgt werden, die Vorrang vor der Rentenzahlung hätten. Das sollte man bei Abschluss eines Leibrentenvertrages stets berücksichtigen und am besten mit einem Rechtsbeistand ausführlich das Für und Wider erörtern.

Die Stiftung Liebenau gehört zu den Anbietern, die ihre Leibrentenbezieher bestmöglich absichern: Neben dem lebenslangen Wohnrecht ist im gleichen ersten Rang zusätzlich eine Höchstbetragshypothek eingetragen (siehe Interview Seite 62).

HAUS ODER WOHNUNG GEGEN NIESSBRAUCH

In den meisten Fällen wird in den Verträgen bei Übertragung der Immobilie auf den neuen Eigentümer im Grundbuch das lebenslange Wohnrecht eingetragen. Darüber hinaus gibt es auch die Möglichkeit, ein Nießbrauchsrecht zu vereinbaren (siehe Abschnitt 1.2 »Immobilie gegen Nießbrauch«, Seite 29). Dieses Recht erlaubt dem bisherigen Eigentümer, auch nach dem Verkauf die Immobilie zu vermieten, sollte er früher als geplant ausziehen. Als Nießnutzer darf er auch jederzeit Teile der Immobilie untervermieten. Das ist vor allem bei Einliegerwohnungen, die mitverkauft werden, ein Aspekt, der berücksichtigt werden sollte.

Wer vermietet, erhält regelmäßig Mieteinnahmen, die er aufgrund des eingeräumten Rechtes behalten kann. Das gilt beispielsweise auch für Einnahmen auf Fotovoltaikanlagen. Der Verkäufer bleibt der wirtschaftliche Nutzer der Immobilie und kann daraus weiterhin finanzielle Vorteile ziehen.[34] Im Juristendeutsch spricht man von »Fruchtziehung«[35]. Allerdings bedeutet das auch: Der bisherige Eigentümer bleibt in den meisten Fällen auch für die Instandhaltung der Immobilie verantwortlich. Geht die Heizung kaputt, muss er sie als Nießnutzer auf eigene Kosten reparieren lassen. Genießt er hingegen »nur« lebenslanges Wohnrecht, kommt der neue Eigentümer dafür auf. Grundsätzlich sollte aber in jedem Fall – Wohnrecht oder Nießbrauch – zuvor genau vertraglich festgelegt werden, welche Aufgaben, Versicherungszahlungen und Reparaturen der Käufer künftig übernehmen muss, raten Rechtsexperten.[36] Fehlen solche Ausführungen in einem notariellen Vertrag, insbesondere beim Nießbrauch, sind Ärger und Auseinandersetzungen programmiert.

ZEITLICH BEFRISTETE LEIBRENTE

Neben der Leibrente mit Wohnrecht und lebenslanger Rentenzahlung gibt es auch noch die Möglichkeit, die Rentenzahlung zeitlich zu begrenzen. Der Leibrentengeber »Stiftung Liebenau« berichtet, dass sich immer mehr Kunden für eine kurze Rentenlaufzeit entscheiden, weil die monatlichen Zahlungen dadurch höher ausfallen. Sie raten aber, Zahlungen über mindestens zehn Jahre in Betracht zu ziehen, weil man sonst schnell in der Altersarmut landen könne. Viele Menschen unterschätzten ihre tatsächliche Lebensdauer.

AUFGESCHOBENE LEIBRENTE

Eine aufgeschobene Leibrente kann grundsätzlich für Immobilienbesitzer sinnvoll sein, die wissen, dass ihre künftige Rente schmal ausfallen wird. Wer schon mit 55 Jahren erkennt, dass es eng wird, kann schon heutzutage seine Immobilie verkaufen, verlagert aber die Rentenzahlung in die Zukunft. Je später man mit der Auszahlung der Rente beginnt, desto höher fällt die monatliche Rate künftig aus, weil sie sich auf geringere Lebenszeit verteilt.

VERLÄNGERTE LEIBRENTE

Wer eine lebenslange Leibrente bezieht, erhält sie auch bis zu seinem Tod. Danach erlischt die Zahlung automatisch. Bei der sogenannten verlängerten Leibrente ist das etwas anders: Man legt einen Zeitraum fest, bis zu dem die Rente auf jeden Fall gezahlt werden muss – als Garantierente. Stirbt man innerhalb dieses Zeitraums, wird die Leibrente bis zum Ablauf der Garantiezeit an die Erben oder einen anderen Begünstigten ausgezahlt, den man zuvor benannt hat.

Musterrechnung Leibrente

Anbieter: WIR Immobilienrente
Immobilienwert:
Verkäufer / Verkäuferin (Alter)
Wohnrecht
Einmalzahlung
Rentenlaufzeit
Kosten für lebenslanges Wohnrecht
Wert der Leibrente, gesamt
bei Auszahlung über 15 Jahre, je Monat
bei Auszahlung lebenslang, je Monat

Anbieter: WIR Immobilienrente
Immobilienwert:
Verkäufer / Verkäuferin (Alter)
Wohnrecht
Einmalzahlung
Rentenlaufzeit
Kosten für lebenslanges Wohnrecht
Wert der Leibrente, gesamt
bei Auszahlung über 15 Jahre, je Monat
bei Auszahlung lebenslang, je Monat

Berechnungen auf Grundlage der Daten von »Leibrente: ›Der Renten

Variante 1	Variante 2	Variante 3
350.000,00 €	**450.000,00 €**	**650.000,00 €**
Frau (70)	Frau (70)	Frau (70)
Lebenslang	Lebenslang	Lebenslang
Nein	Nein	Nein
15 Jahre	15 Jahre	15 Jahre
234.479,00 €	301.473,00 €	435.461,00 €
115.521,00 €	148.527,00 €	241.539,00 €
641,78 €	825,15 €	1.191,88 €
546,04 €	**702,06 €**	**1.014,08 €**

Variante 4	Variante 5	Variante 6
350.000,00 €	**350.000,00 €**	**350.000,00 €**
Mann (70)	Frau (70) + Mann (75)	Frau (75) + Mann (70)
Lebenslang	Lebenslang	Lebenslang
Nein	Nein	Nein
15 Jahre	15 Jahre	15 Jahre
200.431,00 €	247.779,00 €	213.731,00 €
149.569,00 €	102.221,00 €	136.269,00 €
830,94 €	567,89 €	757,05 €
827,08 €	**457,24 €**	**706,64 €**

r‹ «, www.immorente.de (Stand: März 2022)

WIE BERECHNET SICH DIE LEIBRENTE?

Wie hoch die Leibrente ausfällt, hängt zum einen davon ab, wie viel die Immobilie zum Zeitpunkt des Verkaufs wert ist. Dieser Marktwert wird aber nicht automatisch in monatliche Zahlungen umgerechnet. Wenn mein Haus 250 000 Euro wert ist, heißt das nicht, dass diese Summe in monatliche Zahlungen aufgeteilt wird. Vielmehr ist der Marktwert der Ausgangspunkt, um den sogenannten Wohnwert zu bestimmen, der sich aus einer fiktiven Miete und der statistischen Restlebenszeit des Leibrentenbeziehers zusammensetzt. Die Summe aus Miete und Restlebenszeit wird vom Marktwert der Immobilie abgezogen. Klingt kompliziert, ist es auch.

Zumindest kann man seine Leibrente nicht ohne Weiteres selbst berechnen. Es gibt aber Musterberechnungen, die eine erste Orientierung möglich machen. Die Deutsche Immobilien-Renten AG hat für dieses Buch eine Berechnung anhand vorgegebener Ausgangsdaten für ihr Produkt »Meine Wohnrente« angefertigt.

Diese Rechnung ist stark vereinfacht dargestellt. Tatsächlich wird die Leibrente aufgrund folgender Formel berechnet, die das gemeinnützige Verbraucherportal IMMO.info[37] aufgeschlüsselt hat: Der Wert des lebenslangen Wohnrechts errechnet sich aus der statistischen Lebensdauer des Rentenempfängers, die mit einer fiktiven Jahresmiete (die man voraussichtlich mit der Immobilie erzielen könnte) multipliziert wird. Daraus ergibt sich der Wert des lebenslangen Wohnrechts. Zieht man diesen Wert vom Marktwert der Immobilie ab, ergibt sich die gesamte Leibrentenzahlung.

Formel zur Berechnung der Leibrente mit Nießbrauchrecht

Verrentungsbetrag

Marktwert der Immobilie – Wert des Nießbrauchs = Verrentungsbetrag

Monatliche Leibrente wird folgendermaßen berechnet:

Verrentungsbetrag geteilt durch den Kapitalwert geteilt durch 12 = monatliche Leibrente

Ein 70 Jahre alter Mann will seine Immobilie gegen ein lebenslanges Nießbrauchrecht sowie eine lebenslange Leibrente verkaufen. Seine Wohnung ist 300 000 Euro wert und könnte bei Vermietung rund 1.000 Euro monatliche Kaltmiete erzielen. Wie hoch fiele die Leibrente aus?

300.000,00 €	minus	120.432,00 €	gleich	179.568,00 €
Marktwert der Immobilie	minus	Wert des Nießbrauchs (1.000x12x10,036)	gleich	Verrentungsbetrag
179.568,00 €	geteilt durch	10,036 geteilt durch 12	gleich	1.491,00 €
Verrentungsbetrag		Kapitalwert 5,5 % (1.000x12x10,036)		monatliche Leibrente

Laut der Tabelle des Bundesfinanzministeriums für Kapitalwerte im Jahr 2022 liegt der Kapitalwert für einen 70 Jahre alten Mann bei 10,036. Der Kapitalwert selbst berücksichtigt einen Zinssatz von 5,5 %. Das ist gesetzlich in §14 BewG so geregelt (https://dejure.org/gesetze/BewG/14.html).

Eine 70 Jahre alte Frau will ihre Immobilie gegen ein lebenslanges Nießbrauchrecht sowie eine lebenslange Leibrente verkaufen. Ihre Wohnung ist 300 000 Euro wert und könnte bei Vermietung rund 1.000 Euro monatliche Kaltmiete erzielen. Wie hoch fiele die Leibrente aus?

300.000,00 €	minus	134.000,00 €	gleich	165.900,00 €
165.900,00 €	geteilt durch	11,175 geteilt durch 12	gleich	1.237,14 €

Laut der Tabelle des Bundesfinanzministeriums für Kapitalwerte im Jahr 2022 liegt der Kapitalwert für eine 70 Jahre alte Frau bei 11,175. Der Kapitalwert selbst berücksichtigt einen Zinssatz von 5,5 %. Das ist gesetzlich in §14 BewG so geregelt (https://dejure.org/gesetze/BewG/14.html).

Quelle: https://immo.info/immobilienrente-teilverkauf/leibrente-berechnen/ plus Eigenberechnung

Zur Erklärung der Formel

Marktwert der Immobilie

Das ist der Preis, den die Immobilie aktuell bei einem Verkauf erzielen würde. Dieser Wert wird auch »Verkehrswert« genannt.

Wert des Nießbrauchs oder Wohnrechts
Sowohl ein im Grundbuch eingetragenes Wohnrecht als auch ein Nießbrauchsrecht mindern den Wert einer Immobilie. Ein Objekt, das vermietet verkauft wird, ist weniger wert als eines, das leer steht und neu vermietet werden kann – möglichst zu einer höheren Miete. Für das eingetragene Wohnrecht oder den Nießbrauch berechnet der Leibrentenanbieter dem Verkäufer eine hypothetische monatliche Miete. Je nach Höhe dieser Miete – die der Leibrentenanbieter ansetzt –, der erwarteten Nutzungsdauer und möglicher weiterer Verwaltungskosten ergibt sich eine hypothetische Gesamtmiete, die vom Verkehrswert abgezogen wird. Übrig bleibt der sogenannte Verrentungsbetrag.

KAPITALWERT, VERVIELFÄLTIGER ODER LEIBRENTENBARWERTFAKTOR

In diesem Buch wird er »Kapitalwert« genannt. Häufig wird aber auch der Begriff »Vervielfältiger« benutzt oder auch »Leibrentenbarwertfaktor«. Trotz unterschiedlicher Bezeichnungen ist damit immer dasselbe gemeint: Es geht um den Wert der Leibrente. In einer regelmäßig aktualisierten Tabelle des Bundesfinanzministeriums findet sich dazu zum einen die Lebenserwartung von Männern und Frauen nach Alter gestaffelt und zum anderen der sich daraus ergebende Kapitalwert. Da Frauen und Männer unterschiedlich hohe Lebenserwartungen haben, ergeben sich auch unterschiedliche Kapitalwerte, die wiederum in den Berechnungen zu unterschiedlich hohen Leibrenten führen.

Männer

Vollendetes Lebensjahr	Durchschnittliche Lebenserwartung	Kapitalwert
55	25,91	14,016
60	21,75	12,852
65	17,92	11,525
70	14,39	10,036
75	11,1	8,37
80	8,09	6,567
85	5,55	4,803
90	3,71	3,366

Frauen

Vollendetes Lebensjahr	Durchschnittliche Lebenserwartung	Kapitalwert
55	29,88	14,909
60	25,41	13,889
65	21,12	12,652
70	17,03	11,175
75	13,18	9,457
80	9,59	7,502
85	6,53	5,512
90	4,28	3,826

Quelle: Statistisches Bundesamt (Destatis), 2021, Stand: 09.07.2021

LEIBRENTE UND STEUERN

Wer sein Haus oder seine Eigentumswohnung gegen eine Leibrente und Wohnrecht oder Nießbrauch verkauft, unterliegt der Steuerpflicht. Denn bei der Leibrente handelt es sich aus Steuersicht um ein Einkommen. Und hierzulande müssen Einkommen genauso wie Schenkungen oder Vermögensübertragungen versteuert werden.

Die Leibrente wird nicht auf einen Schlag ausgezahlt, sondern Monat für Monat – ein Leben lang. In der Logik des Steuerrechts ist in diesem Guthaben, das sich aus dem Immobilienverkauf ergibt, ein Ansparanteil und ein Zinsanteil enthalten und genau dieser Zinsanteil wird besteuert. In einer Broschüre des Bundesfinanzministeriums heißt es dazu: »Hierzu wird bei einer lebenslangen Rente an der (Rest-)Lebenserwartung des Rentenberechtigten zu Rentenbeginn angeknüpft und errechnet, wie hoch die voraussichtlich anfallenden Erträge bei einem angenommenen Zinssatz von 3 Prozent sein würden. Die Erträge, die während der Ansparphase entstanden sind, bleiben dagegen unberücksichtigt. Der sich so ergebende Wert wird gleichmäßig über die angenommene Rentenlaufzeit verteilt und ergibt den vom Rentenbeginn abhängigen Ertragsanteil.«[38]

Für den Ertragsanteil oder Ertragswert gilt: Je älter man ist, desto geringer fällt die Steuerlast aus. Wer beispielsweise 65 Jahre alt ist, zahlt 18 Prozent Steuern auf den Ertragsanteil. Mit jedem Lebensjahr sinkt der Steuersatz, bis er bei einem 97 Jahre alten Menschen bei nur noch 1 Prozent liegt. Der genaue Prozentsatz ist in einer Tabelle der Deutschen Rentenversicherung[39] festgelegt.

Das gemeinnützige Verbraucherschutzportal *IMMO.info*[40] rechnet für eine lebenslange Leibrente vor, wie sich die Ertragssteuer für einen 70-Jährigen auswirkt: Im Alter von 70 Jahren beträgt der Ertragssteueranteil 15 Prozent. Bei einer monatlichen Leibrente von 1.000 Euro müssen demnach 150 Euro – 15 Prozent der 1.000 Euro Rentenzahlung – monatlich versteuert werden. Bei einem persönlichen Steuersatz von 20 Prozent ergibt das eine monatliche Steuerlast von 30 Euro – 20 Prozent der 150 Euro, die versteuert werden müssen. Ein 80-Jähriger muss nur noch 8 Prozent Ertragssteuer zahlen. Bei einer Leibrente über 1.000 Euro sind daher noch 80 Euro monatlich zu versteuern. Auch hier einen persönlichen Steuersatz von 20 Prozent vorausgesetzt, bleibt ein Betrag von 16 Euro, der an den Fiskus abzuführen ist.

Wer inklusive seiner gesetzlichen Rente und anderer Einkommen die Grundfreibeträge nicht überschreitet, zahlt sogar keine Ertragssteuer. Seit 2021 beträgt der Steuerfreibetrag 9.744 Euro für Alleinstehende und 19.488 Euro für Verheiratete.

Wer sich für eine zeitlich begrenzte Leibrentenzahlung entscheidet, fällt unter eine andere gesetzliche Regelung, die in Paragraf 55 der Einkommensteuer-Durchführungsverordnung festgeschrieben ist. Zwar ist auch in diesem Fall der Ertragsanteil zu versteuern. Ausgangsbasis ist aber die maximale Laufzeit der Rente. Die durchschnittliche Lebenserwartung, die bei der Berechnung des Ertragsanteils einer lebenslangen Zahlung eine wichtige Rolle spielt, ist bei einer zeitlich befristeten Zahlung zweitrangig. Dagegen steigt der Ertragsanteil mit jedem Jahr der Rentenzahlung. Bei einer zehnjährigen Laufzeit fallen beispielsweise 12 Prozent Ertragsteuer an.[41] Wer nur fünf Jahre lang eine Leibrente erhält, zahlt nur 5 Prozent. Bei einer eher ungewöhnlich langen Frist von 20 Jahren beträgt die Ertragssteuer hingegen 21 Prozent.

Fazit: Vor allem für Hauseigentümer und Wohnungsbesitzer, die keine Erben haben, ist die Leibrente eine Möglichkeit, eine kleine Rente aufzubessern. Angesichts immer längerer Lebenserwartungen können auch Ersparnisse künftig schneller aufgebraucht sein als kalkuliert. Leibrentenanbieter berichten immer wieder, dass viele Menschen unterschätzen, wie lange sie der Statistik zufolge voraussichtlich leben werden. Darum sollten alle Interessenten eines stets im Auge behalten: Eine Leibrente ist eine Wette auf den Tod. Hört sich unsensibel an, ist aber ein wichtiger Aspekt und ein reines Rechenexempel. Denn je länger ich als Leibrentenbezieher lebe, desto mehr profitiere ich. Der Leibrentenanbieter kalkuliert aufgrund meines aktuellen Alters, wie alt ich statistisch werden könnte, und berechnet auf dieser Basis die künftigen Rentenzahlungen. Lebe ich länger, als die Statistik ausweist, muss der Leibrentenanbieter weiterzahlen – für ihn ein Minusgeschäft. Sterbe ich hingegen schon kurz nach Abschluss eines Vertrages, profitiert er, weil er die ausstehenden Rentenzahlungen spart.

Eine lebenslange Leibrente in Kombination mit einem lebenslangen Wohnrecht kann eine sichere Lösung sein. Eine zeitlich befristete Leibrente birgt dagegen weiterhin die Gefahr, im hohen Alter ohne entsprechende Einkünfte dazustehen. Wer auf Nummer sicher gehen will, sollte sich für die lebenslange Variante entscheiden. Noch wichtiger als der Zeitfaktor ist die Wahl eines vertrauenswürdigen Anbieters. Denn damit steht und fällt die Leibrente. Eine Leibrente mit einer Privatperson abzuschließen ist daher nicht empfehlenswert. Das gilt auch für Familienmitglieder. Die Gefahr, dass ein privater Leibrentengeber bei langen Laufzeiten irgendwann nicht mehr zahlungsfähig sein könnte, ist ungleich höher als etwa bei einer Stiftung oder einem professionellen Anbieter, der viel Kapital hinter sich hat.

In jedem Fall sollte auch ein notarieller Vertrag abgeschlossen werden, in dem alle Details der Rechte und Pflichten der Vertragspartner geregelt sind – vor allem Fragen, die Reparaturen und Instandhaltung betreffen. Was man grundsätzlich nicht aus den Augen verlieren sollte, ist die Tatsache, dass man auch weiterhin für Betriebs-, Neben- und Verbrauchskosten aufkommen muss. Auch dafür muss eventuell ein Teil der Leibrente herhalten.

Der Eintrag von Wohnrecht oder Nießbrauch im Grundbuch ist unverzichtbar – selbst wenn dadurch Gebühren anfallen. Ein bloßer Vertrag reicht nicht aus, um das unbefristete Wohnrecht abzusichern. Ist das Nießbrauchsrecht wichtig? Wer seine Immobilie bislang allein bewohnt hat, wird sicher auch künftig auf Vermietung verzichten.

Daher ist ein Nießbrauch vermutlich eher für Immobilienbesitzer mit Einliegerwohnungen interessant.

Der steuerliche Aspekt bei einer Leibrente ist eher zu vernachlässigen, weil der zu zahlende Ertragsanteil sehr gering ist und im Laufe der Jahre – zumindest bei einer lebenslangen Leibrente – weiter sinkt. Da die meisten Rentenbezieher schon Mitte 70 sind, fallen nur noch kleine Beträge an. Allerdings ist das Thema »Leibrente und Steuern« ein durchaus schwieriges Feld, das von ausgesuchten Steuer- oder Verrentungsexperten beackert werden sollte. Wer auch immer sich zum Verkauf seiner Immobilie im Gegenzug für eine Leibrente entschließt, sollte grundsätzlich einen neutralen Rechtsbeistand einschalten, der alle Verträge auf Rechtssicherheit prüft.

Wofür sind Sterbetafeln gut?

Mit sogenannten Sterbetafeln arbeiten Aktuare, wissenschaftlich ausgebildete Sachverständige im Versicherungswesen, schon lange. Mit ihrer Hilfe errechnen diese Mathematiker die durchschnittliche Lebenserwartung bei der Geburt eines Menschen. Im internationalen und zeitlichen Vergleich gelten die Ergebnisse als Indikator für den Entwicklungsstand eines Landes: Je höher die Lebenserwartung der Bevölkerung, desto besser die ökonomischen und sozialen Verhältnisse. Oder umgekehrt: Je höher der Lebensstandard und je besser das Gesundheitssystem eines Landes, desto länger leben die Menschen.

Heutzutage sind Sterbetafeln die Grundlage für viele Planungen, die mit der Bevölkerungsentwicklung, der Gesundheits- oder Pflegevorsorge, aber auch mit versicherungsmathematischen Berechnungen zu den Rentenprognosen zusammenhängen. Auch für die Berechnung einer lebenslangen Leibrente, wie sie Immobilienbesitzer gegen ihr Haus oder ihre Eigentumswohnung eintauschen können, spielen Sterbetafeln eine gravierende Rolle. Denn das voraussichtliche Lebensalter ist das Risiko desjenigen, der die Rente gewährt: Je länger jemand lebt, desto teurer wird es für die Leibrentenzahler. Da Frauen im Durchschnitt länger leben, fällt ihre Immobilienrente daher auch grundsätzlich erheblich kleiner aus als die der Männer.

Vor Einführung der Sterbetafel als demografischem Analyseinstrument konnte die durchschnittliche Lebenserwartung einer Bevölkerung nur sehr grob geschätzt werden, weil man über Jahrhunderte hinweg kaum über verwertbare Daten verfügte, die Auskunft über die Zahl der Geborenen und Gestorbenen sowie über die genaue Größe und den Altersaufbau der Bevölkerung gaben. Man geht jedoch heutzutage davon aus, dass die durchschnittliche Lebenserwartung im Mittelalter grundsätzlich noch sehr niedrig war – nicht zuletzt aufgrund der hohen Säuglings- und Kindersterblichkeit und der zahlreichen Todesfälle der gebärenden Mütter.[42]

Erste Datengrundlagen gab es ab Mitte des 16. Jahrhunderts in England, wo man auf kirchenamtlich zusammengestellte Geburts-, Heirats- und Todesregister (sogenannte »Parish registers«) zurückgreifen konnte. Obwohl diese Daten für eine systematische Untersuchung der Sterblichkeitsverhältnisse noch nahezu unbrauchbar waren, ließ sich bereits Mitte des 17. Jahrhunderts feststellen, dass in dieser Zeit mehr Jungen als Mädchen in London geboren wurden und sich die Bevölkerung auf rund 384 000 Einwohner belief.

Später wurden daraus in den Niederlanden Konzepte der mittleren Lebenserwartung und der wahrscheinlichen Lebensdauer entwickelt, was vor allem für die Berechnung von Leibrenten vonnöten war. Die mittlere Lebenserwartung lag demnach vor 1750 bei rund 18 Jahren.[43]

In Deutschland wurde die Sterblichkeit erst Ende des 17. Jahrhunderts erstmals systematisch untersucht – in den evangelischen Gemeinden in Breslau. Im 19. Jahrhundert verbesserte sich die Datenlage zur Erfassung von Sterbefällen enorm durch die Einrichtung der Standesämter und die Volkszählungen, die Aufschluss über das Wachsen oder Schrumpfen der Bevölkerung gaben. Die erste amtliche Sterbetafel wurde 1887 vom Kaiserlichen Statistischen Amt verfasst. Damals lag die Lebenserwartung eines neugeborenen Jungen bei 35,6 Jahren, die eines Mädchens bei 38,5 Jahren.

Damit hat sich die Lebenserwartung in den vergangenen 130 Jahren mehr als verdoppelt. Laut Sterbetafel des Statistischen Bundesamtes von 2018/2020 liegt die Lebenserwartung bei heute 60-jährigen Männern bei 21,8 Jahren, bei Frauen bei 25,4 Jahren. 80-jährige Männer leben statistisch immerhin noch 8,1 Jahre, gleichaltrige Frauen 9,6 Jahre. Je nach Bundesland liegt der Wert mal höher, mal niedriger. So haben 80 Jahre alte Männer in Berlin, Hamburg und Baden-Württemberg eine bessere Chance, auf mehr als 8,1 weitere Lebensjahre zu kommen als ihre Geschlechtsgenossen in Thüringen und Sachsen-Anhalt.[44] Bei Frauen, die aktuell 80 Jahre alt sind, liegt die Lebenserwartung mit mehr als 9,9 Jahren im Norden und in Berlin höher als im Rest der Republik.[45]

Männer

	Vollendetes Lebensjahr			
Bundesländer	**40 Jahre**	**60 Jahre**	**65 Jahre**	**80 Jahre**
Baden-Württemberg	40,85	22,60	18,60	8,34
Bayern	40,49	22,28	18,31	8,15
Berlin	39,38	21,58	17,86	8,45
Saarland	38,66	20,94	17,19	7,78
Sachsen	38,85	21,30	17,62	7,94
Sachsen-Anhalt	37,74	20,55	16,99	7,71
Thüringen	38,74	21,16	17,45	7,76
Deutschland	39,68	21,75	17,92	8,09

Frauen

	Vollendetes Lebensjahr			
Bundesländer	**40 Jahre**	**60 Jahre**	**65 Jahre**	**80 Jahre**
Baden-Württemberg	44,88	26,01	21,62	9,78
Bremen	43,52	25,10	20,99	9,92
Berlin	43,97	25,38	21,17	9,95
Hamburg	44,11	25,45	21,21	9,90
Saarland	42,99	24,52	20,34	9,36
Sachsen-Anhalt	43,52	25,03	20,80	9,31
Thüringen	44,02	25,36	21,02	9,27
Deutschland	44,10	25,41	21,12	9,59

Durchschnittliche Lebenserwartung von Männern und Frauen zwischen aktuell 40 und 80 Jahren nach Bundesländern. Datenquelle: Statistisches Bundesamt (Destatis), Stand: 09.07. 2021

2.2 DIE ZUSTIFTERRENTE DER STIFTUNG LIEBENAU

Es gibt einen Anbieter von Leibrenten, der selbst von Verbraucherschützern schon mal als »sympathisch« bezeichnet wird. Das mag am karitativen Hintergrund der Stiftung Liebenau liegen. Da unterstellt man automatisch, dass den Menschen Gutes getan wird. Tatsächlich ist die Stiftung Liebenau – einst aus christlicher Motivation heraus entstanden – heutzutage ein Unternehmen, das in verschiedenen Geschäftsbereichen tätig ist: etwa in der Bildung, der Pflege, der Gesundheit oder der Familienhilfe.

Aufgrund eines Urteils des Verwaltungsgerichts Sigmaringen von 2009[46] ist die Stiftung Liebenau laut Stiftungsgesetz des Landes Baden-Württemberg seit jeher eine kirchliche Stiftung, untersteht damit der Aufsicht des Bischofs von Rottenburg-Stuttgart und ist eng mit der katholischen Kirche verbunden. Der Bescheid des Kultusministeriums, das zuvor entschieden hatte, es handele sich um eine bürgerliche Stiftung, ist seitdem aufgehoben.

Die Arbeit der Stiftung Liebenau geht zurück auf Kaplan Adolf Aich und 13 sozial engagierte Tettnanger Bürger. Sie gründeten vor mehr als 150 Jahren die »Pfleg- und Bewahranstalt für Unheilbare«, aus der später die Stiftung Liebenau hervorging. Ihr Ziel war es, eine Zufluchtsstätte für Menschen mit unheilbaren Krankheiten und Behinderungen zu schaffen. Im Jahr 1870 begann die Arbeit im Schloss Liebenau. Kaplan Adolf bezog es mit einigen »Pfleglingen« und sechs Barmherzigen Schwestern.[47]

Seit 2006 bietet die Stiftung Liebenau ihre sogenannte »Zustifterrente« an. Laut Stiftung wurde sie speziell für Eigenheimbesitzer geschaffen, die im Alter ihr Haus oder ihre Wohnung nicht verlassen wollen, aber dennoch über mehr Geld verfügen möchten, »um sich die schönen Dinge des Lebens« leisten zu können. Christoph Sedlmeier, Leiter der Abteilung Zustifterrente und Konzeptentwicklung, verweist in diesem Zusammenhang auf die Geschichte (siehe Interview Seite 62), wie alles mit einer älteren Dame begonnen hat, die in finanzielle Nöte geraten war und sich ratsuchend an die Stiftung gewandt hatte. Man habe sich damals Gedanken gemacht, wie man helfen könne, und sei auf die Lösung mit der Immobilienverrentung gekommen. Seitdem hat die Stiftung 120 Immobilien verrentet. Gearbeitet wird dabei nicht mit standardisierten Verträgen, sondern mit ganz individuell ausgestalteten Papieren.

VORAUSSETZUNGEN FÜR DIE ZUSTIFTERRENTE

Und wer kommt in den Genuss eines solchen Vertrags? Jeder, der eine Immobilie im Wert von mehr als 200 000 Euro besitzt und mindestens 65 Jahre alt ist. Das Objekt, das verkauft werden soll, darf höchstens mit 30 Prozent des aktuellen Verkaufswertes belastet werden. Der Verkäufer und sein Lebenspartner erhalten lebenslanges Wohnrecht, das im Grundbuch im ersten Rang eingetragen wird, und, falls gewünscht, eine einmalige Auszahlung.

Neben der lebenslangen oder wahlweise zeitlich begrenzten Immobilien-Leibrente ist es möglich, zeitlich befristete Zahlungen zu vereinbaren. Will der Leibrentenbezieher vorzeitig ausziehen, wird ihm der Restwert des Wohnrechts ausgezahlt. Das gilt auch für seine Erben im Falle seines Todes. Für gewöhnlich garantieren Leibrentenanbieter nur fünf Jahre lang die Zahlung der Rente. Stirbt ein Rentenbezieher danach, gucken die Erben in die Röhre – und eine Restwertauszahlung des Wohnungsrechts gibt es auch nicht. Sämtliche Verkaufskosten inklusive Gutachten und notariellem Eintrag trägt die Stiftung.

Zwar wird die Immobilienrente über die zahlreichen Verbindungen der Stiftung angeboten, zusätzlich aber kooperiert Liebenau seit 2017 auch mit der Wüstenrot Immobilien GmbH (WI), dem Maklerunternehmen der Wüstenrot & Württembergische AG. WI berät die Verkäufer auch selbst bei der Immobilienverrentung. Dazu wird nach eigenen Angaben[48] von Wüstenrot nur speziell geschultes Personal eingesetzt, das einen zertifizierten Abschluss als Fachmakler Immobilien für Erbschaftsimmobilien EBZ (Europäisches Bildungszentrum der Wohnungs- und Immobilienwirtschaft) besitzt.

Etwa vier Fünftel der Immobilien, die die Stiftung Liebenau bislang (Stand: April 2022) verrentet hat, sind Einfamilienhäuser, die über ganz Deutschland verteilt sind, vor allem im Südwesten und Westen, vereinzelt auch im Norden sowie in Berlin. Die Immobilien sind nicht nur in Städten zu finden, sondern auch in ländlichen Gebieten, meist in der Nähe von Ballungszentren. Exklusive Immobilien, wie man sie aus Grünwald bei München, Berlin-Zehlendorf oder von der Elbchaussee in Hamburg kennt, seien nicht darunter, sagt Sedlmeier. Der Wert der von der Stiftung verrenteten Immobilien bewegt sich in einer Spanne von knapp 200 000 bis 1 Million Euro, wobei Millionenobjekte eher die Ausnahme seien.

2.3 INTERVIEW:

»Eine Leibrente anzubieten ist etwas anderes, als einen Kredit zu vergeben«

Christoph Sedlmeier *(57), Diplomkaufmann, Immobiliensachverständiger und seit vielen Jahren Leiter der Abteilung Zustifterrente und Konzeptentwicklung bei der Stiftung Liebenau. Über selbstständige Senioren, deren Wunsch nach Renten auf Zeit, und warum lebenslanges Wohnrecht dem Nießbrauch vorzuziehen ist.*

Herr Sedlmeier, seit 2006 ermöglicht die Stiftung Liebenau Immobilienbesitzern, ihr Heim gegen eine Leibrente einzutauschen. Dabei war das Ganze eher Zufall als ein geplanter neuer Geschäftszweig. Eine ältere Dame war in finanzielle Schieflage geraten und hatte sich an die Stiftung gewandt, in der Hoffnung auf Unterstützung ...

Christoph Sedlmeier: Tatsächlich haben wir damals – das war 2002 – hin und her überlegt, wie eine Lösung aussehen könnte, die der Hausbesitzerin ein Weiterleben in ihrem Zuhause ermöglicht und sie gleichzeitig von ihren Schulden befreit. Irgendwann war die Idee mit der Leibrente geboren und daraus haben wir dann später das Modell der Zustifterrente entwickelt.

Inzwischen haben Sie 120 Immobilien verrentet. Innerhalb von 25 Jahren ist das nicht viel. Andere Anbieter wollen diese Zahl binnen eines Jahres erreichen ...

Es wird viel geredet und geplant. Die wenigsten Anbieter dürften tatsächlich ihre ehrgeizigen Business-Pläne eins zu eins umsetzen. Ich traue solchen Zahlen nicht unbedingt. Das ganze Prozedere, das mit der Leibrente zusammenhängt, ist nicht so einfach, kostet viel Zeit und lässt sich nicht vom Schreibtisch aus erledigen. Man muss sich mit den älteren Menschen auch mehr als einmal zusammensetzen, vieles erklären, Vertrauen aufbauen und auch die Immobilie selbst auf Herz und Nieren prüfen – jedenfalls wenn man es gründlich macht. Es soll aber auch Leute geben, die bewerten eine Immobilie per Ferndiagnose über das Internet. Wie man da den Schimmel in älteren Kellern oder problematische Außenwände erkennen will, ist mir schleierhaft. Aber auch positive Aspekte gehen meiner Erfahrung nach unter, wenn man nicht vor Ort war: beispielsweise wunderschöne Gärten, eine gut funktionierende und harmonische Nachbarschaft oder auch Modernisierungen, die mit Liebe zum Detail ausgeführt wurden.

Sie spielen darauf an, dass viele Objekte, die Ihnen angeboten werden, durchaus auch älteren Datums sind – analog zu ihren Bewohnern?

Es sind viele ältere Immobilien dabei. Das Durchschnittsbaujahr ist 1971. Die Menschen haben ihre Häuser jahrzehntelang abbezahlt und sind darüber nicht nur selbst älter geworden, sondern auch ihre Immobilien. Das Durchschnittsalter unserer Zustifter liegt bei 77 Jahren. Angefangen haben wir mit Senioren im Durchschnittsalter von 72 Jahren. Das ist schon mal eine andere Ausgangsbasis – auch für die Objekte, die wir verrenten.

Ist es nicht von Vorteil beim Modell der Leibrente, wenn die Rentenbezieher älter sind? Angesichts der geringeren Lebenserwartung sinkt doch auch die Länge der Rentenzahlung ...

Das gilt nur bedingt. Zunächst einmal sind die Senioren, die sich an uns wenden, alles andere als betagt oder gar multimorbid. Das sind Rentner, die noch mit beiden Beinen im Leben stehen. Die Lebenserwartung spiegelt diese Entwicklung ja auch wider. Ein heute 75 Jahre alter Mann hat immerhin noch eine statistische Lebenserwartung von gut elf Jahren. Bei einer befristeten Rente zahlen wir auch nach Versterben des Zustifters die Rente noch so lange an die Erben oder eine zuvor bestimmte Person weiter, wie die Laufzeit es vorgibt. Außerdem erstatten wir im frühen Todesfall oder bei vorzeitigem Auszug des Leibrentenbeziehers auch den Restwert des Wohnrechts. Bei einer lebenslangen Rente kann der Verrenter diesen einmaligen Rückzahlungsbetrag um den Barwert der kalkulatorisch noch ausstehenden Zahlungen erhöhen. Das wäre dann so, als hätte er die fernere Lebenserwartung bei Abschluss erreicht.

Entscheidend für die Bewertung einer Immobilie ist neben dem Baujahr und dem Zustand auch die Lage. Gibt es Regionen, die für die Stiftung nicht infrage kommen?

Unsere Immobilien befinden sich zu 60 Prozent in Baden-Württemberg und Bayern, zu 25 Prozent in Nordrhein-Westfalen, zu 15 Prozent in Hamburg, Schleswig-Holstein, Niedersachsen und Berlin. Das sind allesamt Wachstumsregionen oder mindestens stabile Standorte, an denen die Bodenrichtwerte nicht fallen.

Wie sieht es mit dem Ruhrgebiet oder Ostdeutschland aus?

Das ist schwierig und bislang haben wir solche Standorte auch ablehnen müssen. Ich bin selbst Sachverständiger und habe mir einige Male Immobilien vor Ort angesehen und mir auch ein Bild von der jeweiligen Region gemacht. Aber bei Bodenrichtwerten von 30 Euro pro Quadratmeter kann man daraus keine ökonomisch sinnvollen Angebote machen. Wenn jemand nachher eine Leibrente in Höhe von 60 Euro erhält, wird ihm das nicht weiterhelfen. Mal zum Vergleich: In München kostet der Quadratmeter Boden 15 700 Euro.

Ein Eigenheim in München reicht sicher für eine lebenslange Rente. In anderen Gegenden kann das schon knapp werden. Der aktuelle Mindestverkaufswert einer Immobilie bei der Stiftung Liebenau muss 200 000 Euro betragen. Davon berechnet die Stiftung 25 Prozent als Risikoprämie plus 1,5 Prozent des Gebäudewertes für Instandhaltung. Da kommt bei einer lebenslangen Rente nicht viel raus ...

Der Durchschnittswert der Immobilien in Stiftungsbesitz liegt bei 370 000 Euro. Aber der Bestand bewegt sich schon zwischen Werten von 200 000 Euro und 1 Million Euro. Und in der Praxis hat sich herausgestellt, dass unsere ursprüngliche Annahme, dass die meisten Menschen lebenslang eine Rente beziehen wollen, nur selten zutrifft. Rund drei Viertel der Zustifter wählen eine begrenzte Laufzeit – auch, weil die Rente dann automatisch höher ausfällt und sie auf dem Standpunkt stehen: Jetzt habe ich noch etwas vom Geld, in zehn Jahren bin ich vielleicht nicht mehr mobil, kann nicht mehr reisen und bin ohnehin an Konsum nicht mehr so interessiert.

Verbraucherschützer sagen, dass eine Leibrente grundsätzlich nur Sinn macht, wenn sie lebenslang gezahlt wird ...

Rein kalkulatorisch ist das vermutlich so. Aber die Menschen, die zu uns kommen, haben heutzutage auch immer häufiger noch Schulden auf ihren Immobilien lasten, die sie ablösen wollen. Das reduziert den Anteil, der zur Verrentung übrig bleibt, ohnehin schon mal. Wird die Summe in eine lebenslange Rente umgewandelt, bleibt ihnen aus ihrer Sicht monatlich zu wenig übrig. Deshalb entscheiden sie sich für die begrenzte Laufzeit. Wir raten allerdings dringend, einen Zeitraum nicht unter zehn bis zwölf Jahren zu wählen – wenn man beispielsweise um die 70 Jahre alt ist. Bei einem 80 Jahre alten Menschen kann die Größenordnung entsprechend seiner statistischen Lebenserwartung auch unter zehn Jahren liegen. Auf jeden Fall sollte man mit der statistisch ferneren Lebenserwartung kalkulieren.

Die breite Streuung der Stiftung ist ihr Kapital. Sie verfügen über viele unterschiedliche Immobilien, die Sie selbst nutzen, verpachten, verkaufen oder auch in Erbpacht vergeben. Die Stiftung ist zu 80 Prozent eigenkapitalfinanziert. Brauchen Sie überhaupt eine Bank zur Finanzierung der Leibrente?

Nein, wir können zu 100 Prozent alles selbst finanzieren und haben dadurch auch mehr Gestaltungsfreiheit.

Beispielsweise, indem die Stiftung eine Höchstbetragshypothek im Grundbuch eintragen lässt? Erklären Sie uns, warum das von Vorteil für die Rentenbezieher ist ...

Im Grundbuch wird das lebenslange Wohnrecht erstrangig eingetragen. Hat ein Verkäufer beispielsweise noch eine Restschuld auf seiner Immobilie, versuchen wir, diese Schuld durch die Einmalzahlung vollständig abzulösen – auch um den ersten Rang für das Wohnungsrecht und die Höchstbetragshypothek für die Verkäufer zu erhalten. In sehr wenigen Fällen bleibt ein Restdarlehen erhalten, das aber in wenigen Jahren vollständig zurückbezahlt wird. Das zunächst an zweiter Rangstelle eingetragene Wohnungsrecht und die Höchstbetragshypothek rücken danach an die erste Stelle. Dieser erste Rang im Grundbuch ist wichtig und eine Absicherung für den Verkäufer, der ja auch Rentenbezieher ist. Ist das Wohnungsrecht beispielsweise nur im zweiten Rang besichert, würde im Fall einer Insolvenz des Leibrentenanbieters der Rentner möglicherweise leer ausgehen. Denn zunächst müssten sämtliche Darlehen getilgt werden, die Vorrang vor der Rentenzahlung hätten. Wir als Stiftung Liebenau haben darüber hinaus noch eine weitere Absicherung der Rente vorgesehen. Das ist die im gleichen ersten Rang eingetragene Höchstbetragshypothek. Es ist ein zwar nicht so verbreitetes, aber sehr wirkungsvolles Instrument zugunsten der Verkäufer. Die Stiftung ist Schuldner und die Verkäufer als Leibrentenbezieher haben Anspruch auf eine laufende Zahlung und eventuell auf ein Entgelt für ein noch nicht abgewohntes Wohnrecht. Wir nehmen als Berechnungsgrundlage für diesen Anspruch die maximale Summe aus beidem, der monatlichen Rente und dem zustehenden Wohnrecht, was vielleicht zwei Dritteln des Verkaufswertes der Immobilie entspricht. Diese Summe wird mit ins Grundbuch eingetragen und hat drei wichtige Effekte: Die Verkäufer sind für den Fall abgesichert, dass keine Zahlungen mehr erfolgen. Das ist eine viel bessere Absicherung als über eine Reallast, bei der ich als Leibrentner bei Zahlungsausfall für jeden Monat, in dem keine Zahlung stattfindet, einen Titel beim Gericht erwirken muss. Das möchte man sich als älterer Mensch nicht mehr antun. Bei der Höchstbetragshypothek braucht man das nicht: Nach drei Monaten Zahlungsausfall werden sämtliche Zahlungen fällig. Im Kaufvertrag ist festgelegt, dass dann automatisch der gesamte geschuldete Betrag an den Rentner ausgezahlt wird. Und der zweite Punkt: Die Höchstbetragshypothek verhindert, dass wir als neuer Erwerber Darlehen auf die Immobilie aufnehmen können. Im zweiten Rang würde keine Bank unter diesen Bedingungen einen Kredit gewähren. Drittens ist eine solche Immobilie eigentlich unverkäuflich. Der Verkäufer muss also nicht befürchten, dass er eines Tages aufwacht und sein Haus plötzlich einem ganz anderen gehört.

Sie haben sich für das Wohnrecht und gegen den Nießbrauch entschieden. Warum?

Das hat auch mehrere Gründe. Wir denken, dass das Wohnrecht mehr Sicherheit für die Verkäufer bietet. Nießbrauch ist pfändbar. Nehmen wir den Fall eines Ehepaares, das gemeinsam das Haus bewohnt. Ein Partner kommt ins Pflegeheim, der andere kann weiterhin wohnen bleiben – bis das Sozialamt anklopft und auf die Idee kommt, dass es doch viel billiger wäre, in ein kleines Apartment zu ziehen, das Haus zu vermieten und aus der Differenz aus eigener Mietzahlung und Vermietung die hohen Pflegekosten zu bezahlen. Unsere Überlegungen stammen auch aus den Erfahrungen, die wir in der Altenpflege gewonnen haben. Ein weiterer Punkt: Die Menschen, die sich an uns wenden, wollen so lange wie möglich im eigenen Heim wohnen bleiben. Wenn es dann nicht mehr geht, ist ein Umzug in eine entsprechende Alteneinrichtung angesagt. Da hat man genug mit sich selbst zu tun und will nicht noch zusätzlich Vermieter werden – mit allen Pflichten, die damit zusammenhängen. Plötzlich ist man für den tropfenden Wasserhahn und die kaputte Heizung zuständig und muss vielleicht auch noch die Miete einfordern. Außerdem benötigt man in der Regel zusätzliches Geld, wenn man in solche Einrichtungen geht. Wir zahlen die Rente ja weiterhin, auch nach dem Auszug. Das Recht des Nießbrauchs würde diese Rente weiterhin schmälern, weil wir sie von Anfang an einkalkulieren müssten. Und drittens haben wir als Stiftung auch kein Interesse daran, wenn fremdvermietet wird. Wir müssten mit jedem Mieter leben und zwar auf unbestimmte Zeit. Das schränkt uns in der Verfügbarkeit ein. Auch wenn wir als gemeinnützige Einrichtung die Immobilien überwiegend selbst im Bestand behalten, verbauen wir uns über den Nießbrauch die Chance, ein Objekt auch mal verkaufen zu können. Zumindest würde es erheblich schwieriger werden. Grundsätzlich ginge mit dem Nießbrauch aber auch noch ein ganz pragmatisches Problem einher: Wenn die Rentner ausziehen, sind die Häuser meist nicht mehr in einem Zustand, der eine sofortige Vermietung möglich macht. Da stehen in den meisten Fällen erst einmal Renovierungen oder sogar Sanierungen an. In den Fällen, in denen wir selbst die Immobilien vermietet haben, hatten wir zunächst Investitionen zwischen 10 000 und 100 000 Euro zu tragen, bis das Haus wieder fit war für die Vermietung.

Die Verkäufer, die Sie bislang kennengelernt haben, wollen mehrheitlich selbst für ihr Haus sorgen und möglichst keine fremde Hilfe in Anspruch nehmen. Was genau fällt unter Instandhaltung und was unter Renovierung?

Tatsächlich möchten die meisten Hausbesitzer sich auch weiterhin selbst um alles kümmern, obwohl sie laut Vertrag dazu gar nicht mehr verpflichtet wären. Wir bestehen auch nicht auf regelmäßigen

Renovierungen oder Schönheitsreparaturen. Wenn der Parkettfußboden 30 Jahre alt ist, dann ist das halt so. Und ob jemand noch Lust zum Tapezieren hat oder nicht, ist auch ihm überlassen. Grundsätzlich müssen die Senioren weiterhin selbst ihre Glühbirnen wechseln, wenn sie kaputt sind, oder den Teppichboden ersetzen, wenn er ihnen nicht mehr gut genug ist. Unserer Erfahrung nach kümmern sich die einstigen Besitzer des Hauses weiterhin gut um die Immobilie. Aber eines Tages gibt halt doch die Heizung den Geist auf oder die Dachrinne bricht durch – und dann schreiten wir ein. Was aber meist schon sehr früh auf die Senioren zukommt, ist die Frage nach der Pflege des Gartens. Dass die Grundstücke irgendwann zu verwahrlosen drohen, passiert recht schnell. Gestern konnte man noch den Rasen mähen und heute stelle ich fest, dass es einfach nicht mehr geht. Darum kümmern wir uns auch, sobald wir das mitbekommen, und unterstützen, indem wir Gärtner oder Baumpfleger vorbeischicken – immer in Absprache mit den Bewohnern, die gern weiterhin mitentscheiden möchten, was mit ihrem Garten passiert.

Daraus ist zu schließen, dass Sie kontinuierlich Kontakt zu den Zustiftern haben?

Unser Engagement hört ja nicht mit der Übertragung der Immobilie auf. Wir sind auch danach Ansprechpartner für alle kleineren oder größeren Probleme, die sich ergeben können. Manche Senioren kommen wunderbar über längere Zeit allein klar, andere benötigen öfter mal ein Gespräch. Das hängt natürlich auch mit unserer sozialen und karitativen Arbeit zusammen. Die Menschen kennen unsere Infrastruktur und wissen, dass wir auch den Umgang mit Älteren gewohnt sind und erkennen, was sie beschäftigt oder ihnen Sorge bereitet. Eine Leibrente anzubieten, ist etwas anderes, als einen Kredit zu vergeben.

2.4 INTERVIEW:

»Wir wollen gut leben, aber andere sollen das auch«

Dr. Ulrich Kypke *(77), gelernter Verlagskaufmann, studierter Verwaltungswissenschaftler und seit Jahrzehnten politisch, sozial und ökologisch engagiert. Über das späte Glück des Hausbauens, zukunftsträchtige Wohnkonzepte – und was das mit einer zeitlich befristeten Rente zu tun hat.*

Herr Dr. Kypke, was hat Sie dazu bewogen, vor zehn Jahren Ihr gerade einmal zwei Jahre altes Haus zu verrenten?

Tatsächlich war es das erste Haus, das wir selbst gebaut hatten – nachdem wir fünfmal in unserem Leben ein Haus ge- und wieder verkauft hatten. Unser Haus hier in Kellinghausen ist Teil eines Eigentümergemeinschaftsprojekts, zu dem noch weitere 16 Immobilien gehören. Es ist ein 40-Kilowatt-Niedrigstenergiehaus, das unsere Nebenkosten nicht nur enorm reduziert, sondern uns sogar ein kleines Plus im Monat beschert, weil wir noch unter die Einspeisevergütung fallen, die mit bis zu 50 Cent pro Kilowattstunde verrechnet wurde. Wir sind sehr zufrieden mit unserem Haus und unserer Nachbarschaft. Endlich können wir so wohnen und leben, wie wir uns das immer erträumt hatten. Aber da wir keine Kinder haben und auch auf dem Standpunkt stehen, dass das Recht an Grund und Boden immer nur für eine begrenzte Zeit vergeben werden sollte, haben wir nach einer Lösung gesucht, dass das Wohnprojekt in unserem Sinne weitergeführt werden kann, wenn wir mal nicht mehr da sind. Außerdem wollten wir auch noch eine gewisse Summe an Bargeld zur Verfügung haben, weil es bei Projekten solcher Größenordnungen immer noch etwas zu verbessern oder auszubauen gibt. Die Stiftung war für uns die beste Lösung, zumal deren gemeinnützige Ausrichtung und die breite Streuung des Angebots sich gut mit unseren persönlichen gesellschaftlichen Einstellungen deckt. Dass die Stiftung keine Gewinne machen darf und deshalb alles reinvestiert, halten wir für ein Zukunftsmodell – wenn auch mit langer Tradition.

Die mögliche lebenslange Rente war für Sie nicht entscheidend?

Wir haben unser Haus für 62 000 Euro an die Stiftung verkauft und erhalten im Gegenzug 400 Euro Rente monatlich über zehn Jahre. Das heißt, bald werden auch diese Zahlungen eingestellt. Aber das haben wir ganz bewusst so gewählt. Dafür erhielten wir rund 50 000 Euro Bargeld, mit dem wir das Wohnprojekt weiter vorantreiben konnten. So haben wir als Gemeinschaft jetzt sogar eine Sauna, die es sonst vielleicht nicht gegeben hätte, weil die jungen Familien, die zur Eigentümergemeinschaft gehören, nicht unbedingt Geld dafür übrig gehabt hätten. Wir wollen gut leben, aber andere sollen das auch.

Wie wichtig war für Ihre Entscheidung das lebenslange Wohnrecht?

Das ist der wichtigste Punkt. Die Absicherung des Wohnrechts im ersten Rang vor allen anderen möglichen Forderungen, die im schlimmsten Fall etwa bei einer Insolvenz des Anbieters gestellt werden könnten, ist die Grundvoraussetzung bei einem Verrentungsvertrag. Wie uns geht es ja den meisten Hausbesitzern: Wir wollen so lange wie möglich hier bleiben und uns nicht sorgen müssen, ob unser Wohnrecht im Zweifelsfall gefährdet ist.

Hatten Sie im Vorfeld Ihrer Entscheidung für die Zustifterrente noch andere Optionen geprüft?

Jede Menge. Ich kenne mich auch aufgrund meiner früheren Tätigkeiten ganz gut mit Zahlen aus und habe alle möglichen Modelle unter die Lupe genommen: Teilverkauf, Umkehrhypothek, Rückmietkauf. Mit der Investitionsbank Schleswig-Holstein habe ich monatelang intensiv verhandelt – ohne Erfolg. Das Produkt war meines Erachtens ein absoluter Flop und wird ja auch gar nicht mehr angeboten. Das grundsätzliche Verhalten der Bank fanden wir auch unmöglich: Niemand kam, um sich unser Haus anzusehen. Dass es neu war, ein Null-Energie-Haus und deshalb so gut wie keine Nebenkosten anfallen, hat niemanden interessiert. Welche Risiken sollten mit solch einem Haus einhergehen? Man wollte mir nur auf Basis des Grundstückswertes eine Rente in Höhe von gerade einmal 40 Euro monatlich anbieten und dafür unser Haus einkassieren. Das ist fast skandalös.

Die Stiftung Liebenau ist vertraglich dazu verpflichtet, sich um die Instandhaltung der Immobilie zu kümmern, wenn Sie Mieter geworden sind. Sie haben darauf verzichtet – nicht als Einzige.

Unser Haus ist ja in bestem Zustand. Da gibt es nichts zu sanieren oder auszubessern. Und wenn doch mal etwas zu machen ist, kümmere ich mich lieber selbst darum, weil ich das Haus und auch alle technischen Details am besten kenne. Ich verstehe, dass viele Eigenheimbesitzer das auch so halten. Irgendwann kommt dann vielleicht der Zeitpunkt, an dem man Unterstützung braucht – oder in einem älteren Haus eine neue Heizung oder ein neues Dach fällig wird. Aber bis dahin ist man gern weiterhin selbst verantwortlich.

Gilt das auch für die Gartenarbeit?

Solange ich kann, werde ich auch das machen. Im Übrigen stellt sich bei uns die Frage nach der Gartenarbeit nicht in dem Maße wie bei anderen Hausbesitzern, weil wir keine Zäune um unsere Häuser gezogen haben und das meiste von der Gemeinschaft genutzt wird. Unser Dachgarten ist beispielsweise für alle Familien gleichermaßen da und wird entsprechend auch von allen gepflegt.

Sie haben also der Stiftung nicht nur Ihr Haus überlassen, sondern verzichten auch noch auf Dienstleistungen, auf die Sie eigentlich ein Anrecht hätten. Gibt es im Gegenzug etwas, das Ihnen wichtig war und das schriftlich fixiert wurde?

Ja, das gibt es. Und das war wirklich eine weitere positive Erfahrung. Es gab keinen Standardvertrag, in dem man nur das Vorgegebene eintragen konnte. Wir haben vielmehr über alles Mögliche gesprochen, das für uns entscheidend war. Beispielsweise die Frage: Was wird aus unserem Haus, wenn wir nicht mehr leben? Wir haben daher unsere Vertragsunterzeichnung an zwei Bedingungen geknüpft: Erstens soll das Haus an eine junge Familie verkauft werden, die zum Gesamtprojekt passt, und zweitens muss sich der Käufer verpflichten, auch das Prinzip des ökologischen und konzeptionellen Ansatzes des Gemeinschaftsgedankens weiter zu verfolgen. Wir haben hier etwas geschaffen, das wir bewahren wollen – und wenn möglich, wollen wir jemanden finden, der das Ganze weiter vorantreibt.

2.5 DIE LEIBRENTE DER DEUTSCHEN LEIBRENTEN GRUNDBESITZ AG

Die Deutsche Leibrenten Grundbesitz AG (im Folgenden kurz: »Deutsche Leibrenten«) wurde 2013 als Deutsche Leibrenten AG gegründet und 2016 umbenannt. Mit dem neuen Namen ging auch eine erste große Kapitalerhöhung von rund 1 Million Euro einher. Vorstand der Aktiengesellschaft, die seit 2015 in Frankfurt firmiert, ist der Diplomkaufmann und Immobilienökonom Friedrich Thiele. Hauptaktionär des Unternehmens ist Rolf Elgeti – der einst als Wunderkind und bester Finanzanalyst der deutschen Wirtschaft gefeierte Investment-Star aus Ostdeutschland. Mittelbar ist der Immobilieninvestor über die Hevella Capital GmbH & Co. KGaA in Potsdam und deren Tochtergesellschaft Obotritia Capital KGaA ebenfalls in Potsdam am Unternehmen beteiligt – und zwar zu 95 Prozent. Auch die Aufsichtsratsmitglieder sind an der Leibrenten Grundbesitz beteiligt: Dr. Christian Schlüter über die Sustenia Asset Management GmbH, Bernd Janssen unter anderem über die Incrementa GmbH und Stefan Bartschat mit der Porta Praetoria Asset Management UG sowie Vorstand Friedrich Thiele mit der Fit Asset GmbH, Heusenstamm.[49]

Das Kapital für den Ankauf von Immobilien erhält das Unternehmen auch über sogenannte »Wandelanleihen« (siehe auch Glossar Seite 265). die von professionellen Investoren wie beispielsweise Pensionsfonds angeboten werden. Durch den Finanzschub solcher Investoren stieg der Wert des Unternehmens stetig und wird heutzutage auf mehr als 300 Millionen Euro geschätzt. Allein im Corona-Krisenjahr 2020 konnte die Deutsche Leibrenten Grundbesitz AG Neuverträge im Volumen von 120 Millionen Euro abschließen. Das sind nach eigenen Angaben doppelt so viele wie in den Jahren zuvor.[50]

Die angekauften Immobilien bleiben im Bestand des Unternehmens und werden damit nicht an Dritte weiterverkauft. Insgesamt hat die Deutsche Leibrente auf diese Weise schon mehr als 1.000 Wohnungen und Häuser in allen Bundesländern zusammengekauft.

Kooperiert wird mit 450 Maklern wie auch mit rund 150 Sparkassen und Genossenschaftsbanken. Vor allem von den genossenschaftlichen Instituten mit ihrer starken Verwurzelung vor Ort verspricht man sich bei der Deutschen Leibrente viel. Da die Banken häufig schon jahrzehntelang Geschäftsbeziehungen mit älteren Immobilieneigentümern pflegen, wissen sie, »wann es finanziell eng wird und sich eine Nutzung des Immobilienvermögens anbietet, ohne dass ein Auszug nötig wird.«[51]

Die Deutsche Leibrente kauft immer die komplette Immobilie und gewährt dem einstigen Eigentümer im Gegenzug lebenslanges und erweitertes Wohnrecht (siehe auch Abschnitt 1.1.) und eine monatliche Leibrente. Auch eine Einmalzahlung sowie eine Kombination aus beidem ist möglich. Laut Anbieter wählen 60 Prozent der Verkäufer eine zusätzliche Einmalzahlung. Das allerdings reduziert die Höhe der Immobilienrente.

VORAUSSETZUNG FÜR EINE LEIBRENTE

Voraussetzung für eine Leibrente ist ein Mindestalter von 70 Jahren und eine möglichst schuldenfreie Immobilie. Lastet noch ein Restkredit auf dem Objekt, muss der übrige Wert der Immobilie so hoch sein, dass sich daraus eine Rentenzahlung von mindestens 150 Euro monatlich errechnen lässt. Ob das möglich ist, hängt auch vom Alter des Verkäufers ab. Die Leibrente wird lebenslang bezahlt, mindestens jedoch fünf Jahre lang. Sollte der Leibrentner vor Ablauf von fünf Jahren sterben, wird die Rente bis zum Ende der Fünf-Jahres-Frist an die Erben ausbezahlt. Gegen Abschläge kann der Zeitraum der garantierten Rentenzahlungen auf zehn Jahre verlängert werden.

Als Leibrentenbezieher kann ich mit meinem Partner lebenslang in meinem Eigentum wohnen bleiben. Das wird durch ein erweitertes Wohnrecht im Grundbuch an erster Rangstelle gesichert. Damit ist auch eine Weitervermietung von Haus oder Wohnung möglich. Die Deutsche Leibrente verpflichtet sich notariell auch, die Immobilie nicht an Dritte weiterzuverkaufen, weil sich das nachteilig für die Leibrentner auszahlen könnte, wenn der Käufer ein finanzschwaches Unternehmen wäre und die Rentenzahlungen nicht mehr leisten könnte.

Vorteile der Leibrente

- Lebenslanges Wohnrecht in gewohnter Umgebung
- Lebenslange Rentenzahlung möglich
- Instandhaltung und Sanierung übernimmt der neue Eigentümer.

Nachteile der Leibrente

- Bei nur zeitlich begrenzter Rentenzahlung kann es im Alter zu finanziellen Engpässen kommen.
- Betriebs- und Nebenkosten sowie anteilig Steuern und Versicherungen müssen weiterbezahlt werden.
- Häufig wird ein Mindestalter von 65 Jahren gefordert.
- Die Immobilie ist nicht mehr vererbbar.

JEDER VIERTE IMMOBILIENBESITZER HAT NOCH SCHULDEN BEI DER BANK

Eine Umfrage der Deutschen Leibrenten[52] unter 160 Mitarbeitern von Banken im Jahr 2019 zeigt: Die meisten Senioren sind ihrer Hausbank seit Jahrzehnten verbunden. Viele Institute haben jedoch für diese treue Klientel kein Angebot. 60 Prozent der Banken räumen ein, nicht ausreichend auf die Wünsche der Senioren eingehen zu können. Denn bei 85 Prozent beschränkt sich das Interesse auf Menschen im erwerbstätigen Alter. Weitere Ergebnisse: Senioren erwarteten von ihrem Bankberater kompetente Beratung in Fragen der Altersfinanzierung. Jeder Zweite sucht beispielsweise bei seinem Kreditinstitut Rat, weil er Pflege und Gesundheit finanzieren muss. Ebenso viele wünschen von ihrer Bank Geld für Umbau oder Sanierung des Eigenheims. Ein nicht zu unterschätzendes Thema ist laut Umfrage auch die Tilgung von Schulden. So hat jeder vierte Immobilieneigentümer über 65 Jahre Haus oder Wohnung noch nicht abbezahlt. Im Ruhestand geht es für die meisten Senioren nicht mehr darum, Vermögen aufzubauen, sondern das Ersparte der vergangenen Jahrzehnte klug zu nutzen. Doch das Umdenken hat laut Studie begonnen und immer mehr Institute beschäftigen sich zunehmend mit Projekten zur dritten Lebensphase. Die Verrentung von Eigenheimen rückt als Lösung für dieses Problem immer stärker in den Fokus der Banken. 79 Prozent der Befragten halten die Immobilienrente für eine gute Lösung. Und mehr als 60 Prozent könnten sich vorstellen, ihren Kunden ein solches Modell zu empfehlen. Interesse gibt es dabei vor allem von Seiten der Sparkassen und der genossenschaftlichen Institute, da sie traditionell einen besonders großen Anteil an älteren Kunden haben.

2.6 DIE LEIBRENTE DER DEUTSCHEN IMMOBILIEN-RENTEN AG

Das Stuttgarter Unternehmen wurde Ende 2019 gegründet. Vorstandsvorsitzender ist Gordon Sauer. Hauptaktionäre der Aktiengesellschaft sind die beiden Unternehmer Hartmut Jenner, Vorstandsvorsitzender des Familienunternehmens Alfred Kärcher SE & Co. KG, dem Reinigungsgerätehersteller, der einen Jahresumsatz von rund 3 Milliarden Euro macht und 14 000 Mitarbeiter beschäftigt, sowie Hans Moser, Vorstand der Garant Immobilien AG in Stuttgart. Beide sitzen auch gemeinsam mit dem Wirtschaftsprüfer und Steuerberater Tilman Renz im Aufsichtsrat des Unternehmens. Das Produkt, das die Schwaben anbieten, nennt sich »Meine Wohnrente« und wird auch online unter dem Titel beworben. Andreas Haas ist Geschäftsführer der Meine Wohnrente GmbH.

Über mehrere Kapitalerhöhungen hat das Unternehmen ein Grundvermögen aufgebaut, das zurzeit rund 18 Millionen Euro (Stand Mai 2022)[53]. Im Juni 2022 wurde die hundertste Immobilie angekauft[54]. Zurzeit kommt das Portfolio der Deutschen Immobilien-Renten AG damit auf mehr als 100 Objekte in den deutschen Metropolregionen Hamburg, Berlin, Köln/Düsseldorf, Frankfurt/Wiesbaden, Baden-Württemberg und Bayern. Im Durchschnitt sind die Immobilien nach Angaben des Unternehmens beim Kauf rund 500 000 Euro wert. Neben mehr Personal in den Bereichen Marketing, Recht, Vertrieb und Portfoliomanagement sollen auch zusätzliche Kooperationspartner gewonnen werden. Seit Juni 2021 kooperiert die WIR WohnImmobilienRente GmbH (siehe Kapitel 5, »Umkehrhypothek«) mit den Stuttgartern.

VORAUSSETZUNGEN FÜR DEN ANKAUF EINER IMMOBILIE

Voraussetzungen für den Ankauf von Immobilien: Der Verkäufer ist mindestens 68 Jahre alt und sein Wohneigentum mindestens 250 000 Euro wert. Zudem sollte es möglichst in einer der Ankaufsregionen Hamburg, Berlin, Köln-Düsseldorf, Frankfurt oder den Bundesländern Bayern und Baden-Württemberg liegen. Ist die Immobilie noch nicht schuldenfrei, darf die Restschuld nur noch gering sein. Bei Verkauf werden die Reallast der Rentenansprüche sowie das Wohnrecht für den Verkäufer und seinen Lebenspartner an erster Stelle im Grundbuch[55] eingetragen. Alle Kosten, die mit dem Verkauf zusammenhängen, trägt die Deutsche Immobilien-Renten AG.

DER VERKÄUFER KANN ZWISCHEN VIER OPTIONEN WÄHLEN:

1. Immobilienrente auf Lebenszeit
2. Immobilienrente zeitlich befristet auf fünf oder zehn Jahre
3. Einmalzahlung
4. Kombination aus Leibrente und Einmalzahlung

Hausinterne Experten bestimmen den Immobilienwert, auf dessen Basis das unverbindliche Angebot erstellt wird. Im zweiten Schritt wird ein unabhängiger Sachverständiger, zum Beispiel des TÜV, eingeschaltet. Dessen Gutachten ist nach eigenen Angaben[56] maßgeblich für ein verbindliches Angebot.

Die Deutsche Immobilien-Renten AG garantiert die Rentenzahlung für fünf Jahre. Im vorzeitigen Todesfall des Verkäufers wird die Rente an die Erben oder jemand anderen ausgezahlt, den der Verkäufer im Vorfeld bestimmt hat. Die Instandhaltungskosten für die Immobilien trägt nach dem Verkauf das Unternehmen. Dazu wird alles rund um Dach, Fassade sowie die technischen Anlagen Heizung oder Sanitäranlagen gezählt. Ein tropfender Wasserhahn oder eine defekte Glühbirne gehören nicht dazu. Ebenso wenig ein Rollladengurt, der ersetzt werden muss. Sollten gravierende Schäden wie eine kaputte Wasserleitung auftreten, kann der Verkäufer und jetzt Wohnungsberechtigte den Schaden melden und mit Zustimmung des Unternehmens einen Kostenvoranschlag erstellen lassen. Die Handwerker beseitigen den Schaden und senden die Rechnung zur Begleichung an die Deutsche Immobilien-Renten AG.

Auch nach dem Verkauf der Immobilie müssen die Senioren weiterhin die üblichen Betriebs- und Heizungskosten tragen. Dazu gehören unter anderem die Grundsteuer, Gebäudeversicherungsgebühren, Kosten für Müllabfuhr, Strom, Gas, Wasser und Schornsteinfeger.

Die Vermietung der Immobilie an einen Dritten ist ausgeschlossen. Nach eigenen Angaben räumt die Deutsche Immobilien-Renten AG dem Verkäufer keinen Nießbrauch ein, weil sich damit automatisch die monatlichen Rentenzahlungen reduzieren würden – für ein Recht, das er vermutlich ohnehin nicht in Anspruch nehmen würde.[57] Denn seine Immobilie würde man ja nur dann vermieten (müssen), wenn sich die eigenen Lebensumstände fundamental veränderten. In solch einer Situation auch noch nach adäquaten Mietern suchen zu müssen, möchte man sich dann sicher ersparen. Ähnlich argumentieren auch andere Anbieter, etwa die Stiftung Liebenau (siehe Seite 65).

EINMALZAHLUNG ODER RENTE?

Die Möglichkeit der Einmalzahlung nehmen laut Gordon Sauer[58] rund 70 Prozent der Verkäufer in Anspruch. Die durchschnittliche Summe liegt bei 225 000 Euro. 5 Prozent der Verkäufer, die im Durchschnitt 74 Jahre alt sind, entschieden sich für die reine Rentenzahlung und 25 Prozent wählten eine Kombination aus beidem. Die meisten Senioren entschieden sich, die höchstmögliche Rentenzahlung von zehn Jahren zu wählen. Rund 40 Prozent der Verkäufer, die sich einen größeren Betrag auf einmal auszahlen ließen, nutzten das Geld, um noch Restdarlehen abzulösen und sich damit von der monatlichen Kreditrate, die sie an die Banken zahlen mussten, zu befreien.

»Viele Verkäufer haben im Alter nochmals Kredite auf ihre Immobilien aufgenommen, um sie instand zu halten oder altersgerecht umzubauen«, erklärt Gordon Sauer im Gespräch. »Jetzt belasten diese Kredite die häufig geringen Renten. Dazu kommen Inflation und steigende Energiekosten. In den vergangenen Wochen hatten wir so viele Anfragen wie noch nie.« Im März 2022 habe die Anzahl an Anfragen um 50 Prozent höher gelegen als in den Vergleichsmonaten der Jahre zuvor.

WOHNWERT ZU BARGELD MACHEN

Der Verkäufer, der ein Wohnrecht auf Lebenszeit besitzt, bleibt so lange in seinem Haus, wie er möchte. Sollte sich herausstellen, dass er das Objekt nicht mehr selbst bewohnen kann und früher als geplant ein Umzug in eine Alten- oder Pflegeeinrichtung notwendig sein sollte, kauft ihm die Deutsche Immobilien-Renten AG sein Wohnrecht ab und zahlt den Gegenwert aus. Wer etwa noch über ein Wohnrecht im Wert von 200 000 Euro verfügt, kann bei einer Zeitrente von zehn Jahren bei vorzeitigem Auszug nach schon vier Jahren mit einer Barauszahlung von 120 000 Euro rechnen.

Eine Beispielrechnung des Anbieters:
Wert des Wohnrechts laut Kaufvertrag: 200 000 Euro
Wert des Wohnrechts pro Jahr: 20 000 Euro
Restlebenserwartung des Verkäufers: 10 Jahre
Vorzeitiger Auszug nach vier Jahren: 6 Jahre
Restwert des Wohnrechts 20 000 Euro × 6 = 120 000 Euro

LEBENSLANGE RENTE GEGEN EINMALZAHLUNG

Die Deutsche Renten-Immobilien AG bietet seit dem 1. März 2022 auch eine lebenslange Rente an, die über die Versicherungsgruppe Allianz abgewickelt wird. Dafür kann der Verkäufer die Einmalzahlung aus dem Hausverkauf nutzen und bei der Allianz einen Sofortrentenvertrag für sich selbst und seinen Lebenspartner abschließen. Verbraucherschützer sind grundsätzlich skeptisch bei diesen Angeboten. Denn die Versicherer kassieren meist hohe Gebühren für die Sofortrenten (siehe Kasten Seite 83). Verbraucherschützer fordern daher seit Jahren vom Gesetzgeber, dass er Regelungen schafft, die genau das verhindern.

Das Angebot der Deutschen Immobilien-Renten AG ist nach eigenen Angaben eine Ausnahme von der Regel. Laut Gordon Sauer verzichtet die Allianz auf Provisionen und Abschlussgebühren, um die Verrentungssumme möglichst hochzuhalten. So würde beispielsweise ein 70 Jahre alter Rentner, der eine Einmalzahlung in Höhe von 250 000 Euro bei der Allianz verrenten würde, lebenslang eine Rente in Höhe von 1.160 Euro erhalten. Wäre er bei Vertragsabschluss bereits 75 Jahre alt, läge die Rente bei 1.400 Euro monatlich. Und im Alter von 80 Jahren bekäme der Rentner 1.750 Euro für den Rest seines Lebens, das statistisch gesehen noch gut acht Jahre beträgt. Würde der 80-Jährige tatsächlich noch acht Jahre leben, addierten sich die monatlichen Zahlungen auf 168 000 Euro.

Zum Vergleich: Wer bei der Deutschen Renten-Immobilien AG eine Zeitrente über zehn Jahre abschließen würde, käme im Alter von 70 Jahren und bei einer Verrentungssumme von 250 000 Euro auf eine monatliche Zahlung von 2.080 Euro gegenüber einer lebenslangen Rente bei der Allianz in Höhe von 1.160 Euro.

Die Tücken der Sofortrente

Anbieter von Sofortrenten kassieren bei Vertragsbeginn Abschluss- und Vertriebskosten von bis zu 6 Prozent des Verrentungsbetrags, hat die Verbraucherzentrale Hamburg ermittelt. Das betrifft auch Sparer, die das Kapital eines mit Riester geförderten Bank- oder Fondssparplans nach der Ansparphase verrenten lassen wollen. Die folgenden Eckdaten[59] hat die Verbraucherzentrale Hamburg 2019 für einen Vergleich unter fünf Anbietern zugrunde gelegt: Eine 65-jährige Person möchte 50 000 Euro verrenten lassen. Die Rente soll teildynamisch sein. Ein Versicherungsschutz oder Hinterbliebenenschutz besteht nicht. Das Ergebnis:

- **HDI Lebensversicherung AG: 3.022,61 Euro**
  (2.998,61 Euro Abschluss- und Vertriebskosten + 24 Euro Verwaltungskosten zu Vertragsbeginn).
- **Alte Leipziger Lebensversicherung: 2.766,98 Euro**
  (1.999,26 Euro Abschluss- und Vertriebskosten + 767,72 Euro Verwaltungskosten zu Vertragsbeginn).
- **Württembergische Lebensversicherung AG: 2.399,87 Euro**
  (1.999,89 Euro Abschluss- und Vertriebskosten + 399,98 Euro Verwaltungskosten zu Vertragsbeginn).
- **Lebensversicherung von 1871 a. G. (LV 1871): 2.250 Euro**
  (1.250 Euro Abschluss- und Vertriebskosten + 1.000,00 Euro Verwaltungskosten zu Vertragsbeginn).
- **Allianz Lebensversicherungs-AG: 1.999,98 Euro**
  (1.999,98 Euro Abschluss- und Vertriebskosten zu Vertragsbeginn).

Bei allen Anbietern fallen zusätzlich jedes Jahr weitere Verwaltungskosten an.

2.7 INTERVIEW:

»Die Leibrente macht nur Sinn, wenn sie lebenslang gezahlt wird.«

Alexander Krolzik, *Jurist, Versicherungsfachmann und Abteilungsleiter für Baufinanzierung und Baurecht bei der Verbraucherzentrale Hamburg. Ein kritischer Blick auf die unterschiedlichen Angebote, im Alter Geld mit seiner Immobilie zu verdienen – Teilverkauf, Leibrente und Rückmiete.*

Herr Krolzik, ist der Teilverkauf von Immobilien aus Ihrer Sicht eine gute Ergänzung der bereits vorhandenen Möglichkeiten, als Eigenheimbesitzer Geld aus seinem Haus oder seiner Wohnung zu ziehen?

Alexander Krolzik: Der Teilverkauf ist eine Ergänzung des bisherigen Angebots, das viele unterschiedliche Möglichkeiten anbietet, im Alter Geld aus seiner Immobilie zu ziehen. Die vertragliche Gestaltung eines Teilverkaufs ist in der Regel aber ausgesprochen komplex und umfangreich. Neben dem eigentlichen Kaufvertrag werden viele Regelungen vertraglich fixiert, die das Miteinander, die laufenden Kosten, das Nutzungsentgelt, die weiteren Kosten sowie die spätere Abwicklung betreffen. Aus meiner Sicht ist das Modell des Teilverkaufs insgesamt zu unflexibel und auch zu teuer.

Dass es zu teuer sei, hört man von Verbraucherschützern immer wieder. Aber warum ist es zu unflexibel?

Wenn ich bereits 50 Prozent meiner Immobilie verkauft habe, sind meine Möglichkeiten, noch weiteres Geld aus der Immobilie zu ziehen, vollkommen ausgeschöpft. Denn die meisten Anbieter kaufen maximal 50 Prozent des Objekts. Je länger ich lebe, desto länger muss ich auch das monatliche Nutzungsentgelt zahlen. Bei vielleicht 300 Euro im Monat kommen nach 15 Jahren schon 54 000 Euro zusammen. Habe ich vielleicht nur 150 000 Euro aus dem Teilverkauf erhalten, ist schon mehr als ein Drittel weg – ohne dass ich etwas davon hatte. Im schlimmsten Fall kann ich nicht mehr zahlen und das Haus muss verkauft werden. Ich verliere mein Zuhause – da nutzt mir auch der Nießbrauch nichts mehr – und muss dann meine Schulden begleichen, die aufgelaufen sind, weil ich die monatliche Gebühr nicht mehr zahlen konnte. Und der Anbieter bekommt noch mal Geld – und zwar nicht nur das, was ihm aufgrund der Teilung zusteht, sondern auch noch einen Extra-Bonus.

Die Anbieter sagen, sie sichern sich so gegen den Wertverlust der Immobilie ab ...

Das ist bei dem Modell gar nicht nötig. Das Risiko ist für den Investor ohnehin faktisch gar nicht vorhanden. Sie haben monatliche Einnahmen, erhalten beim Verkauf der Immobilie mindestens ihren Einsatz zurück plus eine Provision, die bis zu 17 Prozent beträgt. Die Risikoverteilung ist nicht gerecht. Auf Seiten der Anbieter handelt es sich um eine Übersicherung, die nicht notwendig ist.

Dennoch boomt der Markt für Teilverkauf und zahlreiche Immobilienbesitzer gehen diesen Weg ...

Ob sich ein Teilverkauf lohnt, lässt sich nicht pauschal mit Ja oder Nein beantworten. Wie immer hängt es vom Einzelfall ab. Es kann eine Lösung für eine bestimmte Lebenssituation sein – etwa dann, wenn ich eine gewisse Zeit bis zur Rente überbrücken muss oder weiß, dass ich in absehbarer Zeit erben werde, jetzt aber dringend Geld brauche. Je nach Lebensumstand bekomme ich möglicherweise nur noch schwer einen Kredit bei der Bank. Über größere Summen schon gar nicht. In solchen Fällen kann der Teilverkauf eine Möglichkeit sein, an Geld zu kommen.

Die Leibrente ist eine Offerte, die es schon länger gibt. Unter welchen Umständen lohnt es sich, sein Heim zu verkaufen und dafür lebenslang Rente zu beziehen?

Die Leibrente ist nur dann eine sinnvolle Option, wenn sie lebenslang gezahlt wird. Allerdings wird es zunehmend schwieriger, eine lebenslange Rente zu bekommen. Wird die Rente auf begrenzte Zeit angeboten, bin ich als Verkäufer überhaupt nicht abgesichert, wenn ich älter werde als statistisch errechnet. Außerdem muss ich auf meine Leibrente gegebenenfalls auch noch Steuern zahlen. Das sind wiederum Kosten, die von den meisten Verkäufern vergessen werden. Ist meine Rente klein, habe ich keine Erben und bin schon relativ alt, kann das Modell dennoch passen. Aber eines muss klar sein: Je höher die Lebenserwartung, desto kleiner die Rente. Geht es um ein Ehepaar, das eine Leibrente erhält, wird automatisch die höhere Lebenserwartung – zumeist die der Frau – angenommen, so dass die Rente automatisch kleiner ausfällt. Das Alter beziehungsweise die Dauer der Zahlung ist der zentrale Punkt bei der Berechnung der Leibrente.

Leibrenten gelten als Wette auf den baldigen Tod des Verkäufers. Die Anbieter verdienen daran, wenn jemand früh stirbt, während sie lange zahlen müssen, wenn jemand lange lebt. Eigentlich kein besonders gutes Geschäft für mich als Kunde …

Dafür habe ich lebenslanges Wohnrecht und die Zusicherung, dass ich mich nicht mehr um Instandhaltung und Renovierung oder energetische Sanierung kümmern muss. Das kann insbesondere für ältere Menschen eine Erleichterung sein, die körperlich nicht mehr imstande sind, solche Arbeiten selbst auszuführen, und auch nicht genügend Rente haben, um jemanden damit zu beauftragen. Allerdings sollte man als Verkäufer darauf achten, dass sowohl Leibrente als auch Wohnrecht im ersten Rang im Grundbuch eingetragen wird. Sonst bin ich im Insolvenzfall nicht abgesichert.

Wer zahlt meine Leibrente, wenn der Anbieter pleite ist?

Wenn die Leibrente im Grundbuch erstrangig abgesichert ist, muss derjenige weiterzahlen, der die Immobilie im Rahmen einer Zwangsversteigerung gekauft hat. Es kann sein, dass die Zahlungen zwischendurch ausgesetzt werden, weil die rechtlichen Abläufe in solch einem Fall ihre Zeit brauchen. Aus juristischer Sicht ist aber klar, dass der Verkäufer vorrangig behandelt wird und alle anderen Gläubiger erst danach bedient werden. Im Notfall muss das Ganze vor Gericht geklärt werden. Dafür empfiehlt es sich, einer vertrauten Person schon frühzeitig eine Vollmacht für so einen Schritt auszustellen. Wenn man Mitte 80 ist, hat man vermutlich keine Lust mehr, selbst vor Gericht zu ziehen.

Das könnte ich umgehen, wenn ich mir mein Geld nicht als Rente, sondern einmalig auszahlen ließe?

Die Möglichkeit gibt es und ist auch eine gute Lösung. So vermeide ich komplizierte und für mich nachteilige Berechnungen. Wenn ich das Geld einmalig bekomme, kann ich mir ja selbst einen Auszahlungsplan auferlegen und mir eine bestimmte Summe – beispielsweise 600 Euro monatlich – auf mein Girokonto überweisen lassen. So habe ich keine Verluste durch Altersabschläge und jederzeit die Kontrolle über mein Vermögen. Und ich kann auch in meinem Haus oder in meiner Wohnung bleiben, so lange ich will. Aber auch dafür muss mein Wohnrecht erstrangig eingetragen sein ... und dabei darf nicht vergessen werden, dass das Geld endlich ist. Wenn ich also länger lebe, kann es sein, dass der vorhandene Geldbetrag vollständig verbraucht ist und ich mit weniger Geld auskommen muss.

Eine weitere Möglichkeit, die Immobilienbesitzern offeriert wird, ist Sale-and-lease-back, das im angloamerikanischen Raum gebräuchlich, hierzulande aber noch wenig etabliert ist. Wie bewerten Sie die Verrentungsart von Verkauf und Rückmietung?

Die Rückmiet-Variante ist im Vergleich zu allen anderen Verrentungsmöglichkeiten rechtlich am klarsten geregelt. Denn mit dem Verkauf bin ich alles los, worum ich mich sonst noch kümmern müsste – etwa Sanierungen, neue energetische Auflagen durch den Gesetzgeber, Versicherungen, Steuern –, und werde wieder Mieter mit all meinen Rechten. Meine Pflicht ist nur die Zahlung der Miete und der Nebenkosten, in denen dann ein Teil der vorgenannten Kosten wie Steuern und Versicherungen als Umlage wieder enthalten ist.

Viele Immobilienbesitzer möchten aber nicht mehr Mieter werden und fürchten sich auch vor steigenden Mieten – vor allem, wenn die Gegend, in der sie wohnen, zu den Wachstumsregionen zählt …

Das muss man sich gut überlegen. Aber trotz der großen Verbundenheit mit dem eigenen Haus steht für viele Senioren doch irgendwann der Umzug in eine kleinere Wohnung oder gar in eine Alten- und Pflegeeinrichtung an. Wenn ich Mitte 70 bin und eine kleine Rente habe, kann ich mir so aber noch eine schöne und sorgenfreie Zeit in meinem Haus machen. Ich habe genügend Geld auf dem Konto durch den Immobilienverkauf und kann gut kalkulieren, weil ich weiß, wie hoch meine Miete ist. Die meisten Anbieter legen die Miete auf drei bis fünf Jahre fest. So lange gibt es keine Mieterhöhung. Außerdem bin ich vertraglich auch gegen Eigenbedarfskündigungen geschützt.

Dennoch kann es sein, dass mein Geld aus dem Verkauf größtenteils im Nachhinein für die Miete draufgeht – vor allem, weil ich im Vorfeld nicht weiß, wie hoch die Miete steigen wird.

Wenn ich länger als zehn Jahre in der Immobilie wohnen bleibe, kann das in der Tat teuer werden. Für gewöhnlich ist dieses Modell auch nicht auf so einen langen Zeitraum angelegt, sondern auf einen deutlich kürzeren. So kommt es vielleicht insgesamt nur einmal zu einer Mieterhöhung, bevor ich ausziehe. Insbesondere bei Privatinvestoren, die Sale-and-lease-back praktizieren, dürfte der vertragliche Ausschluss einer Mieterhöhung schwer durchsetzbar sein. Aber als Verkäufer kann man ja auch versuchen, von vornherein eine Staffelmiete zu vereinbaren. Dann weiß man von Anfang an, woran man ist.

Sie sind selbst Immobilienbesitzer. Was würden Sie tun, wenn Rente und Rücklagen vielleicht doch nicht reichten, um daraus den gesamten Lebensunterhalt zu bezahlen und gleichzeitig das Haus in Schuss zu halten?

Gute Frage. Da ich auch einen großen Garten habe, stellt sich die Frage eines Tages: Wie lange kann man das alles noch allein bewältigen? Ich hoffe natürlich, dass meine Frau und ich möglichst lange hier wohnen bleiben können. Im Fall eines ernsthaften finanziellen Engpasses würde ich mich aber vermutlich für den Verkauf entscheiden.

KAPITEL 3:

TEILVERKAUF DER IMMOBILIE

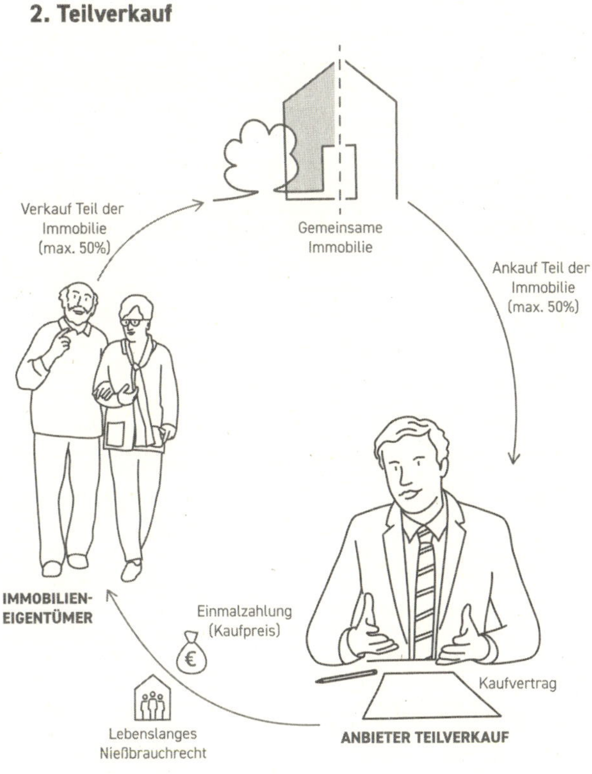

3.1 TEILVERKAUF VON IMMOBILIEN – Anteile verkaufen, wohnen bleiben, Gebühren zahlen

Seit 2018 können Eigenheimbesitzer als Alternative zum Verkauf auch nur einen Teil ihrer Immobilie veräußern. Sie wohnen weiterhin in ihrem Haus oder in ihrer Eigentumswohnung, können die Objekte vermieten, vererben, eines Tages den verkauften Teil zurückerwerben oder die Immobilie mithilfe des neuen Miteigentümers verkaufen. In der Zwischenzeit verfügen sie über genügend Kapital, um ihr Leben sorgenfrei zu gestalten.

Entwickelt wurde das Konzept des Teilverkaufs von den beiden Unternehmern Christoph Neuhaus und Dr. Alexander Ey, die sich vorgenommen hatten, eine Möglichkeit zu finden, Immobilien »mobil« zu machen. Ältere Menschen sollten die Chance erhalten, ihren finanziellen Spielraum zu vergrößern, ohne ihr Zuhause aufgeben zu müssen, indem sie es verkaufen. Die bis zum Jahr 2018 gängigen Immobilienverrentungsmodelle erschienen den beiden Finanzprofis nach eigenen Aussagen nicht fair und transparent genug (siehe Interview Seite 112). Ihnen schwebte zudem eine unkomplizierte Lösung vor, wie Senioren mit Immobilieneigentum zu mehr finanziellen Mitteln kommen könnten, ohne sich im Alter über einen hohen Kredit (neu) verschulden zu müssen. Mit ihrem vor vier Jahren gegründeten Unternehmen wertfaktor verfolgen sie einen ganz anderen Ansatz als bislang üblich.

Der Teilverkauf[60] von wertfaktor: Der Immobilieneigentümer legt fest, wie viel Bargeld er aus seinem Haus oder seiner Wohnung herauslösen möchte. Ein unabhängiger Gutachter ermittelt den Marktwert des Objekts, aus dem sich der Anteil errechnet, der an wertfaktor verkauft wird. Dem Eigentümer wird der Kaufpreis ausgezahlt. Ein im Grundbuch eingetragenes Nießbrauchrecht sichert die lebenslange und alleinige Nutzung. Im Gegenzug berechnet wertfaktor ein monatliches Entgelt für die Nutzung des verkauften Immobilienanteils. Der Verkäufer kann auch weiterhin allein schalten und walten – beispielsweise Anbauten und Renovierungen ohne Absprache mit wertfaktor vornehmen oder bei Eigentümerversammlungen als alleiniger Entscheider für die Partnerschaft auftreten. Stirbt der Immobilieneigentümer oder zieht er eines Tages in eine Alten- oder Pflegeeinrichtung um, haben Erben oder Angehörige, die im Auftrag des Eigentümers handeln, das Vorkaufsrecht und können den zuvor veräußerten Anteil an der Immobilie zurückkaufen. Wird darauf verzichtet, kümmert sich wertfaktor um den Verkauf der gesamten Immobilie. Der Verkaufserlös wird zwischen beiden Parteien anteilig aufgeteilt. Die Firmengründer haben von Anfang an darauf aufmerksam gemacht, dass der Clou ihres Konzepts darin bestehe, die Eigentümer an künftigen Wertsteigerungen ihrer Immobilie teilhaben zu lassen. Da die Preise für Wohnimmobilien zurzeit immer noch steigen, kann ein Objekt bei einem späteren Gesamtverkauf sehr viel mehr einbringen, als das Gutachten zum Zeitpunkt des Teilverkaufs ergeben hat (siehe auch Bilanz von wertfaktor 2022 Seite 103).

Mit ihrem für die Umsetzung dieser Idee gegründeten Unternehmen wertfaktor haben Neuhaus und Ey eine Alternative zum sofortigen Verkauf und auch zur Immobilienverrentung geschaffen. Das von ihnen erdachte Modell findet inzwischen viele Nachahmer. Weitere Marktteilnehmer sind zum Beispiel das 2019 gegründete Münchner Unternehmen Heimkapital, der Hamburger Immobiliendienstleister Engel & Völkers, der über den Lizenzpartner Engel & Völkers LiquidHome den Ankauf von Wohnimmobilien mit Nießbrauch oder Wohnrecht anbietet, und die 2020 gegründete Deutsche Teilkauf. 2021 kam HausVorteil als neuer Anbieter für den Immobilien-Teilverkauf dazu – ebenfalls mit Sitz in Hamburg. Und 2021 folgte die neu gegründete Wohnwert Immobilien AG als Unternehmen mit Spezialisierung auf den Teilverkauf von Immobilien. Bereits 2019 hatte die in Hamburg ansässige Immobilien-Investmentgesellschaft Basora Real Estate ihre Teilverkaufsparte gestartet. Seit 2020 gehört sie als Spezialist für Teilverkäufe von Mehrfamilienhäusern, Grundstücken, Ferienimmobilien sowie Gewerbeimmobilien innerhalb Deutschlands zu wertfaktor. Dafür wurde das Unternehmen wertfaktor select GmbH gegründet, ein 50-zu-50-Joint-Venture der Basora Real Estate GmbH und der wertfaktor Immobilien GmbH.[61]

Als Berater und Vermittler sieht sich die 2015 gegründete DEGIV – Die Gesellschaft für Immobilienverrentung, die Informationen zu verschiedenen Verrentungsmodellen und auch zum Teilverkauf anbietet, selbst aber nicht als Teilankäufer tätig ist. Im Jahr 2020 gründete sich in Hamburg die WIR WohnImmobilienRente, die sich ebenfalls als bankunabhängigen Anbieter und Vermittler der Modelle Immobilienverrentung, Teilverkauf und Umkehrhypotheken bezeichnet.

Fazit: In den kommenden Jahren werden vermutlich immer mehr Rentner feststellen, dass ihre monatlichen Einkünfte nicht mehr ausreichen, um sich selbst ein auskömmliches Leben zu gönnen – und gleichzeitig ihre Immobilie in Schuss zu halten. Die steigenden Kosten für Heizung, warmes Wasser und Strom tragen auch nicht gerade dazu bei, sich entspannt zurückzulehnen. Vielmehr könnte es für manchen Ruheständler eher ungemütlich werden. Ein Teilverkauf des Hauses kann daher eine Möglichkeit sein, diesen Missstand wieder ins Gleichgewicht zu bringen. Denn als Teilverkäufer kann ich sofort über eine größere Menge Bargeld verfügen – und muss mich vor niemandem dafür rechtfertigen, wie ich es ausgebe. Ob ich das Geld wieder in die Immobilie investiere, mir bescheidenen Luxus gönne oder es zur Seite lege, um meine steigenden Nebenkosten bezahlen zu können, ist vollkommen egal. Da ich Eigentümer bleibe, kann ich meine Immobilie auch vermieten oder Teile davon untervermieten – und mein Haus weiterhin vererben. Lukrativ scheint auch die Aussicht, bei einem späteren Verkauf der Immobilie von weiterer Wertsteigerung zu profitieren. Zumindest in den vergangenen Jahren sind die Immobilienpreise vielerorts immer weiter gestiegen, so dass diese Aussicht nicht unwahrscheinlich ist. Allerdings muss mein Haus dafür schon in einer der Wachstumsregionen liegen. Und selbst wenn das der Fall sein sollte, heißt es nicht unbedingt, dass vergangene Wertsteigerungen auch künftige sein werden. In diesem Punkt sollte man als Teilverkäufer realistisch sein und erkennen, dass Teilkäufer keine Wertsteigerungen garantieren können. Um sich selbst gegen Wertverluste abzusichern, erheben die Unternehmen vielmehr monatliche Gebühren von einigen hundert Euro, die ich als Verkäufer unbedingt einkalkulieren muss. Außerdem muss ich mit zusätzlichen Gebühren beim endgültigen Verkauf meiner Immobilie rechnen. Das Angebot für einen Teilverkauf kann dennoch durchaus attraktiv sein – allein deshalb, weil ich im Alter wenige Chancen habe, anderweitig an größere Summen Geld zu kommen.

Vorteile des Teilverkaufs

- Teilverkäufer bleibt Immobilieneigentümer
- Sofort größere Summe an Bargeld zur Verfügung
- Kein Abschlag durch lebenslangen Nießbrauch
- Immobilie bleibt vererbbar
- Chance an Wertentwicklung bei späterem Verkauf teilzuhaben

Nachteile des Teilverkaufs

- Monatliches Nutzungsentgelt
- Teils zusätzliche Gebühren bei Gesamtverkauf
- Risiko des Wertverlusts der Immobilie
- Noch wenige Erfahrungen mit dem neuen Produkt

3.2 TEILVERKAUF BEI WERTFAKTOR

Das Hamburger Unternehmen wertfaktor verfügt als Pionier beim Teilverkauf von Immobilien in Deutschland nicht nur über die meiste Erfahrung und die meisten Kooperationspartner, sondern hat seit seiner Gründung auch zahlreiche Neuerungen eingeführt – beispielsweise die Einrichtung eines Expertenrates und eines Kundenrates (siehe Seite 132).

Die Gründer Christoph Neuhaus und Alexander Ey kommen beide aus der Finanzbranche. Neuhaus investierte zuvor bei internationalen Investmentgesellschaften selbst in junge Unternehmen und unterstützte Gründer beim Aufbau neuer Geschäftsmodelle. Ey ist ebenfalls als Investor tätig, zuvor war er als Geschäftsführer unter anderem beim Zahlungsdienstleister PayPal angestellt. wertfaktor ist seit der Gründung 2018 stark gewachsen, mit Stand Juli 2022 hat das Unternehmen rund 80 Mitarbeiter.

wertfaktor kauft Anteile an Eigenheimen oder Eigentumswohnungen ab einer Höhe von 100 000 Euro und bis maximal 50 Prozent des Verkehrswertes des Objekts. Daraus ergibt sich ein Mindestwert der Immobilie von 200 000 Euro. Das ist die übliche Untergrenze bei den Anbietern im Bereich Teilverkauf. Die Eigentümer entscheiden selbst, wie viel Geld sie sich auszahlen lassen. Aus dem Verkehrswert der Immobilie und der gewünschten Auszahlung errechnet sich der Anteil, den wertfaktor ankauft. Den Wert der Immobilie bestimmt ein unabhängiger zertifizierter Gutachter, den der Verkäufer aus zwei Vorschlägen von wertfaktor auswählen kann. Das Unternehmen arbeitet aktuell mit rund 120 unabhängigen Gutachtern in ganz Deutschland zusammen. Eigentümer können auch ein vorhandenes Gutachten als Grundlage für den Verkauf vorlegen, wenn der ausgewählte Experte über die erforderlichen Qualifikationen verfügt und das Gutachten nicht älter als sechs Monate ist.

Alle Kosten für den Ankauf übernimmt wertfaktor, dazu gehören die Kosten für das Gutachten, die Notargebühren, die Eintragung ins Grundbuch und die Grunderwerbssteuer.

Nach dem Teilverkauf können die Eigentümer ihr Zuhause weiter so nutzen, wie sie es gewohnt sind. Sie können dort wohnen bleiben, es um- oder ausbauen, renovieren oder auch ausziehen und das Objekt vermieten. Die Verantwortung und alle Entscheidungen für die Instandhaltung liegen dabei beim Miteigentümer, es gibt weder eine Instandhaltungspflicht noch eine vertragliche Verpflichtung, bestimmte Arbeiten durchführen zu lassen.

Die laufenden Kosten für die Nutzung der Immobilie tragen weiter die Bewohner, also zum Beispiel für Versicherungen, Steuern oder Heizkosten. Auch das gilt für alle Anbieter im Bereich Teilverkauf. Neu ist allerdings, dass sich wertfaktor als erster Ankäufer mit bis zu 20 000 Euro an Instandhaltungsmaßnahmen und Investitionskosten an der gemeinsamen Immobilie beteiligt, wenn die Verkäufer das wollen. Beispiele sind die Modernisierung der Heizung oder der Elektrik, der Einbau neuer Fenster und Maßnahmen zur Wärmedämmung. Reine Schönheitsreparaturen oder der Einbau einer neuen Küche gehören nicht dazu. Die Höhe der Zuzahlung richtet sich nach dem Anteil, der an wertfaktor verkauft wurde. Beispiel: Gehören wertfaktor 50 Prozent der Immobilie und die Teilverkäufer investieren 8.000 Euro in die Wärmedämmung ihres Hauses, beteiligt sich wertfaktor mit 4.000 Euro. Bei größeren Arbeiten an der Elektrik zahlt wertfaktor bei einer Gesamtrechnung von bis zu 15 000 Euro die Hälfte, also bis zu 7.500 Euro.

Dafür, dass die Verkäufer die Immobilie weiterhin allein nutzen, zahlen sie ein sogenanntes Nutzungsentgelt auf den ausgezahlten Betrag. Im Gegenzug erhalten die Eigentümer ein lebenslanges Nießbrauchsrecht, das erst mit dem Tod des letzten Anspruchsberechtigten erlischt.

Ein Teilverkauf mit lebenslangem Nießbrauchsrecht wird bei wertfaktor für Eigentümer im Alter ab 55 Jahren angeboten. Möglich sei ein Teilverkauf zwar auch schon früher, werde aber für Jüngere nicht empfohlen, so wertfaktor auf Anfrage. In der Regel hätten diese Eigentümer noch die Möglichkeit, einen Bankkredit zu bekommen, und arbeiteten auch noch lange genug, um ihn wieder abzulösen.

Das Unternehmen ist bundesweit tätig und kauft bevorzugt gut gepflegte Objekte in Städten und Regionen, die sich wirtschaftlich stabil entwickeln oder wachsen. Solche Objekte sind aber nicht nur in beliebten Stadtteilen von Großstädten oder deren Speckgürteln zu finden, sondern auch in Kleinstädten und auf dem Land. Die Chancen auf eine Wertsteigerung aller Immobilien berechnet wertfaktor mit dem selbst entwickelten »Wert-Score«, der Faktoren wie das lokale und regionale Wirtschaftswachstum, die regionale Infrastruktur und die regionale Entwicklung der Immobilienpreise mit einbezieht. Objekte, die wahrscheinlich im Wert fallen, kauft wertfaktor nicht an und rät nach eigenen Angaben in solchen Fällen den Eigentümern eher dazu, die Immobilie ganz zu verkaufen.

MONATLICHES NUTZUNGSENTGELT

Bei wertfaktor wird das sogenannte Nutzungsentgelt beim Ankauf auf zehn Jahre festgelegt, in diesem Zeitraum ist es also nicht an die Teuerungsrate (Inflation) gekoppelt. Nach Ablauf der zehnjährigen Bindungsfrist wird das Nutzungsentgelt anhand der dann aktuellen Zinssätze angepasst und erneut für die kommenden zehn Jahre festgeschrieben. Bei dieser Anpassung kann es zu Erhöhungen oder auch zur Senkung des Nutzungsentgelts kommen. Von häufigeren Anpassungen rät wertfaktor ab, auch wenn die Kunden diese Option besitzen. Bei jährlicher Anpassung könne es angesichts der möglichen Schwankungen bei den Zinsen zu unkalkulierbaren Kostensteigerungen für die Verkäufer kommen.

Beispiel:
Ein auf zehn Jahre fixiertes Nutzungsentgelt von 500 Euro monatlich ändert sich nicht, auch wenn die Inflation deutlich anzieht. Ein an die Teuerungsrate gebundenes Nutzungsentgelt von 500 Euro monatlich würde bei einer Inflationsrate von 2 Prozent über zehn Jahre auf 609 Euro ansteigen. Insgesamt würden sich die Kosten über die Gesamtlaufzeit um 5.698 Euro erhöhen.

Musterrechnung Nutzungsentgelt

So wirkt sich die Höhe des Nutzungsentgelts auf die Gesamtkosten aus
(Beispiel: Teilverkauf mit Wunschauszahlung in Höhe von 100 000 €)

Zu zahlendes Nutzungsentgelt	2,9%	3,5%	4,0%	4,5%
Gesamt im Jahr 1	2.900,00 €	3.500,00 €	4.000,00 €	4.500,00 €
Gesamt im Jahr 2	2.900,00 €	3.500,00 €	4.000,00 €	4.500,00 €
Gesamt im Jahr 3	2.900,00 €	3.500,00 €	4.000,00 €	4.500,00 €
Gesamt im Jahr 4	2.900,00 €	3.500,00 €	4.000,00 €	4.500,00 €
Gesamt im Jahr 5	2.900,00 €	3.500,00 €	4.000,00 €	4.500,00 €
Gesamt im Jahr 6	2.900,00 €	3.500,00 €	4.000,00 €	4.500,00 €
Gesamt im Jahr 7	2.900,00 €	3.500,00 €	4.000,00 €	4.500,00 €
Gesamt im Jahr 8	2.900,00 €	3.500,00 €	4.000,00 €	4.500,00 €
Gesamt im Jahr 9	2.900,00 €	3.500,00 €	4.000,00 €	4.500,00 €
Gesamt im Jahr 10	2.900,00 €	3.500,00 €	4.000,00 €	4.500,00 €
Kosten gesamt nach 10 Jahren	**29.000,00 €**	**35.000,00 €**	**40.000,00 €**	**45.000,00 €**

Kurze und lange Laufzeit: So können die Kosten variieren
(Beispiel: Teilverkauf mit Wunschauszahlung in Höhe von 100 000 €)

Festschreibung des Nutzungsentgelts für		10 Jahre	5 Jahre	1 Jahr
Nutzungsentgelt im Jahr 1	2,9%	2.900,00 €	2.900,00 €	2.900,00 €
Nutzungsentgelt im Jahr 2	3,4%	2.900,00 €	2.900,00 €	3.400,00 €
Nutzungsentgelt im Jahr 3	3,6%	2.900,00 €	2.900,00 €	3.600,00 €
Nutzungsentgelt im Jahr 4	3,5%	2.900,00 €	2.900,00 €	3.500,00 €
Nutzungsentgelt im Jahr 5	3,7%	2.900,00 €	2.900,00 €	3.700,00 €
Nutzungsentgelt im Jahr 6	3,9%	2.900,00 €	3.900,00 €	3.900,00 €
Nutzungsentgelt im Jahr 7	3,9%	2.900,00 €	3.900,00 €	3.900,00 €
Nutzungsentgelt im Jahr 8	3,6%	2.900,00 €	3.900,00 €	3.600,00 €
Nutzungsentgelt im Jahr 9	3,3%	2.900,00 €	3.900,00 €	3.300,00 €
Nutzungsentgelt im Jahr 10	3,3%	2.900,00 €	3.900,00 €	3.300,00 €
Kosten gesamt nach 10 Jahren		**29.000,00 €**	**34.000,00 €**	**35.100,00 €**

Anders als bei klassischen Verrentungskonzepten kalkuliert man bei wertfaktor – und auch allen anderen Teilverkaufsangeboten – nicht mit Sterbetafeln. Beim Teilverkauf wird zum einen auf den Wertzuwachs der Immobilien gesetzt, zum anderen bezahlen die Kunden mit dem Nutzungsentgelt eine monatliche Gebühr an den Miteigentümer, als Entschädigung dafür, dass der Teilerwerber die Immobilie während der Laufzeit des Vertrags nicht selbst nutzen kann. Weder bei wertfaktor noch bei anderen Anbietern gibt es daher Abschläge auf die Auszahlungssumme, weil man die lebenslange Nutzung einpreisen muss. Daher sind die Konditionen auch für Männer und Frauen gleich (siehe Seite 56 »Wozu sind Sterbetafeln gut?«).

LEBENSLANGER NIESSBRAUCH

Die Teilverkäufer erhalten beim Verkauf eines Anteils an wertfaktor ein lebenslanges Nießbrauchsrecht (siehe auch Kapitel 1, Abschnitt, »Immobilie gegen Nießbrauch«). Der Nießbrauch gilt bis zum Tod des letzten Berechtigten. Im Fall eines Ehepaares erhalten also beide Ehepartner ein Nießbrauchsrecht. Stirbt also einer der beiden, gilt der Nießbrauch auch für den überlebenden Ehepartner bis zu dessen Tod fort.

Der Nießbrauch wird im Grundbuch eingetragen und gilt für den verkauften Anteil an der Immobilie. Für den nicht verkauften Anteil einen Nießbrauch einzutragen, wie andere Anbieter es tun, sei nach Auskunft von wertfaktor überflüssig, weil dieser Teil dem Eigentümer sowieso gehöre. Der Eintrag im Grundbuch selbst sei aber wichtig, weil die Rechtsposition für die Verkäufer gegenüber Dritten deutlich stärker sei als bei einer rein vertraglichen Vereinbarung zwischen den Parteien. So halten es auch die meisten anderen Anbieter von Teilverkäufen.

Wichtig zu wissen ist, dass das Nießbrauchsrecht der Verkäufer bei allen Teilverkaufsmodellen an die regelmäßige Zahlung des Nutzungsentgelts gekoppelt ist. Geraten Eigentümer in finanzielle

Schwierigkeiten und können ihre Raten nicht mehr zahlen, kann das Haus verkauft werden und die Eigentümer müssten ausziehen.

Bei wertfaktor können sich Eigentümer bei Zahlungsschwierigkeiten an die Miteigentümer-Betreuung wenden. Das Unternehmen bestätigt, dass bei den bisherigen Härtefällen immer eine Lösung zur Überbrückung von Zahlungsschwierigkeiten gefunden werden konnte. Ist eine Lösung nicht möglich und zahlt der Verkäufer die Raten länger als drei Monate nicht, kann das Haus aber verkauft werden. Die Verkäufer bekämen zwar ihren Anteil am Verkaufserlös ausgezahlt, allerdings abzüglich des noch nicht gezahlten Nutzungsentgelts.

Für den Fall, dass wertfaktor selbst in finanzielle Schwierigkeiten geraten und es zur Insolvenz kommen sollte, ist der Verkäufer durch das Nießbrauchsrecht abgesichert. Zusätzlich hat die Geschäftsführung eine Sicherungszweckerklärung in den Vertrag eingebaut, die den Teilverkäufer und sein Nießbrauchsrecht schützen soll. Darin ist geregelt, dass beispielsweise die finanzierende Bank die Immobilie nicht verkaufen kann, solange der Teilverkäufer weiterhin das mit wertfaktor vertraglich vereinbarte Nutzungsentgelt zahlt. Diese besondere Klausel sichert den Besitzer gegen den Verlust der Immobilie ab, solange er selbst seinen Teil der Vereinbarung erfüllt. Gleichzeitig werde durch die Sicherungszweckerklärung die Rangfolge des Nießbrauchs im Grundbuch unwichtig, da sowohl die Bank als auch ein Insolvenzverwalter ein Haus nur mit Zustimmung des Verkäufers zwangsversteigern dürfe, so wertfaktor.

WERTSTEIGERUNG BEI GESAMTVERKAUF

Der Teilverkauf ist als Modell zwar eher auf Laufzeiten ab zehn Jahre angelegt, eine Beendigung ist dennoch jederzeit möglich. Stirbt der Teilverkäufer, zieht in eine Alten- und Pflegeeinrichtung oder entscheidet sich für eine Neuausrichtung seines Lebens, kann er sich jederzeit zu einem Gesamtverkauf entschließen. Der Verkaufserlös wird nach Abzug der Kosten entsprechend der Eigentumsanteile an den Verkäufer oder dessen Erben und an wertfaktor ausgezahlt. Gehören dem Eigentümer beispielsweise noch 60 Prozent des Objekts, erhält er auch 60 Prozent des Verkaufserlöses.

Kommt es zum Gesamtverkauf, übernimmt wertfaktor die Vermarktung und kümmert sich darum, das Objekt zum bestmöglichen Preis zu veräußern. Dabei investiere man je nach Objekt auch in Schönheitsreparaturen oder in Leihmöbel, die die Immobilie für potenzielle Käufer attraktiver machten, so wertfaktor. Im Gegenzug erhält wertfaktor ein sogenanntes Durchführungsentgelt in Höhe von 3,25 Prozent des Gesamtverkaufspreises. Darin sind die Betreuung der Kaufinteressenten und alle weiteren Kosten enthalten, die in diesem Prozess anfallen, wie für Handwerker, einen Fotografen, für Anzeigen in Immobilienportalen oder auch für einen Makler.

Erben haben bei wertfaktor zudem ein Vorkaufsrecht. Nur wenn dies nicht genutzt wird, geht die Immobilie in die Vermarktung. Kaufen die Erben – oder die ursprünglichen Verkäufer – die Immobilie zurück, zahlen sie ein reduziertes Durchführungsentgelt von 2,25 Prozent des Verkaufspreises.

Das Geschäftsmodell des Teilverkaufs basiert auf der Annahme, dass Immobilien im Lauf der Zeit an Wert gewinnen. Die Anbieter verdienen zwar auch während der Vertragslaufzeit aufgrund des Nutzungsentgelts, aber der eigentliche Gewinn liegt im endgültigen Verkauf des Objekts, an dem auch der Teilverkäufer teilhat. wertfaktor kalkuliert mit einer Mindestwertsteigerung der Immobile von 2 Prozent pro Jahr. Das entspreche dem durchschnittlichen Anstieg der Immobilienpreise in Deutschland in den vergangenen 40 Jahren.

Üblich ist im Teilverkauf eine sogenannte »Wertsicherungsklausel«, mit der sich die Teilverkäufer verpflichten, beim Gesamtverkauf eine Mindestsumme immer an wertfaktor auszuzahlen – selbst wenn die Immobilie nicht im Wert gestiegen sein sollte. Bei wertfaktor beträgt die garantierte Rückzahlung die zuvor eingesetzte Kaufsumme plus 17 Prozent, unabhängig davon, ob das Eigenheim oder die Eigentumswohnung beim endgültigen Verkauf mehr wert ist als beim Teilverkauf. Das Risiko des Wertverlustes trägt der Teilverkäufer.

Ein Teil dieser Summe refinanziere die Kosten des Ankaufs, so wertfaktor, zudem sei der Verkäufer zum Werterhalt seiner Immobilie nicht verpflichtet und müsse daher auch das Risiko für eine mangelhafte Instandhaltung tragen. Steigt der Immobilienpreis tatsächlich um 2 Prozent pro Jahr, sind die 17 Prozent nach rund acht Jahren verdient. Klettern die Immobilienpreise um 6 Prozent, ist diese Grenze bereits nach knapp drei Jahren geknackt.

BILANZ VON WERTFAKTOR (2022)

Ende Januar 2022 hat wertfaktor die ersten Zahlen veröffentlicht, die den erfolgreichen Gesamtverkauf von Objekten dokumentieren. Denn das Unternehmen weist stets darauf hin, dass ein Vorteil eines Teilverkaufs darin liegt, auch weiterhin an möglichen Wertsteigerungen seiner Immobilie teilhaben zu können. Zumindest bislang scheint das Konzept aufzugehen: Insgesamt 17 Immobilien wurden auf Wunsch der Eigentümer oder ihrer Erben bereits verkauft.[62] Weitere neun Gesamtverkäufe waren Ende Januar in Vorbereitung. Bei 8 der 17 verkauften Eigenheime stieg der Wert zwischen Teilverkauf und Gesamtverkauf um mehr als 20 Prozent, sechs konnten eine Wertsteigerung zwischen 10 und 19 Prozent erreichen, ein weiteres Objekt erzielte einen Marktpreis von plus 7,5 Prozent – in einem Zeitraum von 9 bis 24 Monaten.

Zwei Immobilien wurden auf Wunsch der Miteigentümer nicht am freien Markt, sondern zum Festpreis an Freunde oder Nachbarn verkauft. Bei diesen Objekten lagen die Verkaufspreise beim Ankaufswert oder darunter. Im Durchschnitt lag der Verkaufspreis aller 17 Immobilien bei 680 000 Euro. Sieben Objekte wurden für Preise zwischen 265 000 und 399 000 Euro verkauft, sieben weitere erzielten Preise bis zu 750 000 Euro. Drei Immobilien konnten für mehr als

1 Million Euro am Markt veräußert werden. Das beste Ergebnis bisher erzielte laut wertfaktor ein Eigenheim im Hamburger Norden. Der Wert des Hauses stieg zwischen Teilverkauf und Gesamtverkauf um stolze 72 Prozent, von 930 000 Euro im April 2020 auf 1,6 Millionen Euro im Juni 2021. Der Miteigentümer hatte einen Anteil von 10,8 Prozent an wertfaktor veräußert. Den bisher höchsten Preis erzielte eine 122 Quadratmeter große Dachgeschosswohnung in der Münchner Maistraße, die für 2,3 Millionen Euro verkauft werden konnte.

Die allerersten Teilverkäufer waren Senioren aus Bayern – 2018 waren sie 66 und 71 Jahre alt und verkauften einen Anteil ihres Eigenheims.[63] Bis Ende 2020 folgten ihrem Beispiel allein bei wertfaktor mehr als 400 weitere Immobilieneigentümer. Im Durchschnitt verkauften die Eigentümer laut wertfaktor-Geschäftsführer Christoph Neuhaus 42 Prozent ihrer Immobilie zu einem Kaufpreis von 197 800 Euro. Das entspricht einem Immobilienwert von 470 952 Euro. Die höchste Auszahlung in den ersten drei Jahren des Teilverkaufs bei wertfaktor lag bei 1,45 Millionen Euro. Der Marktwert dieser Immobilie wurde auf 4,8 Millionen Euro geschätzt (Stand: Dezember 2021).

Rund zwei Drittel der wertfaktor-Kunden verkaufen laut wertfaktor anteilig ihr Einfamilienhaus. Ein Drittel veräußert Anteile an Mehrfamilienhäusern oder Eigentumswohnungen. Die bislang größte Immobilie verfügt über 480 Quadratmeter Wohnfläche, die kleinste bisher angekaufte Wohnung hat 64 Quadratmeter.

Den typischen Kunden scheint es nicht zu geben. Vielmehr spiegelt die Kundschaft einen Querschnitt des deutschen Mittelstands wider: Rechtsanwalt, Steuerberaterin, Bankberater, Unternehmerin, Malermeister oder Polizist. Es gibt Paare, Alleinstehende, Kinderlose sowie Eigentümer mit kleinen und großen Familien.

Im Durchschnitt sind die Teilverkäufer bei wertfaktor zurzeit 65 Jahre alt – und damit im Mittel deutlich jünger als bei Verrentungsmodellen, die meist erst ab 70 Jahren angeboten werden. Der älteste Teilverkäufer ist 98 Jahre, die älteste Miteigentümerin ist 94 Jahre alt – oder jung, je nach Perspektive.

Die Motive der Kunden von wertfaktor sind so unterschiedlich wie ihre Altersstruktur: Sie reichen vom Wunsch nach ausgedehnten Reisen oder einem Wohnmobil, einer schönen neuen Küche oder einer Ferienwohnung über den barrierefreien Umbau des Eigenheims, einer guten häuslichen Pflegekraft für den Partner bis zu Kapital, um Kinder bei deren Immobilienkauf zu unterstützen. Das verbindende Element bei allen ist, dass sie in der Regel eine auskömmliche Rente haben. Sie wünschen sich keine lebenslange Zusatzrente, sondern einen größeren Betrag zur freien Verfügung, so wertfaktor-Geschäftsführer Christoph Neuhaus. Und es gebe für einen Teil seiner Kundschaft noch ein weiteres Ziel: endlich schuldenfrei sein im Ruhestand. Ein Teil der Miteigentümer nutze einen Teilverkauf auch dazu, verbleibende Hypotheken abzulösen. Auch das sei möglich, solange die Restschulden nicht höher seien als die Wunschauszahlung aus dem Teilverkauf.

Die ersten 17 Gesamtverkäufe von wertfaktor in Zahlen (Stand: Januar 2022)

555 000 Euro: durchschnittlicher Ankaufswert
680 000 Euro: durchschnittlicher Verkaufswert
22 Prozent: durchschnittliche Wertsteigerung
16 Monate: durchschnittliche Laufzeit zwischen Teilkauf und Gesamtverkauf
42 Prozent: durchschnittlich angekaufter Anteil an der Immobilie
2,3 Millionen Euro: höchster Verkaufswert einer Immobilie
72 Prozent: höchste Wertsteigerung einer Immobilie

Musterrechnung Teilverkauf

Anbieter: wertfaktor

Immobilienwert zu Beginn:
Wunschauszahlung bei Teilverkauf
Teilverkauf
Gesamtverkauf
Laufzeit

Wunschauszahlung an den Verkäufer bei Teilverkauf

Abschlusskosten / -gebühren

Nutzungsentgelt pro Jahr
Anpassung des Nutzungsentgelts

Nutzungsentgelt pro Jahr (Jahr 1 bis 10)
Nutzungsentgelt pro Monat

Nutzungsentgelt gesamt über 10 Jahre

Summe laufende Kosten

Gesamtverkauf nach 10 Jahren
Immobilienwert nach 10 Jahren (bei +2% p.a.)
davon 2/3 an Eigentümer / Teilverkäufer

Abzüglich Kosten für Verkauf
Durchführungsentgelt / Maklerkosten
Durchführungsentgelt / Maklerkosten

Restzahlung aus dem Gesamtverkauf

Zahlungen an den Eigentümer gesamt:
Abzüglich Kosten des Eigentümers gesamt:

Summe gesamt nach Kosten nach 10 Jahren

Eckdaten	Kosten	Auszahlungen
450.000,00 €		
33,33%		
01.04.2022		
30.03.2032		
10 Jahre		
		150.000,00 €
0,00 €		
2,90%		
alle 10 Jahre		
4.350,00 €		
362,50 €		
	43.500,00 €	
	43.500,00 €	
548.547,49 €		
		365.698,33 €
3,25%		
	17.827,79 €	
		347.870,53 €
		515.698,33 €
	61.327,79 €	
		454.370,53 €

PARTNERSCHAFTEN

In den vergangenen zwei Jahren ist wertfaktor zahlreiche Kooperationen eingegangen und hat damit sein Vertriebsnetzwerk erheblich erweitert. Als erste Genossenschaftsbank schloss die Volksbank Mittelhessen im Oktober 2020 einen Vertrag mit den Hamburgern. Mit einer Bilanzsumme von 9,2 Milliarden Euro zählt die Volksbank Mittelhessen zu den größten Kreditgenossenschaften Deutschlands. Mehr als 200 000 Anteilseigner sind direkt an der Volksbank beteiligt. Rund 1.300 Mitarbeiter betreuen in 77 Geschäftsstellen und über zahlreiche weitere Kontaktwege 343 775 Kunden.

Bereits rund sechs Monate nach Einführung des Teilverkaufs zog die Volksbank Mittelhessen eine positive Zwischenbilanz:[64] Die ersten Teilverkäufe wurden notariell beurkundet. Das Interesse der Kunden am neuen Modell sei groß, bis Ende 2022 könnte die Zahl der Abschlüsse dreistellig sein, so die Einschätzung der Geschäftsführung. »Wir hatten keine konkreten Ziele oder Erwartungen und waren überrascht, wie viele Kunden bereits in die Beratung eingestiegen sind. (...) Banken müssen sich öffnen, wenn sie ihren Kunden die besten Produkte anbieten wollen. Wir können vieles im eigenen Haus. Für Speziallösungen sind gute Partner aber ein echter Wettbewerbsvorteil«, so Dr. Lars Witteck, Vorstand der Volksbank Mittelhessen (siehe auch Interview Seite 125).

Die Volksbank – Die Gestalterbank[65], die Volksbank Halle/Westf., die VR-Bank Memmingen und das auf Finanzierungen spezialisierte inhabergeführte Berliner Unternehmen HYPOFACT AG, das die Vermittlung von privaten und gewerblichen Finanzierungen betreibt, arbeiten bereits seit Längerem mit wertfaktor zusammen. Seit November 2021 gehört auch die Volksbank Immobilien Münsterland GmbH, eine 100-prozentige Tochter der Volksbank Münsterland Nord eG, zu den Kooperationspartnern. Im September 2020 ist die Volksbank Münsterland Nord eG durch den Zusammenschluss der VR-Bank Kreis Steinfurt, der Volksbank Greven und der Vereinigten

Volksbank Münster entstanden. Mit etwa 135 000 Mitgliedern, 1.100 Mitarbeitern und einer Bilanzsumme von 6,9 Milliarden Euro gehört sie zu den größeren regionalen Genossenschaftsbanken in Deutschland. Im Geschäftsgebiet (Kreis Steinfurt, Teile des Kreises Warendorf und die kreisfreie Stadt Münster) werden rund 280 000 Kunden mit einem Geschäftsvolumen von mehr als 15 Milliarden Euro beraten.

Ende 2021 trat mit der Volksbank Bielefeld-Gütersloh der sechste Kooperationspartner dem Netzwerk bei. Die Volksbank hat 112 000 Mitglieder und mehr als 700 Mitarbeiterinnen und Mitarbeiter und erzielte 2021 eine Bilanzsumme von 5,33 Milliarden Euro. Auch für Axel Kirschberger, Leiter »Rund um die Immobilie« bei der Volksbank Bielefeld-Gütersloh, ist der entscheidende Faktor bei der Zusammenarbeit mit wertfaktor »die völlig neue Möglichkeit, in der Immobilie gebundenes Kapital zu mobilisieren« und bereits zu Lebzeiten auf die »Altersvorsorge zugreifen zu können«. Der Immobilienexperte ist überzeugt, künftig seiner Kundschaft zu finanzieller Unabhängigkeit im Ruhestand verhelfen zu können. Im März 2022 ist die VR Immobilien Fulda, eine Tochtergesellschaft der VR Bank Fulda und der VR Bank NordRhön, ebenfalls eine Kooperation mit wertfaktor eingegangen.

Im Februar 2022 ist mit PlanetHome[66] ein Partner aus dem Bereich der Immobiliendienstleister zu wertfaktor gestoßen. Nach eigenen Angaben verfügt die im Jahr 2000 als Online-Plattform PlanetHome.de zur Vermarktung von Immobilien und Baufinanzierungsvermittlung gestartete Unternehmensgruppe heutzutage über fünf Gesellschaften, die formalrechtlich eigenständig sind, aber gemeinsam mit einheitlichem Firmenauftritt unter dem Dach der PlanetHome am Markt agieren – und zwar in Deutschland wie in Österreich. Der Fokus des Geschäftsmodells liegt auf der Zusammenarbeit mit Banken, Versicherungen, Finanzdienstleistern, Unternehmen und Vereinen. PlanetHome setzt auf ein wachsendes Netzwerk von 650 fest angestellten Immobilienberatern an 120 Standorten in Deutschland und Österreich, die ein jährliches Immobilientransaktionsvolumen von aktuell mehr als 2 Milliarden Euro umsetzen. Das jährlich vermittelte Finanzierungsvolumen liegt bei mehr als 1 Milliarde Euro.

Gönnen können: Deutsche Erben wünschen sich glückliche Eltern

Das Meinungsforschungsinstitut Civey befragte im Sommer 2020 im Auftrag von wertfaktor 1.500 Personen im Alter zwischen 18 und 49 Jahren, welche Einstellungen und Erwartungen sie zum Thema Erben haben. Alle Befragten hatten Eltern, die Immobilieneigentümer waren. Das Ergebnis der repräsentativen Studie zeigt, dass die Mehrzahl der Kinder nicht am Elternhaus hängt. Sie freuen sich, wenn Mutter und Vater sich im Ruhestand noch etwas gönnen.

Grundsätzlich sei jeder selbst für seine Altersvorsorge verantwortlich, man solle sich nicht auf eine Erbschaft verlassen: Das fanden knapp 90 Prozent der Befragten richtig. Aber gestehen sie das auch ihren eigenen Eltern zu? Da die Lebenserwartung steigt und Senioren immer länger gesund und unternehmungslustig sind, wächst auch der Wunsch, sich im Alter noch etwas zu gönnen. Zum Beispiel durch den Verkauf des eigenen Hauses oder der eigenen Wohnung. Wie gehen die Kinder damit um, wenn die Eltern ihre Immobilie verkaufen, um mehr Bargeld für den Konsum zu haben?

Dass die eigenen Eltern ihre Immobilie verkaufen, um sich Wünsche zu erfüllen, begrüßten in der Studie rund zwei Drittel (63,6 Prozent) der Befragten. Davon sagten 40 Prozent sogar, sie seien glücklich, wenn die Eltern ohne Rücksicht frei über ihr Vermögen entscheiden und ihr Leben genießen. Rund 29 Prozent der zukünftigen Erben würden zumindest erwarten, nicht ganz leer auszugehen. Verärgert seien 3 Prozent, weitere gut 3 Prozent haben das Erbe als eigene finanzielle Absicherung bereits fest eingeplant.

Nur in einem Teil der befragten Familien gab es bereits klare Vereinbarungen über die Frage, was mit der elterlichen Immobilie geplant wird: Bei 40 Prozent der Befragten wurde das Thema noch nicht angesprochen, bei 36 Prozent gab es bereits eine Zusage, die Immobilie an die Kinder zu vererben. Nur 8 Prozent der Befragten schätzen das Thema Erben als Tabuthema ein, bei dem Streit zu erwarten sei.

In das eigene Elternhaus einziehen wollen allerdings nur die wenigsten: Im Falle einer Erbschaft würde die Mehrheit (34 Prozent) einen Verkauf des Objekts planen oder die Immobilie vermieten (28 Prozent). Nur rund 20 Prozent gaben an, im Erbfall selbst in das Elternhaus einziehen zu wollen, und nur knapp 10 Prozent der Befragten planen, die Immobilie an ihre Kinder weiterzureichen.

3.3 INTERVIEW:

»Die meisten unserer Kunden nutzen den Teilverkauf ihrer Immobilie, um sich im Alter besondere Wünsche erfüllen zu können ...«

Christoph Neuhaus, *Mitgründer und Geschäftsführer von wertfaktor, einem 2018 in Hamburg gegründeten Unternehmen, das Immobilieneigentümern ermöglicht, finanziell flüssig zu sein und dennoch das eigene Heim nicht zu verlieren. Über den Teilverkauf von Immobilien, die Motive der Verkäufer, und was die einstige Justizministerin Brigitte Zypries damit zu tun hat ...*

Herr Neuhaus, weder Sie noch Ihr Mitgründer von wertfaktor, Alexander Ey, kommen aus der Immobilienbranche. Was hat Sie bewogen, ausgerechnet in diesem Bereich eine neue Geschäftsidee zu entwickeln?

Christoph Neuhaus: Wir sehen uns weniger als Immobilienexperten, die wir faktisch ja auch nicht sind. Vielmehr ging es um die Möglichkeit, Immobilien mobil zu machen. Auch innerhalb unserer Familien und Freunde haben wir gesehen, dass sich eine Lücke auftut, die wir schließen können. Wer heutzutage als Rentnerin oder Rentner im eigenen Haus lebt, muss zwar keine Miete zahlen, aber ansonsten jede Menge Rücklagen für Reparaturen, den Unterhalt, laufende Kosten und Steuern besitzen. Da wird es für manchen älteren Menschen schon eng, wenn er sich zudem noch etwas leisten will. Häufig wird weiter gespart und auf vieles verzichtet. Und das, obwohl die eigene Immobilie schon das Lebenswerk war und jetzt im Alter eigentlich zu mehr Entlastung und weniger Sorgen beitragen sollte. Auch die bisherigen Verrentungsmodelle erschienen uns keine adäquate Lösung zu sein. Beide Modelle sind intransparent und unflexibel. Das wollten wir besser machen.

wertfaktor kauft Immobilieneigentümern bis zu 50 Prozent ihres Eigenheims ab, den Wert des Anteils zahlen sie den Kunden aus. Wie hoch ist der meistgenutzte prozentuale Anteil beim Verkauf?

Im Durchschnitt verkaufen unsere Kunden 42 Prozent ihrer Immobilie und behalten den größeren Anteil. Es ist ja auch möglich, sukzessive Anteile zu verkaufen. Das muss nicht auf einen Schlag passieren. Es gibt aber durchaus Kunden, die sich direkt zu Beginn von 50 Prozent ihrer Immobilie trennen.

Was sagen die potenziellen Erben dazu?

Wir bemühen uns, die Kinder von Anfang an in die Transaktion ihrer Eltern einzubinden. Das funktioniert mehrheitlich auch: Die meisten Kinder unterstützen ihre Eltern darin, aus sogenanntem totem Kapital lebendiges zu machen. Vor allem dann, wenn die Kinder selbst schon Immobilien besitzen und wissen, dass das Haus der Eltern ohnehin später verkauft wird. Auch darum kümmern wir uns, wenn das erwünscht ist. Im Fall eines Gesamtverkaufs übernimmt wertfaktor die Vermarktung und den Verkauf und erhält dafür eine Vergütung von 3,25 Prozent auf den Verkaufspreis – beziehungsweise 2,25 Prozent, wenn die Erben zurückkaufen wollen.

Wie groß ist Ihrer Einschätzung nach der Bedarf von Senioren an Ihrem Modell des sogenannten Teilverkaufs?

Aktuell befinden sich rund 6 Millionen Immobilien im Besitz von Menschen ab 65 Jahren, bis 2030 soll diese Zahl auf fast 7 Millionen steigen. Davon dürften nach unseren Schätzungen rund 20 Prozent unseren Ankaufkriterien entsprechen. Auf Seite der Verkäufer gehen wir davon aus, dass für gut 60 Prozent der älteren Immobilieneigentümer unser Angebot interessant sein könnte. Bei unseren Überlegungen nach dem möglichen Bedarf unseres Angebots haben wir auch zahlreiche Studien zurate gezogen. Beispielsweise die Generali-Altersstudie, die schon 2017 herausfand, dass die Mehrheit der älteren Menschen ein abwechslungsreiches und aktives Leben führt. 58 Prozent der 65- bis 85-Jährigen fahren etwa immer noch selbst Auto, sind also sehr mobil. Aktuell gibt es auch interessante Ergebnisse einer Studie des Umfrageinstituts YouGov Deutschland im Auftrag der Allianz. Danach möchten 92 Prozent der Immobilieneigentümer, die in der eigenen Immobilie leben, dort auch nicht im Alter ausziehen. Die meisten wollen auch zu Hause gepflegt werden. Allerdings hat nur ein Drittel der über 65-Jährigen eine finanzielle Absicherung für den Pflegefall getroffen. Auch bei Personen mit Immobilieneigentum ist nur jeder Zweite davon überzeugt, genügend finanzielle Rücklagen für den Ruhestand zu haben. Und dabei wurden im Rahmen der Studie nicht mal ganz individuelle Wünsche wie Reisen oder mehr konsumieren zu können, berücksichtigt.

Welche sind die Motive Ihrer bisherigen Kunden für einen Teilverkauf?

Die Geschichten, die wir hören, sind so bunt wie das Leben selbst. Manchmal möchten die älteren Herrschaften noch größere Reisen unternehmen, sich vielleicht den Traum eines Wohnmobils erfüllen und damit unabhängig durch Europa kreuzen. Es geht um den Einbau einer schönen neuen Küche oder den Kauf einer Ferienwohnung oder auch um den barrierefreien Umbau des Eigenheims, eine gute häusliche Pflegekraft für den Partner oder Kapital, um Kinder bei deren Immobilienkauf zu unterstützen.

Wir dachten zu Beginn unserer Geschäftstätigkeit, dass es den meisten älteren Menschen darum geht, im Alter mehr Geld für persönlichen Konsum zur Verfügung zu haben. Aber für manche Eigentümer gibt es auch weitere Motive für einen Teilverkauf. Sie nutzen einen Teil der Auszahlung auch dazu, verbleibende Hypotheken abzulösen. Diese Miteigentümer haben über lange Zeit ihre Hypotheken abbezahlt und wollen im Alter endlich schuldenfrei sein. Auch dafür ist ein Teilverkauf geeignet, solange die Restschuld 50 Prozent des Immobilienwertes nicht übersteigt.

Vermutlich kann nicht jeder klamme Hausbesitzer mit seinem kleinen Häuschen in Herne, das 120 000 Euro wert ist, zu Ihnen kommen. Wen genau wollen Sie mit Ihrem Angebot ansprechen?

Wir haben in der Tat eine finanzielle Grenze gezogen, unterhalb derer sich das Ganze schlicht nicht rechnet. Für Eigenheime eignen sich Objekte, die mindestens 200 000 Euro wert sind. Außerdem investieren wir nicht in Regionen, in denen die Bevölkerung schrumpft und die Preise für Immobilien fallen. Der durchschnittliche Wert der Immobilien, um die es geht, liegt bei rund 450 000 Euro. Häufig befinden sich die Immobilien in guten Stadtteilen von Großstädten oder in den Speckgürteln, wo sich die Immobilienpreise in den vergangenen 20 Jahren extrem positiv entwickelt haben. Das kann durchaus ein Haus sein, das sein Käufer vor 30 Jahren für 250 000 Mark gekauft hat und das heutzutage fast 500 000 Euro wert ist. Davon hat er aber nicht viel, wenn er weiter dort leben will. Wir ermöglichen, die Wertsteigerung schon heute zu nutzen, ohne komplett verkaufen zu müssen. Außerdem profitieren die Verkäufer ja weiter von möglichen Wertsteigerungen, weil sie ja Eigentümer bleiben.

Sie kaufen die Immobilien zum aktuellen Marktwert – den Preis bestimmt ein unabhängiger Gutachter – und tragen auch die Nebenkosten des Teilverkaufs. Dafür zahlt der Eigentümer ein monatliches Nutzungsentgelt, das auf die Höhe der Wunschauszahlung berechnet wird. Anfang des Jahres lag das bei 2,9 Prozent, zu Beginn Ihrer Geschäftstätigkeit wurde mit 3,6 Prozent kalkuliert. Haben die ersten Käufer einfach das Pech der frühen Entscheidung gehabt?

Wir versuchen stetig, immer noch bessere Refinanzierungspartner zu finden und die niedrigen Zinskonditionen an unsere Kunden weiterzugeben, und gehen davon aus, dass die Konditionen für die Teilkäufer dadurch immer besser werden.

Im Gegenzug heißt das auch: Erhöht die Europäische Zentralbank die Zinsen, verändern sich auch Ihre Konditionen wieder ...

So ist es. Wir müssen unsere Angebote dann genauso anpassen wie die Banken, die Kredite vergeben. Und da die Zinsen lange sehr niedrig waren und in der Zukunft wieder steigen können, empfehlen wir unseren Kunden immer, die Konditionen langfristig festzuschreiben. Wir fixieren das Nutzungsentgelt auf zehn Jahre, so bleiben die Kosten für unsere Miteigentümer planbar.

Verbraucherschützer monieren, dass ein Kredit bei der Bank günstiger für Immobilieneigentümer wäre ...

Das stimmt nur auf den ersten Blick und gilt zudem auch nicht für jedermann, da die Banken die Vergabe günstiger Kredite von verschiedenen Faktoren abhängig machen. Außerdem muss das Geld zurückgezahlt werden. Selbst wenn ich jetzt einen günstigen Kredit über zehn Jahre abschließe, weiß ich nicht, wie sich die Zinsen danach entwickeln werden. Außerdem wollen Immobilieneigentümer im Alter schuldenfrei sein. Sie haben über Jahrzehnte ihre Kredite bei der Bank abgelöst und jetzt müssten sie wieder damit anfangen. Viele unserer Kunden sind froh, dass sie zur finanziell besseren Gestaltung des Lebens nicht auf Banken angewiesen sind.

Rechtlich erhalten die Verkäufer ein lebenslanges Nießbrauchsrecht für den verkauften Anteil, in der Praxis bleiben sie weiter die Eigentümer und sind auch für den Zustand der Immobilie weiterhin verantwortlich. Das schließt regelmäßige Investitionen ein, die wiederum von der erhaltenen Summe abgezogen werden müssen ...

wertfaktor gewährt auf Wunsch einen Zuschuss zu Instandhaltungs- und Investitionskosten von bis zu 20 000 Euro, wir beteiligen uns entsprechend dem Anteil, der uns gehört. Die Entscheidungen zu den Maßnahmen trifft aber der Eigentümer selbst. Investiert ein Teilverkäufer etwa 8.000 Euro in die Wärmedämmung seines Hauses und hat 50 Prozent an wertfaktor verkauft, beteiligen wir uns mit 4.000 Euro daran. Fallen größere Arbeiten bei der Elektrik an und die Rechnung beläuft sich auf 15 000 Euro, zahlen wir davon 7.500 Euro.

Sie haben kürzlich einen Expertenbeirat gegründet. Warum war das nötig?

Unser Expertenrat soll die weitere Expansion und Optimierung der Prozesse des Unternehmens unterstützen. Mit zunehmender Bedeutung des Verrentungsmarktes in Deutschland soll uns der Beirat neben wirtschaftlichen Entscheidungen auch beim verantwortungsvollen Umgang mit unserer Zielgruppe, den älteren Menschen, unterstützen. Daher sind wir froh, dass wir auf Anhieb Experten dafür begeistern konnten, die aus ganz unterschiedlichen wirtschaftlichen und gesellschaftspolitischen Bereichen stammen, wie beispielsweise die einstige Justizministerin Brigitte Zypries und Dr. Michael Freytag, der einstige Finanzsenator der Freien und Hansestadt Hamburg. Alle bisherigen Produktveränderungen und -erweiterungen sind schon mit unserem Beirat diskutiert worden. Diskussionen sind genau das, was wir anstreben, um unser Angebot stetig verbessern und auch an Kundenwünsche anpassen zu können. Auch deshalb haben wir parallel zum Expertenbeirat auch einen Beirat auf Kundenseite gegründet. Jetzt kommen diese Beiräte zusammen und widmen sich Fragen wie: Was passiert, wenn ein Kunde seinen monatlichen Beitrag nicht zahlen kann? Kann man dann eine Zahlungspause vereinbaren? Wir sind sicher, dass wir durch den Beiratsansatz kreative und sinnvolle Lösungen finden werden – egal, welche Fragestellung sich auftut.

Weitere Informationen unter: https://www.wertfaktor.de

3.4 INTERVIEW:

»Eigentümer bleiben zu können, war für uns ein zentraler Punkt«

Hans Sinda *(75), Technischer Betriebswirt und Konzernmanager im (Un) Ruhestand, will in seinem Haus in Bad Zwischenahn noch so lange wie möglich wohnen – genauso wie seine Frau Marga. Das hat die beiden nicht davon abgehalten, einen Teil ihres Eigenheims zu verkaufen. Denn die Immobilie war in die Jahre gekommen und konnte eine größere Renovierung vertragen. Die finanziellen Reserven für das Alter sollten dabei möglichst erhalten bleiben.*

Herr Sinda, wann haben Sie das erste Mal etwas von der Möglichkeit des Teilverkaufs gehört?

Hans Sinda: Im Frühjahr 2019 hatte wertfaktor eine Veranstaltung für unsere Region in Oldenburg angekündigt. Da wollte ich eigentlich hin und mich informieren, um was es genau geht. Ich war angemeldet, konnte dann aber nicht und habe mich stattdessen im Juni direkt an wertfaktor gewandt. Ich wurde nach Hamburg gebeten und war sofort angetan von dem Modell und auch der Geschäftsführung. Was mich erstaunt hat, war die Aufforderung, selbst eine Schätzung meiner Immobilie abzugeben. Gleichzeitig konnte ich aus dem Angebot dreier Gutachter einen auswählen. Wir haben uns daraufhin erst einmal ein bisschen schlau gemacht und Immobilienpreise studiert und dann für uns eine Summe festgelegt, unter der wir nicht verkaufen würden.

Und, passten Ihre Einschätzung und die des Gutachters zusammen?

Absolut nicht. Wir hatten den Wert unserer Immobilie sehr viel niedriger angesetzt. Faktoren wie Lage des Grundstücks, ruhige Nachbarschaft, gute Anbindung an den Ort, das Ganze keine 25 Kilometer von Oldenburg entfernt. Das alles hat bei der Bewertung eine Rolle gespielt. Wir hatten daran nicht gedacht.

Sie haben 47 Prozent Ihres Eigenheims verkauft. Das ist ein hoher Anteil und damit fast das Limit dessen, was generell möglich ist …

Ja, wir wollten aber auch ordentlich renovieren und den Wert des Hauses weiter steigern. Das erreicht man nicht mit ein bisschen Wandfarbe. Wir haben einen Kachelofen eingebaut, das Bad komplett saniert, die Fußböden erneuert. Insgesamt haben wir rund 100 000 Euro in die Immobilie investiert. Ohne den Teilverkauf hätte das unsere finanziellen Reserven zu sehr angegriffen.

Sie planen also keine Weltreise und wollen auch kein Wohnmobil kaufen?

Nein, das liegt meiner Frau und mir fern. Wir sind da, wo wir sind, glücklich und zufrieden und wollen, so lange es geht – am liebsten natürlich für immer – in unserem Haus bleiben und in unserer wirklich angenehmen Nachbarschaft. Allein der Gedanke an einen Umzug in eine Eigentumswohnung in einem Mehrfamilienhaus ist für uns nichts, wofür wir uns begeistern können. Aber genügend Geld zu haben, um sich mal ein bisschen was leisten zu können und im Alter nicht knapsen zu müssen, ist hingegen ein schöner Gedanke. Das haben wir jetzt erreicht. Da wir keine Kinder haben, stellt sich bei uns auch nicht die Erbfrage. Wir sind daher noch freier in unseren Entscheidungen als andere Ehepaare in unserem Alter.

Was ist das Entscheidendste für Sie beim Teilverkauf gewesen?

Wir wollten weiterhin entscheiden können, was wir mit unserem Haus machen, und nicht die Kontrolle darüber verlieren. Eigentümer bleiben zu können, war für uns ein zentraler Punkt. Ebenso der lebenslange Nießbrauch. Es gibt alternative Möglichkeiten, bei denen man sich ein lebenslanges Wohnrecht sichern lassen kann. Aber das erschien uns rechtlich nicht sicher genug.

Sie scheinen überzeugt zu sein, die richtige Wahl getroffen zu haben. Was ist Ihre Motivation, sich im Kundenbeirat von wertfaktor zu engagieren?

In erster Linie bin ich gespannt, wie sich das Unternehmen entwickeln wird. Ich kann so nicht nur aus der Ferne mitverfolgen, wie es weitergeht. Das hat natürlich auch mit meinem früheren Beruf als Manager zu tun. Daher hat es mich sofort gereizt, als man mir den Vorschlag unterbreitete, im Beirat tätig zu werden. Außerdem habe ich bereits Erfahrungen in der Beiratsarbeit. Das passte schon mal ganz gut. Und dann bin ich natürlich daran interessiert, Dinge vorantreiben zu können und Lösungen für neu auftauchende Fragen zu finden. Wir müssen uns beispielsweise einheitlichere Vorgehensweisen überlegen, wenn jemand sein monatliches Nutzungsentgelt nicht zahlen kann. Zurzeit finden sich in Notsituationen – etwa, wenn plötzlich ein Ehepartner stirbt und damit das Einkommen wegfällt – immer individuelle Lösungen. Solange das nur Einzelfälle bleiben, kann man damit auch weiterhin so umgehen. Wenn das Unternehmen aber weiter wächst und möglicherweise auch ins Ausland expandiert, müssen dafür eher einheitliche Lösungen angedacht werden.

3.5 INTERVIEW:

»Nichts ist schlimmer, als wenn man zu einem Abschluss gedrängt wird«

Der pensionierte Bankkaufmann **Axel Höft** *(74) hat einen Teil seines Ferienhauses auf der Halbinsel Fischland-Darß verkauft – und kann mit der Entscheidung bis heute gut leben. Über mehr finanzielle Freiheit im Alter, Vertrauen als Geschäftsgrundlage und seine Tätigkeit im Kundenbeirat von wertfaktor.*

Herr Höft, Sie besitzen ein wunderschönes Reetdachhaus auf dem Darß. Nutzen Sie es noch regelmäßig?

Axel Höft: Meine Frau und ich sind jeden Monat für einige Tage in unserem Ferienhaus und fühlen uns dort auch immer noch sehr wohl – auch nach 22 Jahren noch. Dabei sind wir eher durch Zufall auf dem Darß gelandet. Hätte uns nicht ein ehemaliger Kunde von mir eines Tages dorthin eingeladen, hätten wir diesen Teil der Ostsee vielleicht nie kennengelernt. Aber danach waren wir Feuer und Flamme und konnten um die Jahrtausendwende relativ günstig ein Grundstück erwerben. Hausbau und Grundstück haben uns in dieser Zeit rund 300 000 D-Mark gekostet. Heutzutage ist allein die Immobilie ein Vielfaches wert. Deshalb haben wir uns entschlossen, diese Wertsteigerung für uns zu nutzen.

Warum haben Sie Ihr Haus nicht einfach vermietet? Auch die Mietpreise sind in den vergangenen Jahren enorm gestiegen ...

Wir haben in den ersten zehn Jahren unser Haus auch vermietet. Als wir dann Rentner wurden, haben wir beschlossen, das nicht mehr zu tun, weil wir flexibler an- und abreisen wollten. Wir hatten ja auch auf einmal viel mehr Zeit, um die Immobilie zu nutzen. Aber ohne Vermietung steigen auch die Unterhaltskosten so einer Immobilie. Neben Versicherungen, Strom, Heizung, Abwasserentsorgung und gelegentlichen Gärtnerarbeiten kommt auch die Zweitwohnungssteuer hinzu. Das summiert sich im Laufe des Jahres schnell auf 4.000 bis 5.000 Euro.

Haben diese Kosten bei Ihrer Entscheidung zu einem Teilverkauf eine Rolle gespielt?

Nein, eigentlich nicht. Es ging viel mehr um das gute Gefühl, eine größere Summe zur freien Verfügung zu haben. Bis heute sind immer noch 90 Prozent des Geldes vorhanden. Wir benötigen das Geld also nicht unbedingt. Aber es beruhigt die Nerven, zu wissen: Da ist etwas in Reserve.

Als Bankkaufmann wissen Sie mehr über unterschiedliche Finanzierungsmöglichkeiten als die meisten Menschen. Haben Sie sich die Alternativen zum Teilverkauf angesehen?

Wir haben sehr gründlich recherchiert und uns beispielsweise sehr früh gegen eine Kreditaufnahme bei der Bank entschieden. Es ist ja nicht ganz einfach, mit über 70 noch einen Kredit zu bekommen. Aber selbst wenn das geklappt hätte, wäre uns dabei nicht wohl gewesen. Denn der Kredit muss innerhalb einer bestimmten Frist zurückgezahlt werden. Diesen Druck wollten wir nicht mehr. Außerdem hat sich rein rechnerisch ergeben, dass ein Kredit teurer wäre als das Nutzungsentgelt bei einem Teilverkauf. Die meisten Kreditnehmer sehen nur die monatliche Zinsbelastung, vergessen dabei aber die Tilgung. Und wenn ich den Kredit doch vorzeitig ablöse, weil ich vielleicht aus Gesundheitsgründen meine Ferienimmobilie früher als geplant aufgeben will, zahle ich bei der Bank auch noch eine Vorfälligkeitsentschädigung.

Sie haben einen Teil Ihres Ferienhauses bereits Anfang 2020 an wertfaktor verkauft. Was wussten Sie damals über das Unternehmen und die Möglichkeit des Teilverkaufs?

Zunächst einmal wenig. Aber ich habe mich in die unterschiedlichen Angebote vertieft und das Konzept von wertfaktor erschien mir schlüssig. Als ich dann 2019 den ersten Kontakt zu dem Unternehmen aufnahm, gefiel mir auf Anhieb, dass alles sehr persönlich ablief und mir alles bis ins Kleinste erklärt wurde. Niemand drängelte oder war ungeduldig. Aufgrund meiner aktiven Zeit als Bankkaufmann mit Kundenkontakt habe ich das besonders zu schätzen gewusst. Nichts ist schlimmer, als wenn man zu einem Abschluss gedrängt wird. So aber hat sich ein Vertrauensverhältnis entwickelt, das sich über die Jahre weiter vertieft hat.

Engagieren Sie sich deshalb im Kundenbeirat von wertfaktor?

Als man mich fragte, ob ich mir das vorstellen könne, war ich sofort begeistert. Ich selbst habe bislang nur positive Erfahrungen mit dem Unternehmen gemacht und wollte mit dazu beitragen, dass der Teilverkauf bekannter und das Produkt immer weiter verbessert wird.

Was gab es denn zu verbessern?

Beispielsweise wurde schon früh darüber diskutiert, dass im Falle einer Wertsteigerung ja auch wertfaktor als Miteigentümer davon profitiert. Andererseits muss der Verkäufer, der Eigentümer bleibt, allein für alle Modernisierungen und energetischen Sanierungen aufkommen, die mit zu Wertsteigerungen beitragen. Darauf hat wertfaktor sofort reagiert und beteiligt sich jetzt zu einem gewissen Prozentsatz an solchen Arbeiten. Wir sind stetig in Kontakt und im

Gespräch, um kleine Schwachstellen zu beheben – beispielsweise auch die Frage: Was passiert eigentlich, wenn jemand die monatliche Nutzungsgebühr nicht mehr zahlen kann? Dafür versuchen wir gerade, Lösungen für die Praxis zu finden. Dass man offen für Kritik und Anregung ist, macht das Ganze für mich zu einer Aufgabe, der ich gern nachkomme.

Und wie lange wird wertfaktor noch Ihr Miteigentümer bleiben?

Wir haben uns überlegt, möglicherweise in fünf bis sechs Jahren unser Ferienhaus komplett zu verkaufen. Dann dürfte ich über 80 sein und möchte noch etwas davon haben.

3.6 INTERVIEW:

»Umkehrhypotheken und Verrentungsmodelle sind oft zu starr und auch zu teuer.«

Dr. Lars Witteck, *Vorstandsmitglied der Volksbank Mittelhessen, über seine Kooperation mit wertfaktor und die Erfolgsaussichten von Immobilienteilverkäufen*

Es gibt diverse Modelle und Angebote der Immobilienverrentung. Warum hat man sich in Ihrem Haus für den Teilverkauf entschieden?

Dr. Lars Witteck: Mit dem Modell des Immobilienteilverkaufs bietet wertfaktor eine faire Alternative zur »klassischen« Immobilienverrentung. Anstatt das ganze Haus zu veräußern, wird nur ein Teil verkauft. Der Kunde bleibt Eigentümer mit allen Rechten und bewohnt weiter seine Immobilie. Der Teilverkauf schließt die Lücke zwischen Kredit und dem Vollverkauf von Immobilien, besonders für Senioren, deren Vermögen zu großen Teilen im Eigenheim gebunden ist.

Was spricht aus Ihrer Sicht gegen eine Umkehrhypothek oder eine Leibrente?

Für viele Senioren mit Immobilienvermögen und Kapitalbedarf sind die bisherigen Lösungen wie Umkehrhypotheken und Verrentungsmodelle oft zu starr und auch zu teuer. Dazu kommt, dass auch nicht jeder Kunde sich und sein schuldenfreies Eigenheim wieder mit einem Kredit belasten will.

Sie bieten seit gut einem Jahr das Produkt Teilverkauf an. Welche Erfahrungen haben Sie damit gemacht, den Teilverkauf Ihren Kunden zu erklären?

Da sprechen Sie einen wichtigen Punkt an. Das Modell ist neu und daher auch erklärungsbedürftig. Doch die positive Resonanz der Kunden auf das neue Angebot ist auch das Ergebnis des gut strukturierten Onboarding-Prozesses durch den Partner wertfaktor, der die rund 160 Berater der Volksbank Mittelhessen zum Produkt geschult hat und die Beratung interessierter Kunden übernimmt.

Wie groß ist die Nachfrage nach einem Teilverkauf?

Wir können heute eine positive Zwischenbilanz ziehen. Bis heute wurden bereits zahlreiche Teilverkäufe notariell beurkundet.

Wie schätzen Sie das Potenzial des Teilverkaufs mittelfristig ein?

Das Interesse der Kunden am neuen Modell wächst, bis Ende 2022 könnte die Zahl der Abschlüsse dreistellig sein.

Welche sind die häufigsten Motive Ihrer Kundschaft, die sich zu einem Teilverkauf ihrer Immobilie entschließt?

Die Motive sind sehr vielfältig. Manche Seniorinnen und Senioren wollen ihr Eigenheim altersgerecht umbauen, Wintergärten errichten, ein Wohnmobil kaufen, schöne Reisen machen oder ihre Kinder und Enkel unterstützen.

Werden auch andere Formen der Immobilienrente von Kundenseite angefragt?

Wir haben uns aus den genannten Gründen bewusst für den Teilverkauf und den Marktführer wertfaktor entschieden.

Inwiefern hat die Einführung der Wohnimmobilienkreditrichtlinie 2016 dazu beigetragen, Ausschau nach anderen und/oder neuen Produkten zu halten?

Seit der Einführung der Wohnimmobilienkreditrichtlinie 2016 sind auch den Banken bei größeren Kreditbeträgen regulatorisch die Hände gebunden. Insofern hat diese neue Gesetzeslage die Nachfrage nach alternativen Modellen befeuert.

Die **Volksbank Mittelhessen** zählt mit einer Bilanzsumme von 9,2 Milliarden Euro zu den größten Kreditgenossenschaften Deutschlands. Mehr als 200 000 Anteilseigner sind direkt am Erfolg der Volksbank beteiligt. Rund 1.300 Mitarbeiter betreuen in 77 Geschäftsstellen und über weitere Kontaktwege **343 775** Kunden. Den Kunden stehen im Geschäftsgebiet 49 Selbstbedienungsstandorte sowie 160 Geldautomaten zur Verfügung. Die Volksbank Mittelhessen finanziert die heimische Wirtschaft und fördert regionale Initiativen, Vereine sowie soziale und gemeinnützige Einrichtungen – allein 2020 in Höhe von rund 1,5 Millionen Euro.

3.7 TEILVERKAUF BEI ENGEL & VÖLKERS LIQUIDHOME

Im April 2020 startete das Hamburger Immobilien-Dienstleistungsunternehmen Engel & Völkers mit Engel & Völkers LiquidHome (EVLH) sein neues Geschäftsfeld Teilverkauf von Immobilien. Angeboten wird der Teilverkauf einer Immobilie bis zu maximal 50 Prozent ihres Wertes, wobei sich der Kaufpreis nach dem aktuellen Marktwert richtet, der von einem unabhängigen zertifizierten Gutachter bestimmt wird.[67]

Der Verkäufer kann die Immobilie komplett weiter nutzen, bleibt aber auch für sämtliche Renovierungs- und Instandhaltungsarbeiten, Versicherungen, Steuern und laufende Kosten verantwortlich und verpflichtet sich vertraglich auch dazu. Man darf als Teileigentümer die Immobilie selbst bewohnen, aber auch vermieten und weitestgehend frei schalten und walten, ohne EVLH darüber informieren zu müssen. Einzige Ausnahme: Bauliche Maßnahmen am Gebäude, die nicht dem Werterhalt oder der Wertsteigerung dienen, müssen miteinander abgestimmt werden.

Wie auch bei wertfaktor werden bei einem Verkauf beide Eigentümer im Grundbuch eingetragen, das Nießbrauchsrecht (siehe auch Kapitel 1., Abschnitt 2) wird hinter der Finanzierungsschuld im zweiten Rang eingetragen. So sichert sich der Verkäufer sein lebenslanges Bleiberecht. Der Wert der Immobilie muss mindestens 200 000 Euro betragen; der minimale Auszahlungsbetrag liegt bei 100 000 Euro.

MONATLICHES NUTZUNGSENTGELT

Auch EVLH erhebt für den verkauften Anteil eine sogenannte monatliche Nutzungsgebühr, die sich auf den Teilverkaufspreis bezieht und davon abhängt, welche Zinsbindung man wählt. Die Nutzungsgebühr kann für ein Jahr, für fünf oder zehn Jahre festgeschrieben werden. Je länger die Bindungsfrist, desto höher der Zinssatz. Nach Ablauf der vereinbarten Frist wird die Gebühr neu berechnet. Wie hoch sie ausfällt, hängt von der Zinsentwicklung ab. Man orientiert sich dabei an der Entwicklung des Drei-Monats-Euribor.[68] Für den Teilverkäufer kann es demnach nach Ablauf der Zinsbindungsfrist erheblich teurer werden, wie auch das Rechenbeispiel[69] von EVLH zeigt:

Wer etwa einen Immobilienanteil in Höhe von 200 000 Euro an EVLH verkauft hat, zahlt bei einem Zinssatz von 3,3 Prozent und einer Zinsbindung über fünf Jahre eine monatliche Nutzungsgebühr von 550 Euro. Ist die Zinsbindung abgelaufen und der Euribor nicht gestiegen, bleibt die Gebühr gleich hoch. Ist der Euribor in der Zwischenzeit um beispielsweise 0,5 Prozentpunkte gestiegen, erhöht sich der Zinssatz auf 3,8 Prozent und damit steigen auch die Gebühren. Dann würde der Teilverkäufer für die kommenden fünf Jahre schon 633 Euro monatlich bezahlen müssen.

LEBENSLANGER NIESSBRAUCH

Das Nießbrauchsrecht wird grundsätzlich lebenslang gewährt und endet dann, wenn die nießbrauchsberechtigten Personen – Verkäufer und (Ehe) Partner – sterben oder aber die Immobilie auf ihren eigenen Wunsch verkauft wird. EVLH gewährt ein lebenslanges Nießbrauchsrecht erst ab einem Mindestalter von 60 Jahren. Dann erlischt es erst bei Ableben des Teilverkäufers. »Bei jüngeren Teilverkäufern ist EVLH mindestens 20 Jahre an den Vertrag gebunden und hat erst dann die Möglichkeit, den gemeinschaftlichen Verkauf anzustoßen«, so der genaue Wortlaut im Vertragswerk.[70] EVLH macht darauf aufmerksam, dass das lebenslange Nießbrauchsrecht darüber hinaus auch entzogen werden kann, wenn der Teilverkäufer die Nutzungsgebühr länger als drei Monate nicht mehr gezahlt hat[71] oder ohne Zustimmung von EVLH einen Anteil an der Immobilie verschenkt, als Sicherheit für eine Finanzierung einsetzt oder sogar verkauft.

WERTSTEIGERUNG BEI GESAMTVERKAUF

Auch bei EVLH kann der Teilverkäufer sich jederzeit entscheiden, seinen Anteil zurückzukaufen. In diesem Fall muss ein weiteres Mal der Marktwert der Immobilie durch einen Gutachter geschätzt werden; EVLH erhält eine Gebühr in Höhe von 3 Prozent für die Abwicklung des Rückkaufs. Einigen sich beide Eigentümer – der Teilverkäufer und EVLH – gemeinsam darauf, die Immobilie zu verkaufen, wird auch hier die Verkaufssumme so geteilt, wie es die Eigentumsverhältnisse vorgeben: Wer 20 Prozent seiner Immobilie an EVLH verkauft hat, erhält demnach 80 Prozent von der Gesamtsumme – abzüglich einer Gebühr in Höhe von 5,5 Prozent. Weder der Teilverkäufer noch der Anbieter EVLH können ohne Absprache mit dem jeweils anderen ihren Teil der Immobilie veräußern. EVLH empfiehlt den Gesamtverkauf der Immobilie nicht vor Ablauf von fünf Jahren.

EVLH geht wie alle anderen Anbieter auch von der Wertsteigerung der jeweiligen Immobilie aus und kalkuliert bei seinen Prognosen mit 2 Prozent jährlich. Gekauft wird grundsätzlich überall dort, wo mit einer positiven Wertentwicklung gerechnet werden kann.

Beim Gesamtverkauf erhält das Unternehmen den anteiligen Verkaufserlös. Vollkommen unabhängig davon, ob die teilverkaufte Immobilie im Wert gestiegen ist oder nicht, wird EVLH immer den gezahlten Kaufpreis zuzüglich der Ankaufsnebenkosten in Höhe von 14 bis 17 Prozent[72] erhalten. Das Risiko, dass die Immobilie möglicherweise beim Gesamtverkauf weniger wert ist als zuvor, trägt allein der Teilverkäufer. Darauf macht EVLH ausdrücklich aufmerksam[73] und erklärt gleichzeitig, dass die Nebenkosten bestenfalls von der Wertsteigerung des EVLH-Anteils getragen werden. Ein Beispiel zeigt verschiedene Szenarien:[74]

Ausgangslage: Der Verkehrswert der Immobilie beträgt 440 000 Euro. Der Käufer erwirbt einen Miteigentumsanteil von 50 Prozent für einen Kaufpreis von 220 000 Euro.

1. Für den Fall, dass lediglich ein Verkaufserlös von 390 000 Euro erzielt wird, beträgt der EVLH-Anteil 255 200 Euro (Kaufpreis: 220 000 Euro, zuzüglich 16 Prozent Nebenkosten = 35 200 Euro). Der EVLH-Anteil entspricht dann 65,44 Prozent des Verkaufserlöses. Der Verkäuferanteil beträgt 134 800 Euro, was einem Anteil von 34,56 Prozent entspricht.
2. Für den Fall, dass ein Verkaufserlös von 440 000 Euro erzielt wird, beträgt der EVLH-Anteil 255 200 Euro (siehe oben). Der EVLH-Anteil entspricht dann 58 Prozent des Verkaufserlöses. Der Verkäuferanteil beträgt 184 800 Euro, was einem Anteil von 42 Prozent entspricht.
3. Für den Fall, dass ein höherer Verkaufserlös von 550 000 Euro erzielt wird, beträgt der EVLH-Anteil 275 000 Euro (50 Prozent). Der Verkäuferanteil beträgt 275 000 Euro, was ebenfalls einem Anteil von 50 Prozent entspricht.

BILANZ VON E&V LIQUIDHOME

EVLH hat mit dem Teilverkauf im April 2020 begonnen und in bisher mehr als 500 Fällen Immobilienanteile erworben. Die Gesamtsumme des Immobilienportfolios beläuft sich auf mehr als 250 Millionen Euro.[75] Nach eigenen Angaben haben einige Kunden ihre Immobilien auch schon komplett verkauft. Deren Anzahl sei aber »überschaubar«. Durchschnittlich wurde je Kunde die Summe von 230 000 Euro ausgezahlt. Das Durchschnittsalter der Teilkäufer gibt EVLH mit 67 Jahren an. Bislang sind alle Kunden ihrer Verpflichtung der monatlichen Gebührenzahlung nachgekommen, heißt es auf Anfrage. Aber man arbeite mithilfe des Verbraucherbeirats eine Alternative zum Gesamtverkauf aus für den Fall, dass die Nutzungsgebühr nicht mehr gezahlt werden kann. Man werde im Laufe des Jahres 2022 eine Lösung präsentieren können.

PARTNERSCHAFTEN

Neben dem eigenen Maklernetzwerk von Engel & Völkers kooperiert EVLH nach eigenen Angaben mit einer großen Versicherung, diversen Finanzdienstleistern und Baufinanzierungsberatern, die nicht namentlich genannt werden.

Der Verbraucherbeirat von Engel & Völkers LiquidHome

EVLH verfügt seit Ende November 2021 über einen sogenannten Verbraucherbeirat. Dessen Aufgabe besteht darin, künftig die Sicht der Kundschaft stärker in die Geschäftsabläufe des Unternehmens einzubringen. Dazu soll der Beirat EVLH beraten und Verbesserungsvorschläge unterbreiten. Das Gremium arbeitet unabhängig; seine Mitglieder haben ihr Engagement davon abhängig gemacht, »dass sie nicht nur gehört werden, sondern etwas bewegen können«, heißt es bei EVLH.[76] Das entspreche auch dem Wunsch der Geschäftsführung von EVLH.
Dem Verbraucherbeirat gehören an:
Klaus Morgenstern, Sprecher des DIA (Deutsches Institut für Altersvorsorge), klärt seit zehn Jahren rund um Vorsorgethemen auf. Der Journalist verantwortet unter anderem die Publikationen des Instituts und ist im stetigen Austausch mit Wissenschaftlern und Experten zum Thema Altersvorsorge.
Prof. Dr. Julius Reiter, Fachanwalt für Bank- und Kapitalmarktrecht sowie Professor für Wirtschaftsrecht, macht sich für Verbraucher- und Datenschutz stark. Er ist Autor eines Ratgebers sowie Verfasser zahlreicher Beiträge zu diesen Themen in Fachpublikationen.
Jessica Schwarzer, freie Finanzjournalistin. Die ehemalige **Handelsblatt**-Chefkorrespondentin klärt heute als Moderatorin und Autorin rund um die privaten Finanzen auf. Ihr Fokus liegt dabei auf Börsenthemen sowie dem langfristigen Vermögensaufbau.

3.8 INTERVIEW:

»Kunden müssen sämtliche Aspekte des Teilverkaufs verstehen und eine Entscheidung auf Augenhöhe treffen können ...«

Prof. Dr. Julius Reiter, *Rechtsanwalt, Fachanwalt für Bank- und Kapitalmarktrecht sowie IT-Recht und Mitbegründer der Kanzlei baum reiter & collegen, die sich seit mehr als 20 Jahren den vielzähligen Facetten des Verbraucherschutzes verschrieben hat, über die aktuellen Angebote zur Immobilienverrentung und seine Tätigkeit im neu gegründeten Verbraucherbeirat von Engel & Völkers LiquidHome. Julius Reiter ist Gründungsmitglied und Beirat der Bürgerbewegung Finanzwende e. V. und der Lobby für Demokratie (Düsseldorf) und seit Juni 2019 Vorstandsmitglied der Transparency International Deutschland e. V. (Berlin).*

Was war Ihre erste Reaktion, als man Sie bat, Mitglied im sogenannten Verbraucherbeirat von Engel & Völkers LiquidHome zu werden?

Julius Reiter: Ich hatte mich bereits vor der Anfrage mit dem Thema Immobilienverrentung auseinandergesetzt. Den Ansatz, das in der Immobilie gebundene Kapital im Alter zu nutzen, fand und finde ich einleuchtend. Denn das kann die Lebensqualität deutlich verbessern. Natürlich weiß ich aber aus meiner Erfahrung als Verbraucheranwalt, dass Verträge, die Immobilien und insbesondere das Eigenheim betreffen, komplex und mit Risiken behaftet sind. Immer wenn es um Menschen und ihre Finanzen geht, sind transparente

Darstellungen und Risikoaufklärungen unerlässlich. Dies ist gerade bei Finanzprodukten oft nicht der Fall. Ich empfand es daher als positives Zeichen, dass der Anbieter eines relativ neuen Produkts die Verbraucherinteressen ernst nimmt.

Was wussten Sie zu diesem Zeitpunkt grundsätzlich über die Möglichkeit des Teilverkaufs von Immobilien?

Ich hatte mich bereits mit einigen Vertragswerken juristisch befasst. Dabei ist klar geworden, dass es aus Verbrauchersicht mehrere Fallstricke gibt – etwa bei der Vereinbarung des Nießbrauchsrechts oder den Konditionen für die Zeit als Miteigentümer. Hier besteht die Gefahr, dass ein Teilverkauf für Verkäufer unterm Strich relativ teuer ist, etwa im Vergleich zu einem Bankdarlehen.

Hatten Sie sich schon mit den unterschiedlichen Angeboten beschäftigt?

Ja, ich hatte mir bereits verschiedene Angebote von Teilkäufern angesehen sowie andere Modelle, die eine Immobilienverrentung ermöglichen – etwa die Immobilienleibrente oder die Umkehrhypothek. Zudem hat mich immer wieder beschäftigt, inwieweit Senioren im Alter überhaupt noch ein im Grundbuch gesichertes Bankdarlehen erhalten können – insbesondere vor dem Hintergrund der Wohnimmobilienkreditrichtlinie.

Zu welchem Fazit sind Sie für sich beim Vergleich von Umkehrhypothek, Immobilienleibrente und Bankdarlehen gekommen?

Zunächst einmal die wichtigsten Unterschiede zwischen diesen Modellen: Bei der Umkehrhypothek und einem klassischen Bankdarlehen wird im Gegensatz zur Leibrente die Immobilie nicht verkauft. Zudem sind Umkehrhypothek und Bankdarlehen weniger komplex und in der Regel die preisgünstigeren Lösungen. Allerdings bringt nicht jede Person im Rentenalter ausreichend Bonität mit, um ohne Weiteres mit einer Bank ein neues Darlehensverhältnis eingehen zu können. Zudem zeigt die Praxis, dass viele Eigenheimbesitzer, denen es nach etlichen Jahren gelungen ist, mit vollständiger Rückzahlung des Bankdarlehens endlich eine lastenfreie Immobilie ihr Eigentum nennen zu können, in den alten Zustand der Abhängigkeit, die mit einem grundbuchgesicherten Darlehen verbunden ist, nicht mehr zurück wollen. Selbst für den Fall, dass eine Person zwischen allen drei genannten Finanzierungsformen wählen kann, gibt es bei der Auswahl kein Richtig oder Falsch. Wichtig ist nur, dass alle wirtschaftlichen Vor- und Nachteile, aber eben auch die persönlichen Interessen und Wünsche in die Entscheidung mit einbezogen werden.

Wofür würden Sie sich persönlich entscheiden, wenn Sie in der Situation wären, als Immobilienbesitzer Ihre Rente aufbessern zu müssen?

Das kann ich heute kaum abschließend sagen. Es käme ja auf die tatsächlich verfügbaren Finanzierungsoptionen, meine Lebenssituation, meine konkreten wirtschaftlichen Verhältnisse und Pläne an. Definitiv aber würde ich eine Immobilienverrentung nicht im Vorhinein ausschließen.

Wie würden Sie Ihre Aufgabe im Gremium von LiquidHome umschreiben?

Aus meiner langjährigen Tätigkeit als Verbraucheranwalt weiß ich genau, worauf es bei Verträgen ankommt und an welchen Stellen typischerweise Verständnisprobleme auftreten. Das klare Ziel muss deshalb lauten, nicht zuletzt im Sinne einer nachhaltigen Geschäftsentwicklung, dass Kunden sämtliche Aspekte des Teilverkaufs verstehen und eine Entscheidung auf Augenhöhe treffen können. Als Mitglied des Verbraucherbeirats möchte ich dazu beitragen, dass das Unternehmen dieses Thema entschlossen angeht. Durch die Beiratsarbeit soll ein echter Mehrwert für Verbraucher entstehen.

Unter Verbraucherschützern ist das Modell des Teilverkaufs keineswegs unumstritten. Was spricht aus Ihrer Sicht dafür?

In erster Linie die Alternativlosigkeit. Viele Menschen im höheren Alter, die beispielsweise Geld für eine Renovierung des Eigenheims benötigen, haben keine Chance mehr auf einen günstigen Bankkredit. Es hat auch nicht jeder Kinder, die bereit sind, die Immobilie zum Teil oder komplett zu kaufen. Viele scheuen sich auch davor, ihre Kinder in solche Lösungen einzubeziehen. In solchen Fällen bietet der Teilverkauf eine Chance, das notwendige Geld zu bekommen und in der vertrauten Umgebung bleiben zu können.

Was ist grundsätzlich am Modell des Teilverkaufs verbesserungswürdig?

Für Verbraucher sind zwei Punkte besonders relevant. Erstens: Wer trägt welche Kosten, also etwa die Nebenkosten für den Teilverkauf selbst, die Kosten für Renovierungen oder die Kosten für den Gesamtverkauf nach Vertragsende? Zweitens: In welchen Fällen muss die Immobilie im Ernstfall doch geräumt werden? In Vertragswerken und Infomaterialien müssen Anbieter diese Punkte klar und verständlich aufbereiten. So müssen Verbraucher anhand einiger weniger Beispielrechnungen verstehen können, was auf sie zukommt. Anbieter müssen sich daher ständig hinterfragen, ob und wo sie noch prägnanter werden können. Dies ist kein einmaliger, sondern ein kontinuierlicher Vorgang, bei dem Rückfragen und Anmerkungen von Kunden besondere Bedeutung zukommt.

Das Modell des Teilverkaufs entwickelt sich auf Anbieterseite rasant. Es gibt immer mehr Unternehmen, die mit ähnlichen Konzepten an den Markt gehen – und auch sehr schnell Anpassungen vornehmen. So hat Engel & Völkers rasch nachgezogen, nachdem wertfaktor im März 2021 einen Beirat präsentiert hat. Ist das eine positive Entwicklung, bei der einer vom anderen lernen kann?

Sinnvolle Ideen können und sollten immer aufgegriffen werden. Und Wettbewerb unter den Anbietern wirkt sich regelmäßig positiv für die Verbraucher aus. Wichtig ist natürlich, dass ein Verbraucherbeirat nicht nur ein Aushängeschild ist, sondern wichtige Impulse gibt, die dann auch aufgegriffen werden.

Wann sehen Sie den Bedarf am Teilverkauf gedeckt?

Der Finanzierungsbedarf im Alter dürfte aufgrund der drohenden Rentenlücke ganz erheblich sein. Es ist daher überhaupt nicht absehbar, wann es keine Nachfrage für Verrentungsmodelle mehr geben wird.

Wann ist für Sie die Arbeit in diesem Gremium erledigt?

Ein Verbraucherbeirat ist für mich ein Gremium, das dauerhaft fortbestehen sollte. Wie schon gesagt, muss man ständig hinterfragen, wie das Angebot noch verbraucherfreundlicher werden kann. Neben Fragen und Rückmeldungen von Kunden sind dabei auch juristische, politische und gesellschaftliche Entwicklungen zu berücksichtigen. Was heute noch legitim erscheint, kann morgen schon auf harsche Kritik stoßen.

3.9 TEILVERKAUF BEI DEUTSCHE TEILKAUF

Die Deutsche Teilkauf hat ihren Geschäftsbetrieb im Juli 2020 aufgenommen. Gründer des Unternehmens sind John Bothe und Ronald Paul, die beide bereits einige Unternehmen gegründet haben, darunter die Immobilienfirma Silberlake Real Estate Group sowie die Performance-Marketing-Agentur QUISMA. Die aktuelle Geschäftsführung des Unternehmens setzt sich zusammen aus: Marian Kirchhoff, der aus der Immobilienbranche stammt und unter anderem für das Hamburger Maklerhaus Engel & Völkers Commercial gearbeitet hat, dem Diplomkaufmann André Dölker, der viele Jahre zum Agenturnetzwerk GroupM gehörte, und Hans-Peter Kneip, der nach Bankkarriere und zahlreichen Führungspositionen in der Immobilienwirtschaft 2022 zur Deutschen Teilkauf kam. Insgesamt hat die in Düsseldorf gegründete Firma inklusive ihrer Dependenzen in Berlin, Frankfurt, Hamburg, Köln und München 75 Mitarbeiter.

Das Angebot für Immobilien-Teilverkauf unterscheidet sich in den Grundzügen nicht wesentlich von dem anderer Unternehmen: Wer älter als 60 Jahre ist, kann einen Teil seiner Immobilie verkaufen – zu maximal 50 Prozent. Da die Mindestauszahlungssumme bei 100 000 Euro liegt, muss die Immobilie wenigstens 200 000 Euro wert sein. Der Verkaufspreis des Hauses oder der Eigentumswohnung orientiert sich am aktuellen Marktwert der Immobilie, der auch hier von einem unabhängigen, zertifizierten Gutachter[77] ermittelt wird. Im Vorfeld schlägt die Deutsche Teilkauf zwei solcher Gutachter vor, von denen man als künftiger Verkäufer einen auswählen kann. Die Kosten für den Gutachter trägt die Deutsche Teilkauf. Liegt bereits eine aktuelle Immobilienbewertung eines unabhängigen Prüfers vor, wird auch diese als Grundlage für den Verkaufsvertrag akzeptiert.

Die Deutsche Teilkauf trägt, wie üblich, auch sämtliche weiteren Nebenkosten des Teilverkaufs, darunter die Kosten für den Grundbucheintrag, für den Notar und die Grunderwerbsteuer. Einzige

Ausnahme ist die Löschung alter Grundbuchlasten. Das muss der Verkäufer selbst bezahlen – wie bei allen anderen Anbietern auch.

Nach dem Teilverkauf kann man entweder selbst zeitlich unbegrenzt in seinem Heim wohnen bleiben oder es vermieten – zu den marktüblichen Mietkonditionen. Sämtliche Kosten für Versicherungen und Steuern müssen wie bei allen anderen Anbietern auch vom Teilverkäufer selbst getragen werden. Man kann renovieren, sanieren, um- oder anbauen, sofern es den Wert der Immobilie steigert. Ein zusätzlicher Wintergarten ist demnach kein Problem für den stillen Miteigentümer, zu dem die Deutsche Teilkauf mit Vertragsunterzeichnung geworden ist. »Wertmindernde« Maßnahmen wie Abriss oder Teilabriss dürfen nur mit Zustimmung der Deutschen Teilkauf erfolgen. Eine Beteiligung an den Instandhaltungskosten bietet die Deutsche Teilkauf, anders als andere Anbieter, nicht an.

Angekauft werden laut Deutscher Teilkauf Immobilien grundsätzlich bundesweit. Um die künftige Wertentwicklung der Objekte prognostizieren zu können, wird ein sogenanntes Lage-Scoring sowie ein eigener Index genutzt. Fällt eine Prognose insofern negativ aus, als dass eine Wertsteigerung nicht zu erwarten ist, wird das Objekt nicht gekauft. Dann ist der Teilverkauf aus Sicht der Deutschen Teilkauf einfach das falsche Modell für den potenziellen Verkäufer.

MONATLICHES NUTZUNGSENTGELT

Das monatliche sogenannte Nutzungsentgelt kann auf 5, 10 oder 15 Jahre festgelegt werden. Nach Angaben der Deutschen Teilkauf haben sich viele ihrer Kunden bis zum Ausbruch des Krieges in der Ukraine für ein variables Nutzungsentgelt entschieden. Aktuell (Ende März 2022) tendierten die Kunden eher zu festen Zinsbindungen – in der Regel über zehn Jahre. Allerdings könnten diejenigen, die sich zunächst für eine variable Variante entschieden hätten, jederzeit eine langfristige Festschreibung vereinbaren.[78]

Nach Ablauf jeder Frist wird die Gebühr neu berechnet. Der Kunde ist verpflichtet, die Gebühr monatlich zu zahlen. Sollte er dauerhaft in Verzug geraten, verliert er auch hier sein Nießbrauchsrecht und muss ausziehen. Kunden in finanziellen Schwierigkeiten können sich aber auch hier an das Unternehmen wenden, im Fall der Deutschen Teilkauf an die eigens dafür gegründete Stiftung Hilfskasse.[79] Die Stiftung soll Teilverkäufern helfen, die aufgrund veränderter Lebensumstände oder Krankheit unverschuldet in finanzielle Bedrängnis geraten sind (siehe auch Kasten Seite 143). Grundsätzlich endet die Zahlungsverpflichtung spätestens drei Monate nach dem Tod des Teilverkäufers.

LEBENSLANGER NIESSBRAUCH

Bei der Deutschen Teilverkauf endet der Nießbrauch mit dem Tod oder zu einem festgelegten Zeitpunkt, der vertraglich fixiert wurde. Hat ein Verkäufer beispielsweise schon die konkrete Vorstellung, in genau zehn Jahren sein Eigentum zu verkaufen, kann er zuvor festlegen, dass der Nießbrauch auch mit dem Verkauf der Immobilie endet.

Um den Kunden vor einer Insolvenz der Deutschen Teilkauf zu schützen, wird das Nießbrauchsrecht bei diesem Anbieter für das gesamte Eigenheim gewährt, auch für den Teil, der dem Kunden sowieso gehört. Durch den erstrangigen Grundbucheintrag auf das gesamte Eigenheim sei das Nutzungsrecht unabhängig von der wirtschaftlichen Situation der Deutschen Teilkauf, so das Unternehmen. Sollte das Unternehmen eines Tages Insolvenz anmelden müssen, könne der Nießbrauchnutzer im Falle einer Zwangsversteigerung des verkauften Anteils der Immobilie weiterhin dort wohnen bleiben. Denn sein Bleiberecht habe Vorrang vor allen anderen Forderungen, so die Deutsche Teilkauf. Andere Anbieter sichern die Kunden für solche Situationen mit einer sogenannten Sicherungszweckerklärung ab, die besagt, dass die finanzierenden Banken auf eine Zwangsversteigerung verzichten, solange der Kunde sein Nutzungsentgelt weiter zahlt. Bei diesen Anbietern wird das Nießbrauchsrecht (siehe Kapitel 1 über Nießbrauch) an zweiter Stelle im Grundbuch eingetragen. Banken bevorzugen eigentlich den ersten Rang im Grundbuch und gewähren dafür sogar günstigere Zinssätze. Die Deutsche Teilkauf hat dazu auf Anfrage erklärt, dass sie für das im Grundbuch im ersten Rang eingetragene Nießbrauchsrecht höhere Refinanzierungskosten in Kauf nehmen muss.[80]

WERTSTEIGERUNG BEI GESAMTVERKAUF

Auch wenn das Geschäft des Teilverkaufs auf Langlebigkeit angelegt ist, kann man sich jederzeit entschließen, seine Immobilie komplett zu verkaufen. Spätestens mit dem Tod des Teilverkäufers übernimmt die Deutsche Teilkauf alles Nötige, um den Verkauf zu organisieren. Den Verkaufserlös teilen sich Teilverkäufer – oder dessen Erben – und Teilkäufer gemäß ihrer Eigentumsanteile. Wer 40 Prozent seiner Immobilie im Vorfeld schon veräußert hat, erhält entsprechend nur noch 60 Prozent aus dem Gesamtverkauf zurück. Die Erben des Teilverkäufers haben grundsätzlich ein Vorkaufsrecht. Wollen sie die Immobilie behalten, können sie den Anteil, der der Deutschen Teilkauf gehört, wieder zurückkaufen.

Sollte eine Immobilie bei Verkauf nicht mehr wert sein als angenommen, sichert sich die Deutsche Teilkauf – wie auch alle anderen Anbieter – ab, indem sie einen Mindesterlösanteil von 117 Prozent behält. Dieser Anteil wird bei ausbleibender Wertsteigerung vom Verkaufsanteil abgezogen. Im Gegenzug erhält der Teilverkäufer beim endgültigen Verkauf einen Bonus von bis zu 8,5 Prozent seines Immobilienwertes, der ab einer Wertsteigerung von 17 Prozent auf die gesamte Immobilie zum Tragen kommt.[81] Die Deutsche Teilkauf verzichtet beim Verkauf der Immobilie auf fixe Gebühren. Stattdessen werden die Kosten der Vermarktung und des Verkaufs, zum Beispiel durch die Bestellung eines Maklers, entsprechend der Erlösverteilung von beiden Seiten getragen.

BILANZ DER DEUTSCHEN TEILKAUF

Bislang hat die Deutsche Teilkauf noch keine angekaufte Immobilie komplett verkauft (Stand März 2022). Das Gesamtinvestitionsvolumen liegt zurzeit bei 320 Millionen Euro. Im Durchschnitt wollen die Verkäufer mit dem Teilverkauf rund 200 000 Euro erzielen und sind im Durchschnitt 68 Jahre alt. Laut eigenen Angaben konzentriert sich die Deutsche Teilkauf mit ihrem Angebot auf Immobilienbesitzer, die älter als 55 Jahre sind, »ihren Lebensstandard erhalten und sich etwas gönnen möchten«.[82]

PARTNERSCHAFTEN

Seit März 2021 kooperieren die Deutsche Teilkauf und das 2009 gegründete Makler-Franchise-Unternehmen FALC Immobilien. Laut Pressemitteilung[83] hat man sich für FALC vor allem aufgrund des großen Netzwerks der Immobilienmakler entschieden. Darüber will die Deutsche Teilkauf neue Zielgruppen für ihr Geschäft erschließen. Seit September 2021 existiert auch eine Produktkooperation mit der Bonnfinanz GmbH[84], einem Finanzvertrieb mit mehr als 450 000 Kunden und rund 450 Beratern (nach eigenen Angaben), die auch das Immobilienteilverkaufsangebot vertreiben. Seit Mitte April ist das Angebot der Deutschen Teilkauf auch in die Online-Plattform von *ImmoScout24* integriert. Im Zuge der Immobilienbewertung erhalten Eigentümer die Möglichkeit, ein unverbindliches Angebot für den Teilverkauf ihrer Immobilie über die Deutsche Teilkauf einzuholen. *ImmoScout24* leitet Interessenten an die Deutsche Teilkauf weiter.[85]

Stiftung Hilfskasse

Die im Oktober 2021 gegründete Stiftung Hilfskasse der Deutschen Teilkauf soll nach eigenen Angaben Teilverkäufern unter die Arme greifen, die aufgrund veränderter Lebensumstände oder einer Krankheit unverschuldet in finanzielle Not geraten und ihr monatliches Nutzungsentgelt nicht mehr bezahlen können. »Schnell und unbürokratisch« für eine nicht näher definierte »bestimmte Zeit« wird eine Lösung für den Härtefall angestrebt. Es handelt sich laut Deutsche Teilkauf nur um eine theoretische Maßnahme, da bislang keiner ihrer Kunden mit seinen Zahlungen im Rückstand sei. Senioren, die einen Teilverkauf mit der Deutschen Teilkauf abgeschlossen haben und diese Härtefallregelung im Notfall in Anspruch nehmen wollen, müssen einen kurzen Antrag ausfüllen, der anschließend vom Stiftungsvorstand geprüft wird. Wird dem Antrag stattgegeben, übernimmt die Stiftung das Nutzungsentgelt und erarbeitet mit dem betroffenen Bewohner Pläne zur Refinanzierung. Höhe und Dauer der Unterstützung legt die Stiftung fest. Finanziert wird das Ganze aus dem Stiftungsvermögen, das sich aus Spenden sowie laufenden Einnahmen aus einem Teil der Nutzungsentgelte zusammensetzt. Für den Fall, dass die Stiftung eines Tages aufgelöst wird, sei man übereingekommen, das verbliebene Vermögen an Hilfsorganisationen zu spenden. Dem Stiftungsvorstand gehören die beiden Geschäftsführer der Deutschen Teilkauf, Marian Kirchhoff und André Dölker sowie einer der Firmengründer, John Bothe, an. Der Stiftungsrat kontrolliert die Arbeit des Stiftungsvorstands. Teil des Stiftungsrats sind der Digitalberater Ronald Paul, auch Gründer des Internet-Unternehmens QUISMA, der Internet-Investor Thomas Falk und Michael Viereck, dessen Tätigkeit mit »Finanzexperte« angegeben wird.

Jederzeit finanziell flüssig sein ...

Im April 2020 befragte das Meinungsforschungsinstitut YouGov[86] im Auftrag der Deutschen Teilkauf 1.030 Eigenheimbesitzer im Alter von 60 Jahren aufwärts, unter anderem auch zu ihrer aktuellen finanziellen Situation und danach, wofür sie künftig Geld ausgeben wollen. Das Ergebnis: Für mehr als 61 Prozent der Befragten ist es wichtig, im Bedarfsfall flexibel und kurzfristig auf größere Geldsummen zugreifen zu können. Rund 71 Prozent möchten Pflege und medizinische Versorgung im Alter absichern, 52 Prozent genügend Geld für Reisen besitzen und 48 Prozent ihr Eigenheim altersgerecht umbauen. Die Corona-Pandemie, die zur Zeit der Befragung gerade erst begonnen hatte, hatte damals bereits bei 16 Prozent der Befragten die eigene finanzielle Situation verschlechtert. Ein Drittel der Eigenheimbesitzer macht sich zusätzlich Sorgen, sich im Alter die Lebenserhaltungs- oder Pflegekosten nicht mehr leisten zu können, obwohl 73 Prozent von ihnen der Meinung sind, ihre Immobilie habe in den vergangenen Jahren an Wert gewonnen.
Weitere Ergebnisse: Trotz dieser Situation können es sich 71 Prozent der Befragten nicht vorstellen, zur Erfüllung ihrer Wünsche einen Bankkredit aufzunehmen. Während ein Drittel der Meinung ist, in ihrem Alter keinen Bankkredit mehr gewährt zu bekommen, wollen 76 Prozent schlicht keinen Kredit an ihrem Lebensabend tilgen. Nur ein kleiner Teil hält die Kredite für riskant (11 Prozent) oder hat gar ein Problem damit, von der Bank durchleuchtet zu werden (8 Prozent). Der Verkauf der eigenen Immobilie zur Erfüllung ihrer Wünsche kommt für nur 13 Prozent der Befragten infrage, 69 Prozent können sich einen Verkauf gar nicht vorstellen. 86 Prozent möchten gern weiter in ihrer Immobilie wohnen und rund 37 Prozent ihr Eigenheim an die nachfolgende Generation vererben.
Schon 2019 konnten viele ältere Hausbesitzer keine unvorhergesehenen Ausgaben stemmen[87], so das Ergebnis einer damals durchgeführten repräsentativen Umfrage von YouGov: Das gaben mehr als 42 Prozent damals an, 22 Prozent hatten lediglich 10 000 Euro auf der hohen Kante.

Ein Viertel der älteren Eigenheimbesitzer kann sich wenig leisten

Rund 7,7 Millionen Seniorenhaushalte über 60 Jahre und damit 58 Prozent aller Senioren in Deutschland haben kein auskömmliches Einkommen. Auch bei den Immobilienbesitzern, die älter als 60 Jahre alt sind, verfügen knapp 3,3 Millionen Haushalte und damit 25 Prozent aller Senioren über kein auskömmliches Einkommen.[88] Das ergab eine Untersuchung des Forschungs- und Beratungsinstituts empirica im Auftrag der Deutschen Teilkauf zur Einkommens- und Vermögensverteilung deutscher Senioren (die Ergebnisse wurden im Mai 2021 veröffentlicht). Für auskömmlich hält empirica ein Einkommen dann, wenn es mehr als dem vierfachen Hartz-IV-Regelsatz entspricht – und damit einem monatlichen Nettoeinkommen von mindestens 1.600 Euro pro Person. Wer weniger hat, ist nicht automatisch arm, kann sich aber vieles nicht mehr leisten: etwa den altersgerechten Umbau seines Eigenheims oder notwendige Reparaturen. Die Armutsschwelle liegt bei einem monatlichen Pro-Kopf-Einkommen von 1.000 Euro netto. Und selbst wenn Senioren noch über Geldvermögen in Höhe von 20 000 bis 50 000 Euro verfügen, sind sie nach dem Einbau einer neuen Heizung oder sonstiger Reparaturen so gut wie pleite. Genügend Geld zur Verfügung haben laut empirica nicht mal die Senioren, deren Eigenheime mindestens 200 000 Euro wert sind: Rund 680 000 Seniorenhaushalte in dieser Gruppe und damit 5 Prozent aller Senioren können sich größere Anschaffungen, Kreuzfahrten oder Umbauten am Haus nicht leisten.

3.10 TEILVERKAUF BEI HEIMKAPITAL

Heimkapital ist eine Immobilienplattform, die 2019 in München von Dimitrij Miller, Julia Schabert und Benedikt Wenninger gegründet wurde. Alle drei Gründer kommen aus der Finanz- und Bankenbranche, wo sie sich nach eigenem Bekunden auch kennengelernt haben. Zurzeit werden 30 Mitarbeiter beschäftigt. Das Unternehmen wendet sich an Senioren, die älter als 60 Jahre sind und eine möglichst schuldenfreie Immobilie besitzen. Aber selbst wenn die Immobilie noch nicht vollständig abbezahlt ist, ist – wie auch bei anderen Unternehmen üblich – ein Teilverkauf möglich. In diesem Fall darf die Summe aus Restschuld und dem an Heimkapital verkauften Anteil 50 Prozent des Immobilienwertes zum Zeitpunkt des Teilverkaufs nicht überschreiten.[89]

Heimkapital kauft bis zu 50 Prozent der Immobilie an, die mindestens 200 000 Euro wert sein muss – wie bei anderen Anbietern auch. Heimkapital begründet die Mindestsumme mit »Aufwendungen und Kosten«[90], die bei der Transaktion entstehen. Bei kleineren Volumina würde sich dies unter dem Strich nicht rechnen. Die Ankaufskosten wie Grundbucheintragung und Notarkosten trägt Heimkapital.

Der Kaufpreis wird von einem unabhängigen, zertifizierten Gutachter ermittelt. Der Käufer bleibt, wie auch bei anderen Anbietern, Eigentümer mit allen Rechten und Pflichten und genießt lebenslanges Nießbrauchsrecht (siehe Kapitel 1, Abschnitt 2). Als Eigentümer muss man sich auch künftig darum kümmern, das Haus in Schuss zu halten, und Versicherungen, Steuern, Reparaturen, Renovierungen und Sanierungen selbst bezahlen. Allerdings beteiligt sich Heimkapital mit bis zu 10 Prozent des Kaufpreises, aber bis maximal 30 000 Euro, »an energetisch sinnvollen Sanierungsmaßnahmen«. Dazu zählt beispielsweise eine neue Heizung mit erneuerbarer Energie.[91]

MONATLICHES NUTZUNGSENTGELT

Für die alleinige Nutzung der Immobilie zahlt der Teilverkäufer eine monatliche Gebühr, die bei Heimkapital »Nutzungsbeitrag« genannt wird.

LEBENSLANGER NIESSBRAUCH

Der Teilkäufer genießt das im Grundbuch eingetragene Recht, seine Immobilie für den Rest seines Lebens zu nutzen. Dieser Nießbrauch gilt für den verkauften Teil seiner Immobilie und wird im sogenannten zweiten Rang (siehe auch Kapitel 1, Abschnitt 2) hinter der Finanzierungsschuld eingetragen.

WERTSTEIGERUNG UND GESAMTVERKAUF

Grundsätzlich gilt der Teilverkaufsvertrag mit Heimkapital ein Leben lang und endet mit dem Tod des Verkäufers. Sollte sich ein Verkäufer aber vorzeitig entschließen, seine Immobilie komplett verkaufen zu wollen, weil sich seine Lebenssituation aufgrund von Krankheit oder anderer persönlicher Umstände ändert – wie etwa Einzug bei den Kindern, Umzug in eine Alten- und Pflegeeinrichtung oder vielleicht auch die Gründung einer Alten-Wohngemeinschaft –, kann die Immobilie jederzeit auf dem Markt angeboten werden. Heimkapital kümmert sich um den Verkauf und behält dafür 3,25 Prozent (laut Homepage) der Gesamtverkaufssumme als sogenanntes »Serviceentgelt« ein. Die Gebühren für den Makler sind darin bereits enthalten.

Wie auch E&V LiquidHome und wertfaktor sichert sich Heimkapital gegen den Wertverlust einer Immobilie ab. Der Verkäufer garantiert vertraglich schon beim Teilverkauf seines Hauses, dass seine Immobilie an Wert gewinnen wird: Der Mindestverkaufswert liegt bei 117 Prozent des ursprünglichen Verkaufspreises. Natürlich könne niemand im Voraus wissen, ob das tatsächlich der Fall sein wird. Angesichts der teils enormen Wertsteigerungen der vergangenen Jahre könnte es aber dazu kommen, so das Unternehmen. Sollte die Immobilie entgegen allen Erwartungen nicht an Wert gewinnen, muss der Teilverkäufer Heimkapital die zuvor gezahlten Nebenkosten in Höhe von 17 Prozent zurückerstatten. Heimkapital bekommt also immer mindestens seinen finanziellen Einsatz zurück. Das Risiko einer Wertminderung trägt allein der Teilverkäufer.

BILANZ VON HEIMKAPITAL

Das noch junge Unternehmen sieht sich auf Wachstumskurs. Man plane den Ankauf von rund 1.000 Immobilien (Häuser und Eigentumswohnungen) pro Jahr innerhalb der kommenden fünf Jahre und wolle dafür auch weitere Investoren mit an Bord holen. Allein für 2022 rechne Heimkapital mit einem Transaktionsvolumen von deutlich mehr als 100 Millionen Euro. Leider hat das Unternehmen nicht auf die schriftliche Presseanfrage reagiert. Daher sind sämtliche Daten und Informationen der Homepage entnommen und können eventuell nicht mehr aktuell sein.

PARTNERSCHAFTEN

Um die finanziellen Mittel für den Ankauf von Immobilienanteilen aufzubringen, hat sich Heimkapital 2020 auf die Suche nach Kapitalgebern gemacht und in diesem Jahr nach eigenen Angaben einen »hohen sechsstelligen Betrag«[92] von Unternehmen aus der Immobilien- und Finanzbranche eingesammelt. Zu den Investoren gehören der Münchner Wagniskapitalgeber yabeo, ein Family Office sowie einige Business Angel (siehe Glossar), darunter unter anderem Frank Strauß, ehemals Postbank-CEO und im Vorstand der Deutschen Bank, Helmuth Newin (Gründer und CEO von Euroassekuranz) und dem Projektentwickler Thomas Reith. 2022 wurde nochmals Fremdkapital in Höhe von 300 Millionen Euro von einem Konsortium aus Kreditinstituten eingeworben – als Resonanz auf das starke Wachstum, teilt das Unternehmen mit[93].

Forsa-Studie »Sparen im Rentenalter«

Im Auftrag der Heimkapital GmbH hat die Forsa Gesellschaft für Sozialforschung und statistische Analysen mbH Senioren zum »Sparen im Rentenalter« befragt. Im Rahmen der Untersuchung wurden nach einem systematischen Zufallsverfahren bundesweit insgesamt 1.507 Personen ab 65 Jahren ausgewählt. Die Erhebung wurde vom 22. bis zum 27. Oktober 2020 m ithilfe des repräsentativen Online-Befragungspanels forsa. omninet durchgeführt.[94]

Das Ergebnis: Ein Viertel (25 Prozent) der Befragten hat 50 000 Euro oder mehr Reserven. Fast die Hälfte der Rentner in Deutschland gehen aber mit weniger als 10 000 Euro Sparguthaben in die Rente, mehr als jeder Sechste kann während der Rentenzeit kein Geld zurücklegen und knapp drei von zehn Immobilienbesitzern haben bei Rentenstart noch eine Restschuld auf ihrem Eigenheim. Jeder zehnte Immobilienbesitzer geht sogar mit einer Restschuld von mehr als 50 000 Euro in Rente. Wer keine Immobilie hat, verfügt tendenziell auch über weniger Sparguthaben als Immobilienbesitzer und legt auch weniger zur Seite. 44 Prozent der Nicht-Immobilienbesitzer haben weniger als 5.000 Euro auf der hohen Kante, wohingegen 51 Prozent der Immobilienbesitzer mehr als 20 000 Euro Sparguthaben bei Renteneintritt haben. Eigentümer einer Immobilie wiederum unterschätzen häufig die Kosten: Fast die Hälfte der Besitzer im Rentenalter sparen weniger als 200 Euro pro Monat.[95]

Laut Studie arbeitet knapp jeder Zehnte (9 Prozent) auch noch während er Rente bezieht. Für mehr als ein Fünftel (22 Prozent) waren rein finanzielle Gründe das Motiv, bei fast der Hälfte waren es sowohl finanzielle als auch nichtfinanzielle Gründe (45 Prozent). Von denjenigen, die arbeiten, um Geld hinzuzuverdienen, gaben die meisten an, diesen Zusatzverdienst unter anderem für Hobby- und Freizeitaktivitäten zu verwenden (48 Prozent). Allerdings sagten auch ein Drittel der Befragten (33 Prozent), dass sie Geld beiseitelegen, um auf unerwartete Situationen wie Reparaturen am Haus oder Pflegebedürftigkeit vorbereitet zu sein. Dass sie sich mit dem Geld auch größere Anschaffungen leisten wollen, sagten mehr als ein Fünftel (21 Prozent).

Die Hälfte der befragten Senioren (50 Prozent) kann monatlich über ein Renten- oder Pensionseinkommen von bis zu 2.000 Euro verfügen. Mehr als jeder zehnte Rentner (13 Prozent) erhält monatlich weniger als 1.000 Euro Rente. 17 Prozent können pro Monat über 2.000 bis 2.500 Euro und 12 Prozent über 2.500 bis 3.000 Euro Rente oder Pension verfügen.

Die Einkommenssituation bestimmt unter anderem das Sparverhalten der Rentner: Fast vier von zehn (37 Prozent) legen weniger als 100 Euro pro Monat zurück, mehr als jeder Sechste (17 Prozent) sogar gar nichts. Jeder Vierte (25 Prozent) kann 200 bis 500 Euro pro Monat ansparen. Interessant wird bei dieser Frage der Blick auf die Immobilienbesitzer: Hier können zwar 45 Prozent mehr als 200 Euro pro Monat sparen, aber es sind eben auch fast die Hälfte (49 Prozent), die weniger als 200 Euro Sparpotenzial haben, jeder sechste Immobilienbesitzer (15 Prozent) kann sogar gar nichts zurücklegen.

Mehr als die Hälfte (60 Prozent) der Befragten plant, einen Teil ihres Vermögens selbst zu nutzen und einen Teil davon zu vererben. Dabei möchten diese Senioren jeweils etwa zu gleichen Teilen den Großteil vererben (31 Prozent) beziehungsweise den Großteil selbst nutzen (29 Prozent). Der Blick auf die Geschlechter offenbart: Deutlich mehr Männer (36 Prozent) als Frauen (28 Prozent) möchten den Großteil ihres Vermögens vererben und nur einen kleinen Teil selbst nutzen. Der Wunsch, den Großteil des eigenen Vermögens zu Lebzeiten selbst zu verbrauchen, ist unter den 65- bis 69-Jährigen (37 Prozent) wesentlich stärker ausgeprägt als im Durchschnitt (29 Prozent). Mehr als jeder sechste (17 Prozent) der befragten Senioren möchte sein gesamtes Vermögen zu Lebzeiten selbst nutzen.

WERTSICHERUNGSKLAUSEL BEIM TEILVERKAUF

Die meisten Anbieter beim Teilverkauf sichern sich gegen den Wertverlust der angekauften Immobilien ab. Der Teilverkäufer verpflichtet sich vertraglich, dem Teilkaufanbieter immer eine Mindestvergütung für seinen Anteil zu zahlen, wenn die Immobilie später verkauft wird. Sollte die Immobilie nicht an Wert gewinnen oder sogar weniger wert sein als zum Zeitpunkt des Teilverkaufs, erhält das Unternehmen immer seinen Einsatz zurück – plus einen gewissen Prozentsatz von der Verkaufssumme, der bei den meisten Anbietern zwischen 14 und 17 Prozent liegt. Nach Abzug der Kosten, die mit dem Verkauf einhergehen – wie etwa Maklercourtage, Gutachter oder auch Renovierungen, die das Objekt fit für den Verkauf machen sollen –, wird die Verkaufssumme anteilig geteilt. Jeder erhält den Anteil, der ihm laut Verkaufsvertrag zusteht. Habe ich im Vorfeld 30 Prozent meiner Immobilie an einen Teilkaufanbieter verkauft, bekomme ich theoretisch 70 Prozent der Verkaufssumme. Ist mein Haus aber weniger wert als zuvor, beansprucht der Teilkaufanbieter 14 bis 17 Prozent meines Anteils.

Musterrechnung Wertsicherungsklausel

So lange braucht eine Immobilie für eine Wertsteigerung um 17 Prozent
(Beispiel: Ausgangswert der Immobilie 350 000 €, Wertsteigerung um 17 %, Endwert: 409 500 €)

Jährliche Wertsteigerung (Beispiel)	**2 %**	**4 %**	**6 %**
Immobilienwert bei Teilverkauf	**350.000,00 €**	**350.000,00 €**	**350.000,00 €**
Wert nach Jahr 1	357.000,00 €	364.000,00 €	371.000,00 €
Wert nach Jahr 2	364.140,00 €	378.560,00 €	393.260,00 €
Wert nach Jahr 3	371.422,80 €	393.702,40 €	**416.855,60 €**
Wert nach Jahr 4	378.851,26 €	**409.450,50 €**	
Wert nach Jahr 5	386.428,28 €		
Wert nach Jahr 6	394.156,85 €		
Wert nach Jahr 7	402.039,98 €		
Wert nach Jahr 8	**410.080,78 €**		
Dauer bis zur Schwelle von 17 %	**8 Jahre**	**4 Jahre**	**2 Jahre + 9 Monate**

KAPITEL 4:

RÜCKMIETKAUF

3. Rückmietkauf

4.1 RÜCKMIETKAUF – Haus verkaufen, wohnen bleiben, Miete zahlen

Wer eine Immobilie besitzt, kann sie im Alter auf verschiedene Arten in Bargeld umwandeln. Eine Möglichkeit ist der Rückmietkauf. Dabei verkauft man sein Eigenheim oder seine Eigentumswohnung, bleibt aber als Mieter so lange wohnen, wie man will, und zahlt dafür monatlich Miete. Der Vorteil: Man verfügt auf einen Schlag über eine größere Menge Bargeld.

Das Prinzip des Rückmietkaufs, der auch »Sale-and-lease-back« genannt wird, scheint auf den ersten Blick simpel: Das eigene Haus oder die Eigentumswohnung werden vollständig an einen Käufer veräußert – ein klassischer Immobilienverkauf, der im Grundbuch dokumentiert wird. Der bisherige Besitzer wird aus dem Register gestrichen, der neue Eigentümer eingetragen. Der Unterschied zum normalen Verkauf: Verkäufer und Käufer vereinbaren, dass der Verkäufer zum Mieter der Immobilie wird – mit allen Rechten und Pflichten – und künftig eine monatliche Miete zahlt.

Der einstige Immobilieneigentümer, der jetzt nur noch Mieter ist, darf so lange wohnen bleiben, wie er will, kann aber auch jederzeit kündigen und ausziehen. Er muss weiterhin für sämtliche Nebenkosten aufkommen und darf ohne Absprache mit dem neuen Eigentümer keine größeren Veränderungen oder Umbauten vornehmen. Auch eine Untervermietung ist nicht gestattet. Im Gegenzug erhält er in der Regel eine große Summe Bargeld, über die er frei verfügen kann.

Ein gutes Geschäft? Das hängt davon ab, wie wasserdicht die Verträge im Einzelnen gestaltet sind. Dreh- und Angelpunkt bei diesem Arrangement ist das Wohn- oder Mietrecht. Mal wird ein lebenslanges Mietrecht eingeräumt, mal ein lebenslanges Wohnrecht und manchmal sogar beides in Kombination.

MIETVERTRAG ABSICHERN

Im deutschen Mietrecht gilt grundsätzlich der unbefristete Mietvertrag, bei dem kein Ende des Mietverhältnisses festgelegt ist. Sowohl Mieter als auch Vermieter können indes das Mietverhältnis beenden, indem sie kündigen. Dafür sind Kündigungsfristen vorgesehen. Allerdings besteht dieses Recht für beide Seiten und würde bei einem Rückmietkauf den Mieter nicht vor einer Kündigung des neuen Eigentümers schützen. Abgesichert wird der neue Mieter daher in den meisten Fällen durch eine zusätzliche Vereinbarung, die eine spätere Eigenbedarfskündigung unmöglich macht.

Damit wird der zum Mieter gewordene bisherige Eigentümer auch für den Fall geschützt, dass der neue Besitzer der Immobilie diese später an einen Dritten weiterverkauft. Durch die Klausel wird verhindert, dass ein neuer Erwerber dem Mieter in einem solchen Fall wegen Eigenbedarfs kündigen kann.

Ist der Mietvertrag entsprechend eindeutig formuliert, gilt dann auch weiterhin: »Kauf bricht nicht Miete.«[96] Denn ein weiterer Käufer muss den Mietvertrag so übernehmen, wie er zuvor abgeschlossen wurde – inklusive aller Rechte und Pflichten. Somit kann der Mieter relativ sicher sein, auch weiterhin unbehelligt zu bleiben und unter eine Regelung zu fallen, die faktisch einem lebenslangen Wohnrecht gleichkommt, das im Grundbuch eingetragen wurde (siehe dazu auch Kapitel 1, »Immobilie gegen Wohnrecht«).

EIGENBEDARF UND INSOLVENZ

Kritisch werden könnte es lediglich dann, wenn der alte oder neue Käufer pleitegehen sollte. In der Praxis passiert das nach Einschätzung von Experten des Sale-and-lease-back ausgesprochen selten, aber in der Theorie sollte jeder Verkäufer diese Möglichkeit einmal durchspielen und sich von einem Rechtsanwalt oder Notar beraten lassen.

Also: Wie sicher ist mein Mietvertrag, wenn der Käufer meiner Immobilie und neue Vermieter selbst nicht mehr zahlungsfähig sein sollte? Grundsätzlich muss auch im Fall einer Insolvenz der Insolvenzverwalter den Mietvertrag weiterlaufen lassen. Da er aber auch verpflichtet ist, die Gläubiger zu befriedigen, könnte er die Immobilie verkaufen lassen.

Bei einem Immobilienverkauf durch einen Insolvenzverwalter kann der neue Eigentümer alles so belassen, wie es ist. Er hat aber in diesem speziellen Fall auch das Recht[97], dem Mieter zu kündigen – unter Einhaltung der gesetzlich geltenden Frist, die drei Monate beträgt. Kann er ein berechtigtes Interesse für eine Eigenbedarfskündigung nachweisen (siehe auch Kapitel 1), hat in diesem Fall auch der zuvor vertraglich vereinbarte Schutz vor einer Eigenbedarfskündigung seine Wirkung verloren.

Allerdings stehen dem Mieter dann noch weitere Wege offen, um einen Auszug zu verhindern. Das Gesetz sieht eine sogenannte »Sozialklausel« vor, auf die sich berufen kann, wer beispielsweise hochbetagt und/oder krank ist. In beiden Fällen wäre ein weiterer Umzug unzumutbar. Aber auch ein sehr angespannter Wohnungsmarkt oder die seit Jahrzehnten tiefe Verwurzelung des Mieters mit dem Wohnort kann zugunsten älterer Senioren sprechen. Die Gefahr, im hohen Alter sein Zuhause zu verlieren, ist damit relativ gering – wenn auch nicht ganz auszuschließen. Deshalb ist es empfehlenswert, in jedem Fall selbst einen Mietrechtsexperten einzuschalten und beim Verkauf der Immobilie auch den Mietvertrag notariell beglaubigen zu lassen.

ABSCHLÄGE BEI DER VERKAUFSSUMME

Anbieter und Vermittler von Rückmietkaufmodellen werben für ihr Produkt meist mit dem Hinweis darauf, dass der Verkäufer gleich doppelt gewinnt: Erstens erhält er durch den Verkauf des Hauses oder der Eigentumswohnung eine schöne Stange Geld und muss sich nie mehr um kaputte Heizungen oder leckende Dächer kümmern. Zweitens kann er in seiner gewohnten Umgebung wohnen bleiben und muss später, wenn er beispielsweise in eine Alten- und Pflegeeinrichtung umzieht, nur noch seinen Hausstand auflösen. Alles andere ist schon im Vorfeld erledigt. Es gibt keine bösen Überraschungen mehr.

Das alles stimmt aber nur bedingt. Richtig ist, dass der Verkäufer bei einem Mietrückkauf sofort eine große Summe Bargeld erhält. Dabei wird aber meist nicht erklärt, dass er nicht den aktuellen Marktwert der Immobilie ausgezahlt bekommt – also den Wert, den ein Gutachter festgestellt hat.

Besitzt er beispielsweise ein Haus im Hamburger Umland, das ein Gutachter auf 250 000 Euro schätzt, erhält er keineswegs diese Summe – auch wenn gern damit geworben wird, dass der Verkäufer »den vollen Verkaufspreis« ausgezahlt bekommt. In der Regel werden 25 Prozent vom aktuellen Marktpreis abgezogen, weil der Verkäufer mögliche spätere Instandhaltungen, die Vermietungszeit – in der er die Immobilie nicht selbst nutzen kann – und auch die Tatsache einpreist, dass es sich um eine vermietete Immobilie handelt, die er kauft. Und vermietete Immobilien sind grundsätzlich weniger wert als unvermietete.

Der Grund dafür: Eine leerstehende Wohnung wird danach bewertet, zu welchem Mietzins sie demnächst neu vermietet werden kann. Kreditinstitute berechnen den Finanzierungskredit auf Grundlage der aktuellen Vermietungspreise. Im Vergleich dazu schneiden vermietete Objekte immer schlechter ab. Mit ihnen kann man weniger hohe Mieten erzielen, was sich negativ auf die Mietrendite auswirkt – und damit auch auf die Absicherung des Kredits. Für den Verkäufer in unserem Beispiel hieße das: Statt 250 000 Euro erhielte er maximal 187 500 Euro.

Musterrechnung Rückmietkauf

Anbieter: Übliche Konditionen für private Käufer

Immobilienwert:
Eigentümer / Eigentümerin (Alter)
Abschlag auf den Kaufpreis wegen Wohnrecht
Abschlag auf den Kaufpreis wegen Wohnrecht

Verkaufserlös der Immobilie

Mietkosten für die Immobilie
Kaltmiete: 14,56 Euro pro Quadratmeter (QM) x 100 QM
Nebenkosten: 3,10 Euro je QM x 100 QM

Monatliche Miete für die Immobilie (Marktpreis)

Mietzahlungen (Kaltmiete) für 10 Jahre (ohne Mieterhöhung)

Kapital zur freien Verfügung nach 10 Jahren Mietzahlungen

Mietzahlungen (Kaltmiete) für 15 Jahre (ohne Mieterhöhung)

Kapital zur freien Verfügung nach 15 Jahren Mietzahlungen

Die Mietkosten und Nebenkosten beziehen sich auf ein Eigenheim mit
(Stand: 1. April 2022)

Beispiel	**Beispiel**	**Beispiel**
250.000,00 €	**350.000,00 €**	**450.000,00 €**
unwichtig	unwichtig	unwichtig
25 %	25 %	25 %
-62.500,00 €	-87.500,00 €	-112.500,00 €
187.500,00 €	**262.500,00 €**	**337.500,00 €**
1.456,00 €	1.456,00 €	1.456,00 €
310,00 €	310,00 €	310,00 €
1.766,00 €	**1.766,00 €**	**1.766,00 €**
-174.720,00 €	-174.720,00 €	-174.720,00 €
12.780,00 €	**87.780,00 €**	**162.780,00 €**
-262.080,00 €	-262.080,00 €	-262.080,00 €
-74.580,00 €	**420,00 €**	**75.420,00 €**

dratmetern im Hamburger Umland.

DIE MONATLICHE MIETE WIRD STEIGEN

Auch das dürfte für die meisten Menschen eine stattliche Summe sein, die plötzlich zur Verfügung steht. Allerdings dürfen Verkäufer nicht vergessen, dass sie künftig auch die monatliche Miete zahlen müssen. Wenn die Rente mager ist und daher die Immobilie verkauft wurde, muss der erhaltene Betrag gut eingeteilt werden, um bis zum Lebensende zu reichen. Dabei sollten Senioren, die einen Vertrag über einen Rückmietkauf abschließen, auch bedenken, dass sie deutlich länger leben könnten, als sie selbst erwarten.

Die Miete, die bei einem Rückmietkauf festgelegt wird, orientiert sich meist an der ortsüblichen Durchschnittsmiete, die je nach Wohnlage schon recht hoch sein kann. In Hamburg kostet die Miete für ein Haus mit 100 Quadratmetern im Durchschnitt 14,56 Euro pro Quadratmeter.[98] Zu einer Kaltmiete von 1.456 Euro kämen noch Nebenkosten dazu, die laut Mieterverein in Hamburg im Jahr 2018 durchschnittlich schon bei 3,10 Euro je Quadratmeter im Monat lagen. In unserem fiktiven Beispiel würde ein Mieter demnach schon auf 1.766 Euro Warmmiete kommen. Rein rechnerisch könnte man damit rund acht Jahre als Mieter in seinem verkauften Zuhause bleiben, bevor das Geld fast aufgebraucht ist. Und dabei ist nicht einmal berücksichtigt, dass die Miete steigen wird.

Die Gesellschaft für Nachhaltige Immobilienwirtschaft (GNIW), die Rückmietkauf anbietet, legt beispielsweise die Miete vertraglich für fünf Jahre fest. Wer älter als 80 Jahre ist, braucht überhaupt keine Mieterhöhung mehr zu befürchten (siehe Interview Seite 166). Damit hat der Verkäufer Planungssicherheit. Dennoch lohnt es sich, genau durchzurechnen, wie sich Mietzahlungen und Verkaufssumme zueinander verhalten und ob sich ein Rückmietkauf lohnt.

Hier ein Beispiel als Musterrechnung:

Anbieter: GNIW	**Beispiel**
Immobilienwert:	**450.000,00 €**
Eigentümer / Eigentümerin (Alter)	70
Gewünschte Restmietdauer (in Jahren)	10
Abschlag auf den Kaufpreis wegen Wohnrecht	22 %
Abschlag auf den Kaufpreis wegen Wohnrecht	-100.000,00 €
Verkaufserlös der Immobilie	**350.000,00 €**
Mietkosten für die Immobilie	
Kaltmiete monatlich	930,00 €
Nebenkosten: 3,10 Euro je QM x 100 QM	310,00 €
Monatliche Miete bei 10-jährigem Wohnrecht (GNIW)	**1.240,00 €**
Mietzahlungen (Kaltmiete) für 10 Jahre	-111.600,00 €
Kapital zur freien Verfügung nach 10 Jahren Mietzahlungen	**238.400,00 €**

Musterrechnung nach Angaben der GNIW.
(Stand: April 2022)

4.2 DIE GESELLSCHAFT FÜR NACHHALTIGE IMMOBILIENWIRTSCHAFT (GNIW)

Theoretisch kann eine solche Vereinbarung auch mit jedem privaten Käufer geschlossen werden, der sich dazu bereit erklärt, die Immobilie an den bisherigen Besitzer bis zu dessen Lebensende oder einem Umzug in ein Seniorenheim zu vermieten. In der Praxis zeigt sich aber, dass solche Verträge eher selten geschlossen werden, weil private Käufer die Immobilie selbst nutzen und nicht vermieten wollen. Aber in jüngster Zeit gibt es immer wieder einzelne Immobilienmakler, die einen Rückmietkauf anbieten und vermögende Privatkunden mit potenziellen Verkäufern im Seniorenalter zusammenbringen. Aus professioneller Sicht gibt es zurzeit nur einen Anbieter, der en gros private Immobilien aufkauft und daraus ein eigenes Geschäftsmodell gemacht hat, die Gesellschaft für Nachhaltige Immobilienwirtschaft (GNIW).

Die GNIW wurde von Dr. Henryk Seeger Ende 2018 in Berlin gegründet. Seeger hatte sich zu diesem Zeitpunkt bereits deutschlandweit einen Namen gemacht, weil er sechs Jahre zuvor zu den drei Initiatoren gehörte, die die Spendenkampagne »Deutschland rundet auf« ins Leben gerufen hatten (siehe Interview Seite 166). Bis heute können Kunden im Einzelhandel bei bestimmten Unternehmen, die sich an der Kampagne beteiligen, beim Bezahlen an der Kasse ihre Rechnung um maximal 10 Cent aufrunden lassen. Dieser Betrag wird an eine eigens dafür gegründete gemeinnützige Stiftung überwiesen und kommt nach Angaben der Gründer zu 100 Prozent sozial benachteiligten Kindern hierzulande zugute.

Das neue Projekt sollte laut Seeger ebenfalls einen sozialen Aspekt beinhalten. Zielgruppe dieses Mal: Senioren, die ihren Immobilienbesitz zu Geld machen wollen, ohne ihr Zuhause verlassen zu müssen. Für das Modell des Rückmietkaufs gewann Seeger schnell Mitstreiter, unter anderem Dr. Florian Heinemann, der zuvor Unternehmen wie Rocket Internet, Zalando und Project A Ventures mit aufgebaut hatte.

DAS KONZEPT DER GNIW

Eigenheimbesitzer können ihre Immobilien an die GNIW verkaufen und im Gegenzug bis zu ihrem Lebensende darin wohnen bleiben. Der Kaufpreis richtet sich nach dem Marktwert der Immobilie abzüglich 25 Prozent. Die Höhe der Miete orientiert sich nach Angaben von Unternehmensgründer Seeger am Kaufpreis sowie weiteren Faktoren wie dem Alter des künftigen Mieters, der voraussichtlichen Mietdauer oder auch regionalen Besonderheiten. Im Kaufvertrag wird ein lebenslanges Mietrecht festgeschrieben, im Grundbuch ein lebenslanges Wohnrecht im zweiten Rang (siehe Kapitel 1) eingetragen. Der Mietzins wird auf fünf Jahre festgelegt und wird danach voraussichtlich steigen. Wer mehr als 80 Jahre alt ist, kann am besten kalkulieren: Für ihn gilt die Miethöhe auf Lebenszeit.

Die GNIW kauft Häuser und Eigentumswohnungen in ganz Deutschland auf und hält sie selbst im Bestand, um sie irgendwann gewinnbringend verkaufen zu können. Das Kapital zur Finanzierung des Immobilienportfolios wird über Fondskonstruktionen eingeworben. Für den ersten Immobilienfonds wurden Investoren aus der Start-up-Szene als Geldgeber gewonnen – unter anderem Florian Heinemann sowie Sebastian Betz und Tarek Müller, beide vom Online-Modehändler About You. Beim zweiten Fonds kam das Mezzanine-Kapital im zweistelligen Millionenbereich von einer Bank und einer Versicherung. Weitere Fonds sind in Vorbereitung.

Allein in diesem Jahr will GNIW nach eigenen Angaben Immobilien im Wert von 80 Millionen Euro ankaufen. Kooperationspartner für Fonds, an denen sich private Anleger beteiligen können, sind nach Auskunft von Geschäftsführer Seeger die Berliner Sparkasse Immobilien und die Berliner Volksbank Immobilien GmbH.

FAZIT RÜCKMIETKAUF

Das professionelle Angebot der GNIW ist eine interessante Variante, wie man als Immobilienbesitzer Geld aus seinem Zuhause ziehen kann, ohne es zu verlassen. Es darf auch als Alternative zu den klassischen Verrentungsmodellen gesehen werden und bereichert das stetig wachsende Angebot an Möglichkeiten, seine Rente aufzubessern. Das Prinzip des Rückmietkaufs ist für jedermann klar und verständlich und birgt wenige Risiken für den Verkäufer.

Wie immer können potenzielle Tücken jedoch im Detail des jeweiligen Vertragswerks stecken. Ratsam ist es in jedem Fall, einen auf Mietrecht spezialisierten Juristen zu konsultieren, damit das Miet- oder Wohnrecht so abgesichert wird, dass es auch einer möglichen Insolvenz des Käufers standhält und Eigenbedarfsansprüche künftiger Eigentümer unmöglich macht. Wenn auch der zurzeit einzige professionelle Anbieter nach eigenen Angaben bei der Festsetzung der monatlichen Miete unter der ortsüblichen Durchschnittsmiete bleibt, ist es wichtig, im Vorfeld zu wissen, wie viel Geld man für Miete und Nebenkosten zurücklegen muss und welche Kosten eventuell noch umgelegt werden.

Vorteile des Rückmietkaufs

- Sofortige Verfügbarkeit über eine größere Summe Bargeld
- Umzug nicht erforderlich
- Lebenslanges Wohnrecht
- Auszug jederzeit möglich, wenn es die veränderte Lebenssituation erforderlich macht
- Keine Ausgaben mehr für Instandhaltung der Immobilie, weil das der Käufer als neuer Eigentümer übernimmt

Nachteile des Rückmietkaufs

- Nur noch Mieter mit Rechten und Pflichten
- Keine Entscheidungsgewalt über Veränderungen an der Immobilie
- Zusätzliche monatliche Kosten durch die Nettomiete und potenziell steigende Mietzahlungen
- Von Wertsteigerungen der Immobilie profitiert nur noch der neue Eigentümer.
- Hohe Bargeldsummen werden von den Banken mit Negativzinsen belegt, Verkäufer müssen ihr Geld wieder anlegen oder schnell ausgeben.

4.3 INTERVIEW:

»Alles soll so weiterlaufen wie bisher ...«

Dr. Henryk Seeger (40), *Diplomkaufmann, einst Mitgründer der Spendeninitiative Deutschland rundet auf und inzwischen Geschäftsführer der von ihm ins Leben gerufenen Gesellschaft für Nachhaltige Immobilienwirtschaft (GNIW), die Immobilienbesitzern den Rückmietkauf anbietet. Über »echte« Altersvorsorge, die emotionale Bindung deutscher Eigenheimbesitzer an ihr Zuhause und warum für die meisten Verkäufer alles so weiterlaufen soll wie bisher.*

Herr Dr. Seeger, stellen Sie sich vor, ich wäre 70 Jahre alt, hätte eine Immobilie in Marl im Kreis Recklinghausen, die rund 130 000 Euro wert wäre, und möchte sie zu Bargeld machen. Kämen wir beide ins Geschäft?

Dr. Henryk Seeger: Das wäre überhaupt kein Problem. Wir kaufen Häuser und Eigentumswohnungen ohne ein festes Limit nach unten oder nach oben. Tatsächlich haben wir schon im Berliner Sony Center eine Wohnung für fast 3 Millionen Euro gekauft und nahezu zeitgleich eine Wohnung in Stralsund, die 100 000 Euro wert ist.

Angenommen, Sie hätten meine fiktive Immobilie gekauft. Der Wert einer bewohnten Immobilie liegt 25 Prozent niedriger, weil der Käuferkreis deutlich kleiner ist. Dann blieben mir rund 97 500 Euro. Wenn ich die Durchschnittsmiete in Marl mit

8,56 Euro pro Quadratmeter ansetze, würde ich dann jeden Monat für mein 100 Quadratmeter großes Haus 865 Euro Kaltmiete zahlen?

Ganz sicher nicht. Ich schätze mal grob, dass Sie vermutlich zwischen 380 und 450 Euro Miete zahlen würden ...

Sie orientieren sich nicht an ortsüblichen Mieten oder Mietpreisspiegeln?

Bei uns stehen Miet- und Kaufpreis in einem gewissen Verhältnis zueinander. Dazu kommen das Alter des Verkäufers – wobei wir nicht mit Sterbetafeln arbeiten –, seine persönliche Perspektive, die Lage und Vermarktbarkeit der Immobilie sowie regionale Besonderheiten. Hinzu kommt: Die Miete selbst ist nicht unser Geschäft. Wir kaufen Immobilien, um sie später gewinnbringend verkaufen zu können. Die monatliche Miete unserer Kunden dient nur zur Deckung der Finanzierung, also der Kreditzinsen, die wir selbst zahlen müssen, und zur Reserve für mögliche Instandhaltungen.

Sie kalkulieren demnach, dass mein fiktives Haus in zehn Jahren, wenn ich ausziehe, noch mehr wert sein wird als heutzutage?

Die Erfahrungen der vergangenen Jahre haben uns gezeigt, dass Immobilien in fast allen Teilen des Landes an Wert gewonnen haben und vor allem durch Corona ein neuer Engpass entstanden ist. Da die Menschen ihr Heim als sicheren Ort verstehen, der sie vor Ansteckung schützt, wollen sich immer weniger potenzielle Verkäufer von ihren Immobilien verabschieden. Vor Corona hätten sie vielleicht einen Verkauf erwogen und sich im Alter verkleinert – und damit auch Häuser freigegeben, die junge Familien dringend suchen. Aber Corona hat vieles verändert, auch die Einstellung zum Eigenheim. Wir beobachten, dass die Anzahl der Angebote zurückgegangen ist, und gehen davon aus, dass diese Knappheit zu höheren Preisen führen wird. Wer sich für ein Objekt entschieden hat und es unbedingt haben will, ist außerdem auch bereit, mehr zu bezahlen. Seit Jahren erleben wir so etwas wie Bieterwettbewerbe, wenn es um den Immobilienkauf geht.

Sie selbst müssen die Immobilien ja auch finanzieren ... Welche Auswirkungen hat das Ende der Niedrigzinsphase für Sie als Immobilieninvestor?

Wir werden Anpassungen bei den Mieten vornehmen müssen. Da wir bei den angekauften Objekten in der Mehrzahl aber deutlich unter den ortsüblichen Mieten liegen, dürfte sich das nicht so gravierend auswirken. Grundsätzlich bewegen wir uns mit den Mieten unter den Mietspiegeln der jeweiligen Städte. Außerdem haben die Verkäufer, die jetzt schon Mieter sind, fünf Jahre lang keine Mieterhöhungen zu erwarten. Das wurde vertraglich so festgelegt. In Einzelfällen entscheiden wir auch mit den künftigen Mietern, wie man für Mietsicherheit sorgen kann. In einem Fall wusste der Verkäufer, dass er noch acht Jahre in seinem Haus bleiben wollte, daher haben wir die Miete auch für diesen Zeitraum festgelegt. Wer schon älter als 80 Jahre ist, muss grundsätzlich mit gar keiner Mieterhöhung mehr rechnen, sondern kann ganz in Ruhe planen, wie viel Geld er für Miete, Nebenkosten, Steuern und Versicherungen braucht. Das Durchschnittsalter unserer Kunden liegt bei rund 75 Jahren.

Die Verkäufer leben in ihren Immobilien weiterhin so, als wären sie noch deren Besitzer?

Aus psychologischer Sicht ist das ein wichtiger Punkt: Die meisten Verkäufer wollen auch weiterhin direkt ihre Nebenkosten und Versicherungen bezahlen, obwohl wir als neue Besitzer die Zahlungen an die jeweiligen Institutionen leisten und die Mieter wiederum an uns überweisen müssten. Aber die meisten Verkäufer wollen unbedingt selbst weiter zahlen, weil sie es so gewohnt sind und auch nicht möchten, dass irgendjemand in ihrer Umgebung mitbekommt, dass sie ihr Haus schon verkauft haben und nur noch Mieter sind. Alles soll so weiterlaufen wie bisher. Diesen Aspekt hatten wir vorher überhaupt nicht in Betracht gezogen. Aber da die Kunden es mehrheitlich so wünschen, profitieren wir sogar davon, weil sich dadurch unser Verwaltungsaufwand reduziert.

Wie weit geht denn die emotionale Bindung des deutschen Eigenheimbesitzers, der eigentlich gar keiner mehr ist?

Die meisten Kunden haben über Jahrzehnte ihre Immobilie abgezahlt und immer wieder Geld reingesteckt, um sie in Schuss zu halten. Das tun sie auch nach dem Verkauf noch. Fallen kleinere Reparaturen an, erledigen sie die selbst, weil sie ohnehin noch im Keller ihre kleine Werkstatt haben und daran gewöhnt sind, selbst schnell mal Hand anzulegen. Bei größeren Schäden wie einem defekten Dach oder einem neuen Wasserboiler springen wir ein. Aber auch da sind es häufig die Mieter, die den örtlichen Handwerker ihres Vertrauens anrufen und alles selbst arrangieren und wir im Nachhinein nur die Rechnung begleichen.

Sie kaufen in der gesamten Republik Immobilien. Gibt es regionale Schwerpunkte, die sie bevorzugen, oder auch Regionen, in denen Sie grundsätzlich nicht kaufen würden?

Bei uns gibt es weder regionale Ausschlusskriterien noch untere Wertgrenzen bei den Objekten. Generell hat sich aber gezeigt, dass die Durchschnittsimmobilie unter 500 000 Euro liegt, es deutlich mehr Eigenheime als Wohnungen sind und Schwerpunkte sowohl im Stuttgarter Raum, in Baden-Württemberg, im Ruhrgebiet, Hamburg und Berlin liegen. Anfragen kommen aber von überall aus Deutschland. Ob sich ein Ankauf lohnt, weiß man immer erst, wenn man vor Ort war, sich die Umgebung angesehen hat, mit den Besitzern gesprochen hat. Erst wenn wir uns ein umfassendes Bild gemacht haben, schicken wir unsere Gutachter los.

Gibt es K.-o.-Kriterien, die einem Ankauf entgegenstehen – jenseits wirtschaftlicher Erwägungen?

In der Mehrzahl treffen wir auf verantwortungsbewusste Immobilienbesitzer, die alles im Griff haben. Aber in Einzelfällen gibt es auch ansatzweise verwahrloste Immobilien, bei denen man sieht, dass sich niemand drum kümmert und auch der Garten seit vielen Jahren vernachlässigt wurde. Dann müssen wir uns schon fragen, ob das Sinn macht. Wer sich schon jetzt nicht um sein Haus kümmert, wird das vermutlich nach dem Verkauf erst recht nicht mehr machen.

Was machen Sie, wenn ein Mieter nicht mehr zahlen kann?

Bislang haben wir das noch nicht erlebt. Und wir hoffen natürlich, dass das auch nicht passiert. Schließlich erhalten die Verkäufer eine hohe Summe an Bargeld, von der sie auch die Mietzahlungen bestreiten können. Im schlimmsten Fall müssten wir kündigen. Das dürfen wir laut Vertrag, wenn die Mietzahlungen drei Monate lang nicht geleistet wurden.

Ich verwirke damit mein Wohnrecht?

Wir gewähren ein lebenslanges Mietrecht und zusätzlich ein lebenslanges Wohnrecht, das im zweiten Rang im Grundbuch hinter den Kreditansprüchen der Banken eingetragen wird. Der Vertrag ist so ausgearbeitet, dass auch eine Eigenbedarfskündigung von unserer Seite ausgeschlossen ist. Selbst wenn es – im schlimmsten Fall – zu einer Insolvenz unseres Unternehmens und zum Verkauf einzelner Immobilien kommen sollte, kann den Mietern nicht gekündigt werden. Damit sind sie rundum geschützt. Zur Absicherung der Kunden haben wir auch die Objektgesellschaft, in der sich die angekauften Immobilien befinden, von allen anderen operativen Geschäften getrennt.

Sie haben bereits drei Fonds aufgelegt und planen schon einen weiteren. Wie viele Objekte wollen Sie in diesem Jahr ankaufen?

Für dieses Jahr planen wir Käufe von Immobilien mit einem Wert von bis zu 100 Millionen Euro. Die Nachfrage ist enorm, allein im ersten Quartal haben wir mehr Immobilien als prognostiziert angekauft.

Ihre Kunden haben nach dem Verkauf ihrer Immobilie mit einem Mal Geld zur Verfügung. Ist niemand in Sorge, dass die Banken sofort wieder zuschlagen, indem sie Negativzinsen berechnen?

Viele Kunden haben jetzt zum ersten Mal im Leben eine größere Summe Bargeld zur freien Verfügung. Die meisten von ihnen haben sich jahrelang für ihr Eigenheim abgerackert und wollen endlich mal Geld ausgeben können für große Reisen oder den altersgerechten Umbau. Manchmal werden auch gleich größere Beträge an Kinder oder Enkel weitergereicht oder ein bequemes Auto gekauft. Jedenfalls soll das Geld nicht nur irgendwo deponiert werden, sondern ein gutes Leben ermöglichen. Aber es hindert mich ja auch niemand, Teile davon wieder anzulegen. Das ist aus meiner Sicht echte Altersvorsorge: eine abgezahlte Immobilie im Alter zu Bargeld zu machen, damit die Rente aufbessern oder sich endlich etwas leisten zu können.

KAPITEL 5:

UMKEHRHYPOTHEK

4. Umkehrhypothek

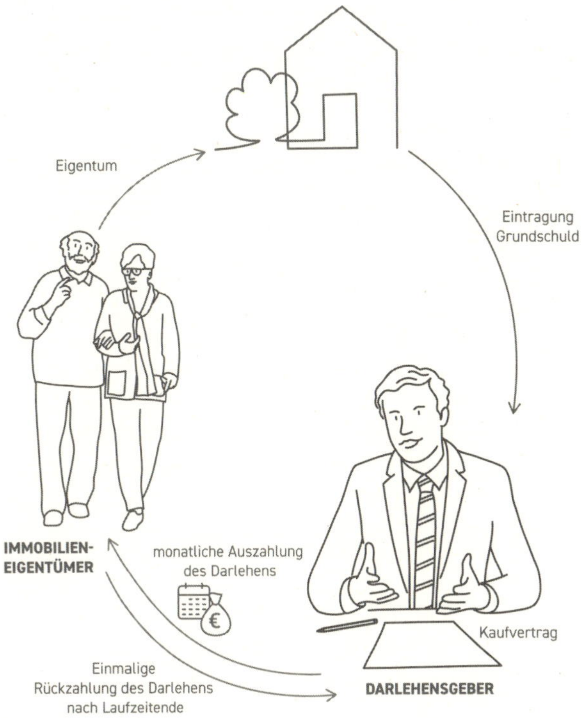

5.1 DIE UMKEHRHYPOTHEK – wohnen bleiben, Kredit aufnehmen, einmalig tilgen

Lebenslang im Zuhause bleiben, die monatliche Rente mithilfe eines Kredits aufbessern? Das geht. Während aber bei einem Hypothekenkredit die Schulden von Monat zu Monat schrumpfen, steigen sie bei der Umkehrhypothek stetig an. Am Ende ist eine stattliche Summe auf einen Schlag zurückzuzahlen.

Die meisten Immobilienbesitzer können sich im Rentenalter beruhigt zurücklehnen: Sie haben ihr Haus oder ihre Eigentumswohnung vollständig abbezahlt und keine Schulden mehr bei der Bank. Andererseits sitzen sie auf einem Vermögensberg aus Stein, Holz, Beton und Glas, der nicht zur Aufbesserung der Rente beiträgt. Häufig muss trotz entschuldeter Immobilie gespart werden. Einer von vielen möglichen Wegen aus diesem Dilemma führt über die sogenannte »Umkehrhypothek«, die auch »Immobilien-Verzehrkredit« genannt wird.

Die Umkehrhypothek ist ein Kredit, den ich als Hausbesitzer aufnehmen kann, selbst wenn die Immobilie noch nicht komplett schuldenfrei sein sollte. Als Eigentümer meines Hauses oder meiner Wohnung erhalte ich beispielsweise von einer Bank, einer Versicherung oder einem Finanzdienstleister ein Darlehen, das entweder einmalig oder in Form einer monatlichen oder gar lebenslangen Rente ausgezahlt wird. Als Sicherheit für den Kredit dient die Immobilie. Der Darlehensgeber lässt sich im Grundbuch eintragen.

Ein Unterschied zum »normalen« Immobilienkredit: Das Darlehen wird nicht monatlich getilgt, sondern einmalig – dann aber inklusive aller angefallenen Zinsen. Im Englischen heißt die Umkehrhypothek »Reverse Mortgage« – »Rückwärtshypothek« –, was es sprachlich noch besser trifft. Während bei einem Hypothekenkredit meine Schulden von Monat zu Monat schrumpfen, steigen sie bei dieser Form des Kredits stetig an. Am Ende ist eine stattliche Summe auf einen Schlag zurückzuzahlen.

Wann das genau passieren muss, wird im Vorfeld vertraglich vereinbart.

Der Zeitpunkt der Rückzahlung kann auch so festgelegt werden, dass der Vertrag automatisch mit dem Umzug in ein Alters- oder Pflegeheim oder dem Tod des Darlehensnehmers endet. In diesem Fall müssen die Angehörigen oder die Erben den Kredit tilgen. Zu ihren Optionen gehören:

1. den Kredit aus eigener Tasche ablösen
2. wiederum selbst einen neuen Kredit aufnehmen
3. das Haus des Darlehensnehmers selbst verkaufen
4. den Verkauf der Bank überlassen (und den Restbetrag erhalten, der sich eventuell aus Verkauf und Kreditablösung ergibt)

Für welche Variante man sich auch entscheidet, eines sollte von Anfang an klar sein: Mit der Umkehrhypothek wird eine häufig schuldenfreie Immobilie wiederholt mit einem Kredit belastet, der zurückgezahlt werden muss – und schmälert in jedem Fall die Erbmasse. Als Kreditnehmer erhält man zwar entweder eine Rente oder einmalig eine hohe Summe steuerfrei ausgezahlt – auch eine Kombination aus beidem ist möglich. Da man aber Immobilienbesitzer mit allen Rechten und Pflichten bleibt, muss man weiterhin für sämtliche Kosten wie etwa Versicherungen, Steuern und anfallende Reparaturen oder Sanierungen aufkommen. Auch dafür muss Geld zurückgelegt oder im Vorfeld geklärt werden, wer beispielsweise künftige Renovierungsarbeiten bezahlt, wenn man selbst nicht dazu in der Lage sein sollte.

DIE IMMOBILIE – GUTE LAGE, GUTER ZUSTAND

Wie viel Geld man tatsächlich vom Kreditgeber erhält, hängt in erster Linie vom Zustand der Immobilie und ihrer Lage ab. Wer das Pech hat, dass das Zuhause im ländlichen Raum mit abwandernder Bevölkerung liegt und das Haus in die Jahre gekommen und sanierungsbedürftig ist, wird kaum eine adäquate Summe erhalten können – wenn die Immobilie überhaupt für einen Umkehrkredit in Betracht kommt. So erklärt auch der Anbieter WIR WohnImmobilienRente GmbH auf Anfrage, dass es zwar keine Auflagen hinsichtlich Baujahr und Zustand gebe, aber grundsätzlich gelte: »Der Inhaber muss in der Lage sein, seine Immobilie (...) in ordentlichem Zustand zu erhalten. Es darf somit keinen Sanierungsstau geben. Die Lage sollte sich in einem der großen städtischen Ballungsräume befinden.«

Je besser Zustand und Lage einer Immobilie – und damit die Chance auf Wertsteigerung und Wiederverkauf –, desto höher die zu erwartende Kreditsumme. Unabhängig davon wird der Kreditnehmer niemals so viel dafür bekommen, wie sie wert ist. Wie bei jedem anderen Hypothekenkredit wird auch bei der Umkehrhypothek mit dem sogenannten Beleihungswert die maximale Kredithöhe festgelegt. Das ist die Summe, die die Bank nach eigenen Berechnungen im Falle eines Verkaufs erzielen würde. Entsprechend werden mögliche Wertschwankungen eingepreist, so dass der Beleihungswert immer niedriger ausfällt als der Kaufpreis einer Immobilie. Das ist auch gesetzlich geregelt: Laut Paragraf 16 des Pfandbriefgesetzes (PfandBG)[99] darf der Beleihungswert nicht über dem Verkehrswert einer Immobilie liegen – dem Wert, den ein Objekt aktuell am Markt erzielen könnte.

Vorteile der Umkehrhypothek

- Immobilienbesitzer beziehen eine lebenslange (oder zeitlich befristete) Rente oder erhalten einmalig einen Geldbetrag.

- Man bleibt Eigentümer der Immobilie und wohnt weiterhin im eigenen Zuhause.
- Während der Kreditlaufzeit zahlt man weder Zinsen noch Tilgung.

Nachteile der Umkehrhypothek

- Am Ende der Kreditlaufzeit hat sich durch jahrelang auflaufende Zinsen eine hohe Summe angesammelt, die auf einmal zurückgezahlt werden muss.
- Lebt der Kreditnehmer nicht mehr, müssen die Erben den Kredit tilgen. Im schlimmsten Fall übersteigt die Summe den Verkaufserlös der Immobilie. Die Erben müssen aus eigener Tasche die finanzielle Lücke schließen.
- Aus Bankensicht hat sich das Produkt sowohl für Anbieter als auch für Kunden als teuer erwiesen.
- Die Umkehrhypothek wird zurzeit nur selten angeboten, was Auswahl und Vergleichbarkeit der Angebote einschränkt.

5.2 DER UMKEHRHYPOTHEK-RENTEN-RECHNER DER WIR WOHNIMMOBILIENRENTE GMBH

Auf der Homepage des Anbieters WIR WohnImmobilienRente GmbH[100] finden Interessenten einen Umkehrhypothek-Renten-Rechner, mit dessen Hilfe sich viele verschiedene Varianten einer möglichen Rentenzahlung durchspielen lassen:

Wer etwa als 70 Jahre alte Frau eine schuldenfreie Immobilie im Wert von 650 000 Euro besitzt und über 15 Jahre lang eine monatliche Rente beziehen möchte, wird bei einem zugrunde liegenden Kreditzins von 5 Prozent laut Beispielrechner 1.630,32 Euro erhalten. Ist das Objekt laut Gutachter 450 000 Euro wert, kommt eine monatliche Rente von 1.128,68 Euro heraus. Bei einem Schätzwert der Immobilie von 350 000 Euro erhält die Frau 887,86 Euro. Dasselbe gilt für einen Mann gleichen Alters.

Anders sieht es aus, wenn eine Immobilieneigentümerin eine sogenannte »ewige Rente« beziehen möchte: Für die 70 Jahre alte Frau ergeben sich bei einem aktuell möglichen Verkaufswert der Immobilie von 650 000 Euro monatliche Rentenzahlungen von 1.079,28 Euro. Liegt der Wert der Immobilie bei 450 000 Euro, könnte sie eine Rente über monatlich 747,19 Euro beziehen und bei einem Eigenheim, das 350 000 Euro wert ist, würde die Rente 581,15 Euro betragen. Ihr männliches Pendant gleichen Alters hat bessere Chancen: Bei einer Immobilie im Wert von 650 000 Euro liegt seine lebenslange Rente laut Rechner bei 1.344,78 Euro, bei einem Immobilienwert von 450 000 Euro bei 931 Euro und selbst wenn sein Haus oder seine Eigentumswohnung nur 350 000 Euro wert sein sollte, kommen immer noch 724,11 Euro dabei heraus.

Zumindest aus Sicht einer Immobilienbesitzerin sind die Ergebnisse wenig zufriedenstellend. Bei einer lebenslangen Rente werden bei den meisten Verrentungsmodellen sogenannte »Sterbetafeln« zugrunde gelegt. Und da Frauen grundsätzlich eine höhere Lebenserwartung als Männer besitzen, wird ihre berechnete Rente immer geringer ausfallen als die des Mannes.

Dr. Georg F. Doll, geschäftsführender Gesellschafter der WIR WohnImmobilienRente Gmbh, teilte auf Anfrage zu den Rechnerergebnissen mit: »Die Lebenserwartung und das Geschlecht spielen keine entscheidende Rolle, da die Immobilien meist nur teilweise beliehen werden.« Der Online-Rechner bilde zwei Szenarien ab: die lebenslange und die befristete Rente. »Beide Szenarien sind als Beispiel zu verstehen, damit der Nutzer ein Gefühl für mögliche Kreditvarianten hat«, so Doll. »Der Rechner kann leider nicht alle Szenarien abdecken. Für dieses spezielle Produkt wäre eine andere Darstellung in einem Online-Rechner sinnvoller.«[101]

UMKEHRHYPOTHEK – AUSLAUFMODELL ODER NEWCOMER?

In der Praxis spielt die Umkehrhypothek als Modell zur Rentenaufbesserung zurzeit keine bedeutende Rolle. In den vergangenen fast 20 Jahren haben sich unterschiedliche Institute an diesem Produkt versucht, es nach einer gewissen Zeit aber wieder vom Markt genommen. Darunter waren auch der Bundesverband Öffentlicher Banken Deutschlands (VÖB) in Kooperation mit der Investitionsbank Schleswig-Holstein sowie die R+V Lebensversicherung AG. Die Gründe für das Einstellen des Vertriebs reichten von zu hohen Kosten über zu große Komplexität des Produkts bis zu mangelnder Nachfrage.

Anfragen bei einzelnen Sparkassen und Verbänden von Banken und Kreditinstituten in den Monaten November 2021 bis Februar 2022 stützen diese Aussagen. Die Sparkasse Hamburg bietet »keine Umkehrhypothek oder vergleichbare bzw. alternative Produkte an« und kann daher auch »zum Nachfrageverhalten nichts Auffälliges sagen«.[102] Der Bundesverband der Deutschen Volksbanken und Raiffeisenbanken e. V. erklärt dazu: »In der Vergangenheit ist die Immobilienrente der R+V Versicherung auf wenig Interesse gestoßen, sodass die Kollegen ihr Angebot (schon vor Jahren) wieder eingestellt haben.«[103] Und der Deutsche Sparkassen- und Giroverband (DSGV) sagt zu diesem Thema, dass sich »die Absicherung des Langlebigkeitsrisikos und die Komplexität des Produkts ›Umkehrhypothek‹ für beide Seiten (Anbieter und Interessent) als teuer erwiesen« hat. Das führe auf Seiten der Interessenten dazu, dass »die Umkehrhypothek nach wie vor auf keine breite Akzeptanz stößt«.[104]

Allerdings gibt es auch die Sparkasse Rhein-Nahe, die sich seit Februar 2021 an der Hamburger Firma WIR WohnImmobilienRente beteiligt, um ihren Kunden »innovative Produkte« anbieten und »den Megatrend Immobilienverrentung« mitgestalten zu können. Neben Leibrente und Teilverkauf ist auch die Umkehrhypothek im

Angebot der beiden Kooperationspartner. Ins Geschäft kommt man als Kunde, wenn man die Mindestanforderungen erfüllt: Man ist mindestens 65 Jahre alt und besitzt eine Immobilie, die mindestens 250 000 Euro wert ist. Der aktuelle Zinssatz für den Kredit beträgt 3,95 Prozent jährlich (Stand: Februar 2022).

Dr. Georg F. Doll erklärt, dass sein Unternehmen WIR WohnImmobilienRente (in Zusammenarbeit mit der Sparkasse Rhein-Nahe) deutschlandweit zurzeit der einzige Anbieter dieses Produkts sei. Aus seiner Sicht ist der Immobilien-Verzehrkredit »eines der besten Verrentungsprodukte überhaupt« und könnte sich in den kommenden ein bis zwei Jahren als »das führende Verrentungsprodukt« am Markt durchsetzen. Das erscheint zwar aufgrund der Rechercheergebnisse weit hergeholt, aber ganz auszuschließen ist es angesichts des stark wachsenden Marktes an Verrentungsmodellen auch nicht. Immerhin kommen auch Wissenschaftler zu dem Schluss, dass die Umkehrhypothek eine probate Lösung für Immobilienbesitzer mit Kapitalbedarf sein könnte.

Komplex, risikoreich, aber zu managen

Das ZEW – Leibniz-Zentrum für Europäische Wirtschaftsforschung in Mannheim kommt im Rahmen einer Studie[105] zu dem Schluss: »Gerade für jene Haushalte, die fast alles in ein Eigenheim und wenig in private Altersvorsorge investiert haben, kann eine Umkehrhypothek den Ausweg aus einer misslichen Lage bedeuten«, so Karolin Kirschenmann, Wissenschaftlerin am ZEW Mannheim und Koautorin der Studie. Um das Marktpotenzial für Umkehrhypotheken zu berechnen, verwendeten die ZEW-Wissenschaftler unter anderem Daten des Sozio-oekonomischen Panels (SOEP).[106] Demnach besaßen 2017 rund 6 Millionen der Haushalte mit Bewohnern jenseits der 65 Jahre eine schuldenfreie Immobilie. Rund 420 000 Haushalte in dieser Gruppe berichteten, mit ihrem Einkommen nicht zufrieden zu sein. Auf Basis des SOEP berechneten die ZEW-

Wissenschaftler, dass rund 200 000 Haushalte in Deutschland leben, die zwar über ein Immobilienvermögen in relevanter Höhe verfügen, aber nur ein Einkommen unterhalb der definierten Armutsgrenze von 13 200 Euro pro Jahr beziehen.

»Der Markt für Umkehrhypotheken ist derzeit noch relativ klein, doch sehen wir substanzielles Entwicklungspotenzial. Nicht nur jene Haushalte könnten davon profitieren, die aus existenzieller Not im Alter auf zusätzliches Einkommen angewiesen sind. Auch vermögendere Haushalte könnten ihre Ruhestandsplanung und Nachfolgeregelung optimieren, indem sie bewusst auf Umkehrhypotheken setzen«, so ZEW-Ökonomin Kirschenmann. Ob sich dieses Marktpotenzial erschließen lasse, hänge auch von zusätzlicher finanzieller Bildung und entsprechenden Marketingaktivitäten der Finanzdienstleister ab.

Als Gründe für die fehlende Nachfrage nach Umkehrhypotheken geben die ZEW-Wissenschaftler Folgendes an: Das Produkt ist komplex und ungewohnt für Verbraucher. Auch die starke emotionale Bindung der Eigenheimbesitzer an ihre Immobilie spielt eine Rolle. Auf der anderen Seite stehen mögliche Anbieter, denen das Risiko einer Umkehrhypothek zu groß ist: Je länger die Menschen in dem beliehenen Haus leben, desto später kann es verkauft werden – und niemand kann sagen, was die Immobilie dann noch wert ist. Nicht zuletzt sorgen sich laut Studie potenzielle Anbieter um ihre Reputation. Denn eventuell müssten sie eines Tages ältere Bewohner aus ihren Häusern »vertreiben« – etwa aufgrund mangelhafter Finanzplanung oder nicht kalkulierbarer Marktentwicklungen. Aus Sicht der Wissenschaftler ließen sich die meisten Risiken, die mit Umkehrhypotheken verbunden sind, grundsätzlich managen, so Kirschenmann: »Dazu müsste sich der Gesetzgeber jedoch dazu durchringen, einen klaren Rechtsrahmen für die Umkehrhypothek zu schaffen. Ansonsten bleibt das vorhandene Marktpotenzial ungenutzt.«

WAS VERBRAUCHERSCHÜTZER ZUR UMKEHRHYPOTHEK SAGEN

Aus Sicht von Verbraucherschützern ist die Umkehrhypothek ein Angebot, bei dem es keine pauschale Antwort auf die Frage gibt: Lohnt sich das für mich? Wie bei allen Immobilienverrentungsmöglichkeiten spiele die individuelle Lebenssituation eine entscheidende Rolle. Allerdings kommen die Verbraucherschützer zu dem Schluss, dass die Umkehrhypothek ein relativ teures Produkt ist – und zwar in Bezug sowohl auf den Zinssatz für das Darlehen als auch auf die anfallenden Gebühren. Dazu zählen neben der Abschlussgebühr auch die Rückversicherung gegen das Risiko eines langen Lebens – wenn bei einer lebenslangen Rente der Immobilienbesitzer länger lebt, als das statistisch errechnet wurde.

Ein Beispiel der Verbraucherzentrale soll das verdeutlichen:

»Angenommen, Sie haben eine Immobilie, die heute 200 000 Euro wert ist. Der Anbieter nimmt einen Risikoabschlag von 25 Prozent vor. Somit steht eine Darlehenshöhe von 150 000 Euro zur Verfügung. Sie bekommen aber nicht 150 000 Euro ausbezahlt, sondern das Darlehen am Laufzeitende darf nicht mehr als 150 000 Euro betragen. Wenn die Laufzeit des Darlehens 19 Jahre beträgt, steht bei einem Zinssatz von 6 Prozent eine Summe von knapp 50 000 Euro als Einmalauszahlung oder etwa 340 Euro an monatlicher Rente zur Verfügung. Beachten Sie, dass in dieser Rechnung noch keine Gebühren berücksichtigt sind. Die verschiedenen Gebühren führen dazu, dass der Ihnen zur Verfügung stehende Betrag geringer ist. So kann sich die Einmalzahlung zum Beispiel auf 45 000 Euro oder die monatliche Rente auf 250 Euro reduzieren.«[107]

Musterrechnung Umkehrhypothek

Anbieter: WIR WohnImmobilienRente	**Variante 1**	**Variante 2**	**Variante 3**
Immobilienwert:	**350.000,00 €**	**450.000,00 €**	**650.000,00 €**
Verkäufer / Verkäuferin (Alter)	Frau (70)	Frau (70)	Frau (70)
Kreditzins	5 %	5 %	5 %
Wohnrecht	Lebenslang	Lebenslang	Lebenslang
bei Auszahlung über 15 Jahre, je Monat	887,86 €	1.128,68 €	1.630,32 €
bei Auszahlung lebenslang, je Monat	**581,15 €**	**747,19 €**	**1.079,28 €**

Anbieter: WIR WohnImmobilienRente	**Variante 4**	**Variante 5**	**Variante 6**
Immobilienwert:	**350.000,00 €**	**450.000,00 €**	**650.000,00 €**
Verkäufer / Verkäuferin (Alter)	Mann (70)	Mann (70)	Mann (70)
Kreditzins	5 %	5 %	5 %
Wohnrecht	Lebenslang	Lebenslang	Lebenslang
bei Auszahlung über 15 Jahre, je Monat	887,86 €	1.128,68 €	1.630,32 €
bei Auszahlung lebenslang, je Monat	**724,11 €**	**931,00 €**	**1.344,78 €**

Berechnungen laut Umkehrhypothek-Renten-Rechner von WIR WohnImmobilienRente. Quelle: www.immorente.de (Stand: 19. März 2022).

FAZIT

Hierzulande kennt man das Produkt „Umkehrhypothek" so gut wie gar nicht. In den USA, in Kanada oder auch in Frankreich sind Immobilieneigentümer sehr viel vertrauter mit dieser Möglichkeit, ihr Haus zu Geld zu machen, ohne ausziehen zu müssen. Eine lebenslange Rente zu kassieren oder einen größeren Einmalbetrag und währen der Kreditlaufzeit weder Zinsen noch Tilgung zahlen zu müssen, ist ein verlockendes Angebot. Läuft der Kredit bis zu meinem Lebensende und habe ich keine Erben, kann es mir egal sein, was aus meiner Immobilie wird. Bis dahin hat sie mich wenigstens gut versorgt. Allerdings stimmt auch das nur bedingt. Denn natürlich ist auch dieses Geschäft eine Wette gegen die Zeit. Je länger ich lebe, desto teurer wird es für den Anbieter. Geht er von einer potenziell langen Lebenszeit aus, wird meine monatliche Rente entsprechend mager ausfallen. Denn niemand kann heutzutage wissen, wie viel meine Immobilie in zehn oder zwanzig Jahren wert sein wird. Es bleibt abzuwarten, ob sich die Umkehrhypothek durchsetzen oder weiterhin ein Nischenprodukt bleiben wird. Maßgeblich für die Etablierung des Produktes sind die rechtlichen Voraussetzungen, die der Gesetzgeber zunächst einmal ändern müsste.

5.3 IMMOBILIENVERRENTUNG IM AUSLAND

In Frankreich kennt man das Modell »Leibrente gegen Immobilie« seit vielen Jahrhunderten. Allerdings wird der Handel vorzugsweise zwischen Privatpersonen abgeschlossen und notariell beglaubigt. Professionelle Anbieter gibt es so gut wie keine. Ganz im Gegensatz dazu haben die USA Reverse Mortgage (Umkehrhypothek) immer weiterentwickelt und inzwischen mit einem staatlichen Sicherheitsnetz ausgestattet.

Sowohl Rentenbezieher als auch Banken sind in den Vereinigten Staaten abgesichert. In Großbritannien, Kanada und Australien gibt es Variationen von Reverse Mortgage. Während in Großbritannien der Markt dafür aber nur geringfügig reguliert ist und Banken die Konditionen – vom Zinssatz über die Höhe der Kosten der Marktwertermittlung bis hin zum Beleihungswert – weitgehend individuell festlegen können, hat Australien strenge Vorschriften erlassen. So können Eigenheimbesitzer erst ab einem Alter von 60 Jahren eine Umkehrhypothek mit einer Laufzeit von maximal zehn Jahren auf ihre Immobilie aufnehmen. Damit will man Bankinsolvenzen vorbeugen. In Kanada liegt das Einstiegsalter für einen Reverse-Mortgage-Vertrag zwar schon bei 55 Jahren. Dafür aber darf sich die Hypothek auf maximal 55 Prozent des Marktwerts der Immobilie belaufen. So laufen die Banken nicht Gefahr, durch stark fallende Immobilienpreise pleitezugehen.

USA – REVERSE MORTGAGE UND HOME EQUITY CONVERSION MORTGAGE

Portland im US-Bundesstaat Maine ist 1961 eine pittoreske, aber verschlafene Hafenstadt an der Atlantikküste. Fischer fahren täglich mit ihren Booten hinaus in den Golf von Maine, um Hummer zu fangen. Wie in anderen Städten in ländlichen Regionen der Vereinigten Staaten sind auch hier die Spiele des Footballteams der Highschool das bedeutendste Event des Jahres. Und doch wird hier vor 61 Jahren (Immobilien) Geschichte geschrieben.

In jenem Jahr 1961 droht Nelly Young ihr Eigenheim zu verlieren, nachdem ihr Mann, der pensionierte, ehemalige Trainer der Highschool-Footballmannschaft, überraschend gestorben ist. Ihre Rente und die kargen Ersparnisse reichen nicht aus, um die letzten Hypothekenzahlungen zu tragen und das Haus instand zu halten. Die Witwe plant den Verkauf und wendet sich an den Kreditgeber, die örtliche Sparkasse Deering Savings and Loan Association. Doch deren Manager Nelson Hayes, in seiner Schulzeit selbst Footballspieler unter Trainer Young, findet einen Ausweg: Nelly soll das Eigenheim gegen eine monatliche Rentenzahlung an die Sparkasse übertragen – und bis zu ihrem Lebensende das volle Nießbrauchrecht über die Immobilie genießen.[108]

Hayes' Idee wird im Vorstand der Deering Savings and Loan Association diskutiert. Schließlich gibt es grünes Licht – und ein neues Finanzprodukt ist geboren: die Reverse Mortgage, zu Deutsch: die Umkehrhypothek. In den USA können von nun an Senioren ihre Immobilien gegen monatliche Zahlungen an Banken übertragen, so ihre Rente aufbessern – und dennoch bis zum Lebensende in den vertrauten vier Wänden wohnen bleiben.

Was 1961m it einer speziellen sozialen Lösung für eine in Not geratene Witwe begann, ist in den USA inzwischen zu einem routinemäßig genutzten Finanzprodukt von Senioren mit Grundeigentum geworden. Allein im Jahr 2020 wurden nach einer Studie des Branchendienstes *Reverse Mortgage Daily* Umkehrhypotheken im Volumen von 10,6 Milliarden US-Dollar – oder 9,62 Milliarden Euro umgerechnet zum damaligen Wechselkurs – an Eigenheimbesitzer im Alter von mehr als 62 Jahren in den Vereinigten Staaten ausgereicht.[109]

Zum Erfolgsmodell sind Umkehrhypotheken (Reverse Mortgage) in den USA allerdings nicht über Nacht geworden. Nachdem die Deering Savings and Loan Association die erste Reverse Mortgage an Nelly Young ausgereicht hat, wird die Idee zwar schnell in Bankenkreisen diskutiert. Aber viele Kreditinstitute zögern zunächst, eigene Umkehrhypotheken anzubieten. Umgekehrt sind die meisten Senioren zunächst skeptisch, ob sie sich auf einen solchen Vertrag einlassen sollten. Sie verkaufen lieber weiterhin ihre Häuser und ziehen in kleine Mietwohnungen.

Fehlendes Vertrauen ist das größte Hindernis für die neue Idee. Banken fürchten, dass durch die damals raschen medizinischen Fortschritte Senioren sehr viel älter werden könnten, als die Sterbetafeln jener Zeit zeigen. Würden jedoch die monatlichen Zahlungen an Senioren den Erlös, den die Banken nach dem Tod der Kreditnehmer der Umkehrhypothek durch den Verkauf der Immobilie erhalten, übersteigen, würden die Institute in Insolvenzgefahr geraten. Deshalb halten sich viele Geldhäuser vom Geschäft fern. Andere erheben hohe Risikoabschläge auf den Marktwert der Immobilien. Einige Banken verlangen sogar, dass die Erben der Senioren, die eine Reverse Mortgage abschließen, finanziell dafür geradestehen sollen, falls der spätere Verkaufserlös der Immobilie geringer ausfällt als die Summe der monatlichen Zahlungen an die Kreditnehmer.

Das führt dazu, dass die meisten Senioren abwinken. Das Produkt Umkehrhypothek existiert zwar am Markt. Es wird aber kaum in Anspruch genommen. Die Idee an sich ist zwar gut. An der Umsetzung hapert es jedoch massiv.

RONALD REAGAN REFORMIERT DAS GESETZ ZU WOHNRAUM- UND STADTENTWICKLUNG

Das ändert sich erst, als Ronald Reagan 1981 zum 40. Präsidenten der Vereinigten Staaten wird. Als Republikaner ist der frühere Hollywood-Star zwar konservativ. Zugleich ist der einstige Schauspieler und ehemalige Gewerkschaftsfunktionär schon immer sozial engagiert gewesen. Er reagiert deshalb, als in den 1980er-Jahren die

Mieten in den USA stark steigen, weil nur wenige Mietwohnungen gebaut werden. Das trifft etliche Senioren hart, die ihre Eigenheime verkauft haben und in Mietwohnungen gezogen sind. Nachdem ihr Kapital aufgebraucht ist, reicht die Rente nicht mehr, um die ständig anziehende Miete zu tragen. Die Bundesstaaten müssen mit Mietbeihilfen einspringen, damit die Rentner nicht auf der Straße landen.

Reagan reformiert deshalb den *Housing and Community Development Act*, das Gesetz zu Wohnraum- und Stadtentwicklung. Das nach langen Verhandlungen in Kongress und Senat am 5. Februar 1988 in Kraft tretende Gesetzeswerk legt den Grundstein für die Reformen, die nötig sind, um Umkehrhypotheken zum Erfolg zu verhelfen.[110] Möglich machen das entscheidende Faktoren:

Das Gesetz legt fest, dass der aktuelle Marktwert der Immobilien, die Gegenstand einer Reverse Mortgage sind, von unabhängigen Sachverständigen ermittelt wird. Berufen werden sie nicht von den kreditgebenden Banken, sondern von der Federal Housing Administration (FHA), einer Behörde des Wohnungsbauministeriums. Der so ermittelte Marktwert bildet die Basis für jede Umkehrhypothek. Banken ist es damit nicht möglich, die Marktwerte künstlich tiefer anzusetzen, um die monatlichen Zahlungen zu drücken.

Darüber hinaus zwingt der *Housing and Community Development Act* die Kreditinstitute, bei Reverse-Mortgage-Verträgen die aktuellen offiziellen Sterbetafeln der Kapitallebensversicherungen anzuwenden. Diese werden durch eine Kommission des US-Finanzministeriums kontrolliert und genehmigt. Damit wird verhindert, dass Banken weiterhin Risikoabschläge berechnen, wodurch sich die Höhe der monatlichen Zahlungen an die Rentner senken ließ.

Zudem regelt das Gesetz, dass Senioren bereits nach Vollendung des 61. Lebensjahres Umkehrhypotheken für ihre Immobilien abschließen können. Damit wird Menschen, die aus Krankheitsgründen verfrüht in Rente gehen, der Weg geebnet, mit dem neuen Kreditprodukt ihr Einkommen im Alter aufzubessern.

Außerdem wird es den Banken untersagt, die späteren Erben oder andere Angehörige der Kreditnehmer einer Umkehrhypothek vertraglich in die Haftung zu nehmen für den Fall, dass der spätere Verkaufserlös der Immobilie geringer ausfällt als die von den Kreditinstituten geleisteten monatlichen Zahlungen an die Hausbesitzer.

ZINSSATZ FÜR UMKEHRHYPOTHEK GESETZLICH GEREGELT

Entscheidend ist auch, dass der Zinssatz, den Banken für Umkehrhypotheken erheben können, per Gesetz geregelt wird: Als Basis gilt der jeweils tiefste Zinssatz, den Kreditinstitute zum jeweiligen Zeitpunkt für Hypothekendarlehen gleicher Laufzeit erheben. Die Laufzeit ergibt sich dabei aus der statistischen Lebenserwartung der Kreditnehmer anhand der Sterbetafeln. Dabei gilt: Je länger die statistische Lebenserwartung, desto höher ist der Zins. Es kommt das gleiche Prinzip zum Tragen wie bei gewöhnlichen Hypothekendarlehen beim Kauf eines Eigenheims: Je länger die Zinsbindung, desto höhere Zinsen müssen die Kreditnehmer zahlen. Das wiederum liegt daran, dass die Banken sich ihrerseits am Finanzmarkt teurer absichern müssen, wenn sie sich dort Kapital für die Ausreichung von länger laufenden Immobilienkrediten leihen.[111]

Zum Zeitpunkt der Drucklegung dieses Buches galten nach der aktuellen Markterhebung der U.S. Bank, des fünftgrößten Kreditinstituts in den Vereinigten Staaten, folgende durchschnittliche Zinssätze für Umkehrhypotheken zum aktuellen Marktwert in den USA:[112]

Statistische Lebenserwartung in Jahren	Effektiver Zinssatz in Prozent
20 Jahre	4,98
15 Jahre	4,12
10 Jahre	4,06
7 Jahre	4,01
5 Jahre	3,97

Quelle: U.S. Bank

Darüber hinaus entscheidet der sogenannte Beleihungswert über die Höhe des Zinssatzes bei einer Umkehrhypothek. Soll der gesamte aktuelle Marktwert der Immobilie – also der volle Beleihungswert – innerhalb der statistischen Lebenserwartung an den heutigen Eigentümer ausgezahlt werden, schlägt ein höherer Zinssatz zu Buche, als wenn nur ein Teil des Marktwertes der Liegenschaft ausgezahlt wird.[113]

In den USA entscheiden sich Eigentümer bei Abschluss einer Umkehrhypothek in der Regel immer dann für einen verringerten Beleihungswert, wenn sie über eine höhere Rente oder anderweitige Ersparnisse verfügen und ihren Erben den nicht in die Umkehrhypothek eingebrachten Anteil der Immobilie zur Vermarktung hinterlassen wollen. In diesen Fällen geht der Erlös aus dem später erzielten Verkaufspreis der Immobilie an die Erben – sofern der für die Immobilie erzielte Veräußerungswert den ausgezahlten Beleihungswert übertrifft. Liegt der Verkaufserlös unter dem ausgezahlten Beleihungswert, erhalten die Erben kein Geld, müssen aber auch nicht für den Verlust der Bank geradestehen, da diese aus einer Hypothekenschutzversicherung kompensiert wird.[114]

Bei einer statistischen Lebenserwartung von zehn Jahren galten zum Zeitpunkt der Drucklegung dieses Buches folgende durchschnittliche Zinssätze für folgende Beleihungswerte:[115]

Beleihungswert in Prozent des Marktwerts der Immobilie	Effektiver Zinssatz in Prozent	Monatliche Bruttoauszahlung bei einem Marktwert der Immobilie von 100 000 US-$
100	4,06	824,50 $
90	4,03	719,78 $
80	3,99	640,07 $
70	3,71	561,92 $
50	3,1	403,75 $

Quelle: All Reverse Mortgage

Die US-Regierung verpflichtet sich im Gegenzug, die Umkehrhypotheken abzusichern. Dafür müssen die kreditgebenden Banken in eine von der Federal Housing Administration aufgelegte Hypothekenschutzversicherung einzahlen.[116] Die jährlich zu zahlende Versicherungsprämie beträgt 0,5 Prozent der bis zu diesem Zeitpunkt ausgezahlten Summe der Umkehrhypothek. Der Betrag wird von den monatlichen Zahlungen an die Kreditnehmer abgezogen und mindert entsprechend deren Einnahme.

Ein weiteres Rechenbeispiel:

Im ersten Jahr werden jeden Monat 1.000 US-Dollar – insgesamt also 12 000 US-Dollar – an einen Eigentümer ausgezahlt, der eine Umkehrhypothek abgeschlossen hat. 0,5 Prozent der Jahressumme für die Versicherungsprämie ergeben in diesem Fall 60 US-Dollar. Faktisch erhält der Kreditnehmer der Umkehrhypothek also nur 11 940 US-Dollar im gesamten Jahr oder 995 US-Dollar pro Monat ausgezahlt.

Zum Ende des zweiten Jahres beläuft sich der insgesamt ausgezahlte Betrag auf 24 000 US-Dollar. 0,5 Prozent davon sind 120 US-Dollar.

Diese werden im zweiten Jahr von der ausgezahlten Jahressumme abgezogen. Sie reduziert sich dadurch auf 11.880 US-Dollar oder 990 US-Dollar im Monat. Im dritten Jahr sinkt dadurch der monatlich ausgezahlte Betrag auf 985 US-Dollar, im vierten Jahr auf 980 US-Dollar. Im zehnten Jahr beliefe sich der monatlich ausgezahlte Betrag auf nur noch 950 US-Dollar.

Nachfolgende Tabelle macht das Prinzip deutlich:

Monatliche Zahlung brutto		1.000,00 $
Ausgezahlter Bruttobetrag im ersten Jahr	12 000 $	
Abzüglich 0,5 % des ausgezahlten Bruttobetrags im ersten Jahr	– 60,00 $	
Monatliche Zahlung netto	60,00 $ / 12 = 5 $	995,00 $
Ausgezahlter Bruttobetrag im zweiten Jahr	24 000 $	
Abzüglich 0,5 % des ausgezahlten Bruttobetrags im zweiten Jahr	– 120,00 $	
Monatliche Zahlung netto	120,00 $ / 12 = 10 $	990,00 $
Ausgezahlter Bruttobetrag im dritten Jahr	36 000 $	
Abzüglich 0,5 % des ausgezahlten Bruttobetrags im dritten Jahr	– 180,00 $	
Monatliche Zahlung netto	180,00 $ / 12 = 15 $	985,00 $

Quelle: Eigene Berechnungen

US-EIGENHEIMBESITZER SIND VOR BANKENPLEITEN GESCHÜTZT

Die Versicherungsprämie mindert also die monatliche Zahlung an die bisherigen Eigenheimbesitzer Jahr für Jahr nur um einige wenige Dollar zusätzlich. Dafür haben Eigenheimbesitzer, die eine Umkehrhypothek auf ihre Immobilie abschließen, aber zum einen die Garantie, dass ihre Erben finanziell nicht herangezogen werden können, sollte das Haus nach ihrem Tod weniger wert sein als der zu Beginn des Reverse Mortgage ermittelte Marktwert des Gebäudes. Zum anderen haben sie die Garantie, dass die Bank nicht insolvent gehen kann und sie ihr Haus verlassen müssen.

Die Banken wiederum gewinnen dadurch die Sicherheit, dass sie in jedem Fall das an die Kreditnehmer einer Umkehrhypothek Monat für Monat ausgezahlte Kapital zuzüglich einer marktgerechten Verzinsung zurückerhalten – auch wenn der Verkaufspreis der Immobilie am Vertragsende geringer ausfallen sollte. Die Versicherung der US-Regierungsbehörde FHA kommt für den Differenzbetrag auf.

Wie das Prinzip in den USA insgesamt funktioniert, macht folgende Beispielrechnung deutlich:

Ein Ehepaar, die Frau 72 Jahre alt, der Mann 74 Jahre alt, wollen eine Umkehrhypothek auf ihr Eigenheim aufnehmen.

Der von der FHA benannte Sachverständige ermittelt einen Immobilienwert von 100 000 US-Dollar.

Das Paar wählt einen Beleihungswert von 100 Prozent.

Nach der aktuellen amerikanischen Sterbetafel beträgt die durchschnittliche Lebenserwartung des Mannes noch 3,5 Jahre, die der Frau noch sieben Jahre.

Der Zinssatz für eine Umkehrhypothek mit siebenjähriger Laufzeit – entsprechend der längeren Lebenserwartung der Frau – beträgt 4,01 Prozent.

Um die Höhe der monatlichen Zahlung zu bestimmen, wird der Marktwert der Immobilie durch die längere der beiden Lebenserwartungen des Paares dividiert und von dem so ermittelten Jahresbetrag der Zinssatz abgezogen.

Das sind die sieben Jahre oder 84 Monate, die der Frau der Sterbetafel zufolge noch verbleiben.

100 000 US-Dollar dividiert durch diese sieben Jahre ergibt 14 285,71 US-Dollar.

Abzüglich des Zinssatzes von 4,01 Prozent verbleiben 13 712,86 US-Dollar.

Um die Höhe der monatlichen Zahlung zu ermitteln, wird dieser Betrag durch 12 – die Zahl der Monate im Jahr – geteilt:

13 712,86 US-Dollar dividiert durch 12 ergibt 1.142,74 US-Dollar.

Davon werden noch die 0,5 Prozent für die Hypothekenschutzversicherung der FHA abgezogen.

Bei dem jährlichen Auszahlungsbetrag (vor Abzug der Zinsen) von 14 285,71 US-Dollar sind das im ersten Jahr 71,43 US-Dollar oder 5,95 US-Dollar im Monat.

Somit beträgt die monatliche Zahlung 1.142,74 US-Dollar minus 5,95 US-Dollar = 1.136,79 US-Dollar.

Folgende Tabelle veranschaulicht die Rechnung:

Immobilienwert			100 000 $
Beleihungswert		100,00 %	100 000 $
Statistische Lebenserwartung	7 Jahre		
Zinssatz		4,01 %	
Jährliche Auszahlung Bruttobetrag			14 285,71 $
Jährliche Auszahlung netto abzüglich 5 % Zinsen			13 712,86 $
Jährliche Auszahlung effektiv inklusive Hypothekenschutzversicherung im ersten Jahr		0,5 % von 14 285,71 $ = 71,43 $	13 712,86 $ – 71,43 $ =13.641,43 $
Monatliche Auszahlung effektiv im ersten Jahr			1.136,79 $
Jährliche Auszahlung effektiv inklusive Hypothekenschutzversicherung im zweiten Jahr		0,5 % von 28 571,42 = 142,86 $	13 569,99 $
Monatliche Auszahlung effektiv im zweiten Jahr			1.130,83 $
Jährliche Auszahlung effektiv inklusive Hypothekenschutzversicherung im dritten Jahr		0,5 % von 42 857,13 = 214,29 $	13 498,56 $
Monatliche Auszahlung effektiv im dritten Jahr			1.124,88 $

Quelle: Eigene Berechnungen

Angenommen, der Mann stirbt, wie von der Sterbetafel prognostiziert, nach 3,5 Jahren, die Frau aber lebt drei Jahre länger, als die durchschnittliche Lebenserwartung ihr verheißt: In diesem Fall würde die Bank nicht monatliche Zahlungen über 100 000 US-Dollar leisten, sondern über insgesamt 142 857,13 US-Dollar inklusive der ihr zustehenden Zinsen aus dem Kredit und des Beitrags an die Hypothekenschutzversicherung der FHA.

Ferner angenommen, die Immobilie ist bis dahin um 20 000 US-Dollar im Marktwert gestiegen. Der von der Bank erzielte Verkaufserlös beträgt somit 120 000 US-Dollar. Damit verbliebe eine Differenz von 22 857,13 US-Dollar – geleistete Auszahlungen von 142 857,13 US-Dollar minus dem Verkaufserlös von 120 000 US-Dollar. Diese 22 857,13 US-Dollar würde die Bank in diesem Fall von der Hypothekenschutzversicherung der FHA erhalten. Die Erben oder sonstige Angehörige müssten nicht für den Fehlbetrag des Kreditinstituts geradestehen.

STAATLICHES SICHERHEITSNETZ SCHÜTZT RENTNER UND BANKEN

Das System funktioniert seit 33 Jahren reibungslos, ohne dass die Hypothekenschutzversicherung der FHA jemals in Zahlungsschwierigkeiten geraten wäre.[117] Der Grund dafür: In die Hypothekenschutzversicherung fließen Beitragszahlungen aus allen in den USA abgeschlossenen Umkehrhypotheken ein und jeder einzelne Vertrag ist darüber abgedeckt – egal, ob es sich um ein Eigenheim im hohen Norden in Alaska handelt oder um eines im sonnigen Florida im Süden.

Zwar leben manche Kreditnehmer einer Reverse Mortgage länger, als die Sterbetafel prognostiziert; andere hingegen jedoch kürzer. Im langjährigen Durchschnitt gleicht sich das aus. Und: Manche Häuser verlieren über die Dauer der Umkehrhypothek zwar an Wert, andere verzeichnen hingegen deutliche Wertsteigerungen. Auch dabei werden Verluste und Gewinne bei der Wertentwicklung über die Jahre hinweg nivelliert.

Die staatliche Regulierung mit der Unterstützung der Hypothekenschutzversicherung der FHA schafft damit eine Win-win-Situation für Banken und Rentner mit Immobilienbesitz.[118] Die breite Risikostreuung schützt die meist nur regional operierenden Hypothekenbanken und Sparkassen vor etwaigen Verwerfungen an ihren lokalen Immobilienmärkten. Senioren, die mit einer Umkehrhypothek auf ihr Eigenheim ihre Rente aufbessern wollen, haben die Garantie, dass sie den aktuellen Marktwert ihrer Immobilie bis zum Ende ihrer voraussichtlichen Lebenserwartung vollumfänglich ausgezahlt bekommen – und auch danach weiter in der Immobilie wohnen können, sollten sie länger leben, als die Sterbetafel verheißt.

KEINE AUSKÜNFTE AN DIE AMERIKANISCHE »SCHUFA«

Als das Gesetz in Kraft tritt, beginnen Regierung und Kreditwirtschaft, massiv für das nun mit einem staatlichen Sicherheitsnetz ausgestattete Finanzprodukt zu werben. Um mehr Akzeptanz zu schaffen, wird auch der Name geändert. Aus der »Reverse Mortgage« wird die »Home Equity Conversion Mortgage« – die Eigenkapitalumwandlungshypothek. Der neue Begriff soll den Senioren zeigen, dass sie mit den Umkehrhypotheken ihr im eigenen Heim investiertes Kapital wieder freisetzen – und zugleich ihre Immobilie bis zu ihrem Lebensende nutzen können.

Es vergehen noch mehr als 15 Monate, bis die Details der Kreditabsicherung zwischen der Federal Housing Administration und der Bankwirtschaft endgültig festgezurrt und die neuen Vertragskonditionen aufgesetzt sind. An einem trüben Novembertag im Jahr 1989 ist es dann so weit: In Fairway, einer Kleinstadt im US-Bundesstaat Kansas mit 4.200 Einwohnern, wird der erste Vertrag über eine Home Equity Conversion Mortgage unterzeichnet. Die Seniorin Marjorie

Mason verkauft ihr Eigenheim gegen eine monatliche Zahlung bis zu ihrem Lebensende an die Hypothekenkreditgesellschaft James B. Nutter & Company in Kansas City.[119] Ronald Reagan ist zu diesem Zeitpunkt nicht mehr Amt. Nach zwei Legislaturperioden im Weißen Haus, dem gesetzlichen Limit in den Vereinigten Staaten, führt die US-Regierung der neu gewählte Präsident George Herbert Walker Bush, der Vizepräsident der vergangenen acht Jahre.

Bis die Eigenkapitalumwandlungshypothek breite Akzeptanz bei Amerikas Senioren gewinnt, vergehen noch einige Jahre. Zwar nimmt das vom Staat gesponnene Sicherheitsnetz Banken die Furcht davor, Umkehrhypotheken anzubieten. Viele ältere US-Bürger scheuen dennoch zunächst vor dem Produkt zurück – nun auch aus Sorge um ihren finanziellen Ruf. Sie glauben, als bedürftig angesehen zu werden, wenn sie ihr Haus gegen eine monatliche Zahlung zur Aufstockung ihrer Rente abtreten, und bei den Kreditkartengesellschaften ein schlechteres Rating zu erhalten und höhere Zinsen zahlen zu müssen, wenn sie mit den Karten von American Express, Mastercard oder Visa ihre Einkäufe begleichen.

Als »Loan of last resort«, als »Kredit der letzten Instanz«, gelten die Eigenkapitalumwandlungshypotheken zunächst.[120] Das ändert sich erst, als das Gesetz 1992 nochmals nachgeschärft wird.[121] Dabei wird festgelegt, dass die Aufnahme einer Eigenkapitalumwandlungshypothek nicht in das Bonitätsrating der Kreditnehmer einfließen darf. Den kreditgebenden Banken wird damit zugleich untersagt, die Namen ihrer Kunden, die eine solche Umkehrhypothek abgeschlossen haben, an Wirtschaftsauskunfteien – vergleichbar der Schufa-Schutzgemeinschaft für allgemeine Kreditsicherung in Deutschland – zu melden.

Es ist der Schritt im Reformwerk, der der Eigenkapitalumwandlungshypothek in den Vereinigten Staaten endgültig zum Durchbruch verhilft – und seither Millionen US-Senioren ein finanziell abgesichertes Leben im Alter ermöglicht. Der Erfolg in den USA führt dazu, dass sukzessive weitere Staaten Umkehrhypotheken einführen. Mit zum Teil leicht veränderten Regelwerken.

KANADA – REVERSE MORTGAGE

In Kanada nutzen Senioren Reverse Mortgages (Umkehrhypotheken) in ähnlich großem Umfang wie in den benachbarten Vereinigten Staaten. Obwohl Kanada mit rund 38 Millionen Einwohnern nur ein Neuntel der Bevölkerung der USA mit 333,5 Millionen Menschen aufweist, addierte sich nach einem Bericht der kanadischen Finanzaufsichtsbehörde Office of the Superintendent of Financial Institutions (OSFI) das Gesamtvolumen der Mitte 2020 ausgereichten Umkehrhypotheken dort auf 4,3 Milliarden Kanadische Dollar (CAD) – umgerechnet zum damaligen Wechselkurs waren das rund 3,12 Milliarden Euro.[122]

Anbieten dürfen Reverse Mortgage in Kanada nur zwei speziell dafür zertifizierte Kreditinstitute: die HomeEquity Bank und die Equitable Bank.[123] Sie dürfen dabei zu ihrer Absicherung Zinssätze erheben, die deutlich über den durchschnittlichen Zinssätzen für gewöhnliche Immobilienkredite liegen. Zum Zeitpunkt der Drucklegung dieses Buches betrug der durchschnittliche Zinssatz, den Eigenheimerwerber in Kanada für Hypothekendarlehen mit fünfjähriger Zinsbindung zahlen mussten, nach Angaben des Vergleichsportals *ratehub.ca* rund 3,49 Prozent.[124] Dagegen erhoben die Anbieter von Umkehrhypotheken für Reverse Mortgages an Kunden mit einer statistischen Lebenserwartung von ebenfalls fünf Jahren Zinssätze von durchschnittlich 6,3 Prozent.[125]

Anders als in den USA dürfen im Ahorn-Staat Eigenheimbesitzer bereits im Alter von 55 Jahren einen Reverse-Mortgage-Vertrag abschließen.[126] Dafür darf sich die Umkehrhypothek jedoch nur auf maximal 55 Prozent des Marktwerts der Immobilie belaufen. Grundlage für die Berechnung der monatlichen Auszahlungen sind auch dabei die vom OSFI genehmigten Sterbetafeln der Kapitallebensversicherer.

Die Deckelung des während der voraussichtlichen Lebenserwartung des Kreditnehmers ausgezahlten Kreditbetrags auf maximal 55 Prozent des Immobilienwerts hat folgende Vorteile: Anders als in den USA muss in Kanada keine Kreditausfallversicherung abgeschlossen werden.[127] Denn es besteht keine Gefahr, dass Banken insolvent gehen könnten, weil die Immobilie so viel an Wert verliert, dass der ausgereichte Betrag während der Laufzeit der Umkehrhypothek nicht durch den späteren Wiederverkauf der Immobilie gedeckt wird. Zudem profitieren in diesem Fall die Erben. Übertrifft der Verkaufserlös des Eigenheims nach dem Tod des Kreditnehmers den insgesamt ausgezahlten Betrag im Rahmen der Umkehrhypothek, geht dieses Geld an die Kinder und andere im Testament bedachten Personen.

Der Wert der Immobilie muss von einem unabhängigen Sachverständigen ermittelt werden. Zudem müssen sich die Besitzer vor Abschluss einer Umkehrhypothek von einem Anwalt detailliert über die Konsequenzen des Vertragswerks beraten lassen.

Die Kosten trägt in beiden Fällen der Eigentümer der Immobilie. Für die Wertermittlung müssen, je nach Größe des Hauses, mindestens 150 kanadische Dollar gezahlt werden, maximal 400 kanadische Dollar. Die Rechtsberatung schlägt mit maximal 700 kanadischen Dollar zu Buche.[128] Diese Kosten sind auch dann vom Besitzer zu tragen, wenn er sich letztendlich gegen den Abschluss einer Reverse Mortgage entscheidet.

Aufgrund der Deckelung der Umkehrhypothek auf maximal 55 Prozent des Immobilienwerts fällt die monatliche Zahlung geringer aus als in den USA, wie folgende Beispielrechnung zeigt:

- Immobilienwert: 100 000 kanadische Dollar (Can-Dollar)
- maximaler Beleihungswert: 55 Prozent von 100 000 Can-Dollar = 55 000 Can-Dollar
- Lebenserwartung des Kreditnehmers laut Sterbetafel: fünf Jahre

- durchschnittlicher effektiver Zinssatz für fünfjährige Umkehrhypotheken zum Zeitpunkt der Drucklegung laut Equitable Bank: 6,3 Prozent[129]
- 55 000 Can-Dollar dividiert durch fünf Jahre = 11 000 Can-Dollar pro Jahr
- abzüglich des Zinssatzes von 6,3 Prozent = 10 307 Can-Dollar pro Jahr
- 10 307 Can-Dollar dividiert durch 12 Monate = 858,92 Can-Dollar pro Monat

AUSTRALIEN – REVERSE MORTGAGE

Im 25 Millionen Einwohner zählenden Staat auf der Südhalbkugel sind Reverse Mortgages (Umkehrhypotheken) seit 2012 durch den *National Consumer Credit Protection Act* – das nationale Gesetz zum Schutz der Kreditnehmer – streng reguliert.[130]

Banken, die Umkehrhypotheken vergeben, müssen strikte Vorgaben der Australian Securities and Investments Commission (ASIC), der nationalen Finanzaufsichtsbehörde, erfüllen und dieser jedes Jahr Bericht über alle ausgereichten Reverse Mortgages erstatten.[131] Jeder Bankangestellte, der Umkehrhypotheken bearbeitet oder Kunden dahingehend berät, muss zuvor eine Prüfung bei der ASIC ablegen.

Um Bankinsolvenzen zu verhindern, ist der Beleihungswert der Immobilie

- stark gedeckelt und
- an das Alter der Kreditnehmer angepasst und
- die Laufzeit der Umkehrhypotheken auf maximal zehn Jahre begrenzt.[132] Sterbetafeln werden deshalb nicht verwendet.

Eigenheimbesitzer können ab einem Alter von 60 Jahren eine Umkehrhypothek mit einer Laufzeit von maximal zehn Jahren auf ihre Immobilie aufnehmen. Grundlage ist bei einem Ehepaar immer das Alter des jüngeren Partners. Bei einem Alter von 60 Jahren beträgt der maximale Beleihungswert 20 Prozent des aktuellen Marktwerts des Hauses. Einige Banken setzen freiwillig den Beleihungswert mit nur 15 Prozent noch tiefer an.[133] Der aktuelle Marktwert der Immobilie wird durch einen von den Banken beauftragtem Gutachter bestimmt. Die Kosten werden durch die sogenannte Application Fee, die Bewerbungsgebühr, abgedeckt, die Grundeigentümer beim Antrag auf eine Umkehrhypothek an die Bank zahlen müssen. Während einige Kreditinstitute dafür keine Gebühr erheben, verlangen andere bis zu 950 australische Dollar (AUD).[134]

Mit jedem weiteren Lebensjahr der Immobilieneigentümer steigt der Beleihungswert um 1 Prozentpunkt. Ein 70-jähriger Besitzer kann somit eine Umkehrhypothek über maximal 30 Prozent des aktuellen Immobilienwerts aufnehmen, ein 80-jähriger über maximal 40 Prozent des aktuellen Immobilienwerts.[135]

Am Ende der Laufzeit von maximal zehn Jahren kann eine weitere Umkehrhypothek abgeschlossen werden. Grundlage für die Anschluss-Umkehrhypothek ist dann der aktuelle Marktwert der Immobilie abzüglich der Schulden, die durch die erste Umkehrhypothek aufgelaufen sind.

Hat ein 60-Jähriger eine Umkehrhypothek auf sein Eigenheim im Wert von 100 000 australischen Dollar aufgenommen, bekommt er von der Bank aufgrund des auf 20 Prozent begrenzten Beleihungswertes in den folgenden zehn Jahren maximal 20 000 australische Dollar ausgezahlt. Als 70-Jähriger kann er eine Anschluss-Umkehrhypothek über nun bis zu 30 Prozent des Beleihungswertes aufnehmen.

Ist der Marktwert der Immobilie gleich geblieben, beläuft sich der mit der Umkehrhypothek ausgezahlte Betrag auf maximal 30 Prozent von 80 000 australischen Dollar – der aktuelle Marktwert des Hauses abzüglich der aufgelaufenen Schulden aus der ersten Umkehrhypothek von 20 000 australischen Dollar. Das wären in diesem Fall 24 000 australische Dollar.

Ist der Marktwert der Immobilie um 10 Prozent auf 110 000 australische Dollar gestiegen, liegt der maximal ausgezahlte Betrag bei 27 000 australischen Dollar: 110 000 australische Dollar minus 20 000 australische Dollar dividiert durch 100 mal 30.

Ist der Marktwert der Immobilie um 10 Prozent auf 90 000 australische Dollar gesunken, könnte die Bank hingegen maximal 21 000 australische Dollar auszahlen: 90 000 australische Dollar minus 20 000 australische Dollar dividiert durch 100 mal 30.

Mit welchen monatlichen Zahlungen Eigenheimbesitzer entsprechend ihrem Alter bei Abschluss einer Umkehrhypothek rechnen können, macht folgende Tabelle am Beispiel einer Immobilie im Wert von 100 000 australischen Dollar (AUD) und dem zum Zeitpunkt der Drucklegung dieses Buches durchschnittlichen Zinssatz von 3 Prozent deutlich:[136]

Alter zu Beginn der Umkehrhypothek	maximaler Beleihungswert in %	Laufzeit in Jahren	monatliche Auszahlung in AUD
60 Jahre	20	10	161,67
65 Jahre	25	10	202,08
68 Jahre	28	10	226,33
70 Jahre	30	10	242,5
72 Jahre	32	10	258,67
75 Jahre	35	10	282,92
75 Jahre	35	5	565,83
78 Jahre	38	10	307,17
78 Jahre	38	5	614,33
80 Jahre	40	10	323,33
80 Jahre	40	5	646,67

Quelle: eigene Berechnungen, Annahme: Immobilienwert: 100 000 AUD, jährlicher Zinssatz effektiv: 3 %.

Die Tabelle zeigt zudem, dass ältere Eigenheimbesitzer, die in beispielsweise fünf Jahren in ein Seniorenheim ziehen wollen, durch eine kürzere Vertragslaufzeit bei ihrer Umkehrhypothek an eine deutlich höhere monatliche Zahlung gelangen können. Zu dieser Variante greifen zum einen Senioren, die in den ihnen verbliebenen gesundheitlich guten Jahren noch einmal größere Reisen unternehmen wollen. Alternativ können sie sich in diesen Fällen den gesamten Betrag der Umkehrhypothek auch auf einen Schlag auszahlen lassen.[137] Zum anderen nutzen Eigentümer im sehr fortgeschrittenen Alter eine kürzere Laufzeit, um einen Pflegedienst bezahlen zu können, wenn sie vorerst noch einige Jahre in ihrem Eigenheim leben wollen.

Wird eine Umkehrhypothek nicht mehr verlängert, weil der Grundeigentümer in ein Seniorenheim zieht, muss er die aufgelaufenen Schulden an die Bank zurückzahlen. In der Regel wird dazu die Immobilie verkauft. Übersteigt die Verkaufssumme die Verbindlichkeiten aus der Umkehrhypothek, kann der bisherige Eigentümer den Differenzbetrag behalten. Lässt sich die Immobilie hingegen nicht zu einem Preis verkaufen, der den aufgelaufenen Kreditbetrag deckt, kann die Bank das Haus übernehmen und versuchen, es selbst zu vermarkten. Gelingt es auch ihr nicht, einen Verkaufserlös zur Deckung der Schuldensumme zu erzielen, muss sie den Fehlbetrag als Verlust verbuchen. Weder der Kreditnehmer noch im Fall seines Todes seine Erben haften für etwaige Restschulden.[138]

GROSSBRITANNIEN – REVERSE MORTGAGE

In Großbritannien existieren zwei Formen von Reverse Mortgages (Umkehrhypotheken). Zum einen die sogenannten Lifetime Mortgages. Dabei erhalten die Eigenheimbesitzer, die eine Umkehrhypothek abschließen, wie in den USA und Kanada eine lebenslange monatliche Zahlung.[139] Möglich ist das ab einem Mindestalter von 55 Jahren, wobei bei Ehepaaren das Alter des jüngeren Partners zugrunde gelegt wird.[140] Zum anderen gibt es die sogenannten Home Reversion Plans. Dabei wird die Immobilie an eine Bank verkauft. Im Gegenzug erhalten die bisherigen Eigentümer ebenfalls eine lebenslange monatliche Zahlung.[141] Das gesetzliche Mindestalter zum Abschluss solcher Verträge beträgt 60 Jahre.[142]

Der monatlich gezahlte Betrag ist bei einem Home Reversion Plan zwar höher als bei einer Lifetime Mortgage. Dafür gehen bei einem Home Reversion Plan die Erben in jedem Fall leer aus – selbst wenn die bisherigen Besitzer nur einen Tag nach Unterzeichnung des Vertrags sterben sollten. Denn zuvor ist die Immobilie komplett an die Bank verkauft worden. Bei einer Lifetime Mortgage hingegen haben die Erben Anspruch auf den verbleibenden Differenzbetrag zwischen der Summe der ausgereichten Monatszahlungen und dem erzielten Verkaufspreis der Immobilie nach dem Tod der Besitzer.

In beiden Fällen richtet sich die Höhe des Betrags nach dem Alter der Besitzer bei Vertragsabschluss – bei Ehepaaren des jüngeren Partners – und ihrer voraussichtlichen Lebenserwartung gemäß den Sterbetafeln der Kapitallebensversicherer sowie dem aktuellen Marktwert der Immobilie. Da der britische Markt für Umkehrhypotheken nur geringfügig reguliert ist, können die Banken die Konditionen – vom Zinssatz über die Höhe der Kosten der Marktwertermittlung bis hin zum Beleihungswert – weitgehend individuell festlegen. Das zwingt Eigenheimbesitzer, die eine Umkehrhypothek abschließen wollen, die Angebote der Marktakteure penibel zu vergleichen.

Zudem hat die unzureichende Regulierung in der Vergangenheit immer wieder zu einer Reihe von Skandalen geführt.[143] Banken hatten unter anderem Verträge aufgesetzt, die Kunden nicht vor Zinsanstiegen schützten. Gerieten die Kreditnehmer in Zahlungsschwierigkeiten und überschuldeten sich, verloren sie ihr Eigenheim.[144] Die britische Finanzaufsichtsbehörde Prudential Regulation Authority, die zur Bank of England, der britischen Zentralbank, gehörte und inzwischen in ihr aufgegangen ist, warnte 2018 wiederholt, dass

Anbieter von Umkehrhypotheken zu leichtsinnig agieren und Risiken ausblenden würden.[145]

Das ohnehin geringe Vertrauen britischer Senioren in Umkehrhypotheken sank ein weiteres Mal im vergangenen Jahr. Im Februar 2021 veräußerte der bis dahin größte Anbieter von Home Reversion Plans, Hodge Equity, seine Lebensversicherungs- und Umkehrhypothekentochter Hodge Life Assurance an die US-Versicherungsgesellschaft Reinsurance Group of America.[146] Zwar erklärten Hodge Equity und die Reinsurance Group, die Konditionen bestehender Verträge würden nicht geändert.[147] Dennoch waren viele Kunden verunsichert. Finanzplattformen wie *MoneySavingExpert* raten Senioren seither einmal mehr, lieber ihr zu groß gewordenes Eigenheim zu verkaufen und in ein kleineres Haus oder eine Eigentumswohnung zu ziehen, anstatt eine Umkehrhypothek abzuschließen.[148]

FRANKREICH – VENTE EN VIAGER

In Frankreich hat die Immobilien-Leibrente, die hier »vente en viager« heißt, eine lange Tradition. Wer seine Immobilie verkauft, erhält vom Käufer eine regelmäßige Leibrente, die entweder monatlich, vierteljährlich oder jährlich ausgezahlt wird. Auch eine Kombination aus Rente und Einmalzahlung (Bouquet) aus dem Verkaufserlös ist möglich. Unterschieden werden zwei Arten von Verrentung: Bei der »viager occupé« (besetzten Leibrente) überträgt der Verkäufer seine Immobilie an den Käufer, behält aber das Nutzungs- und Wohnrecht. Er kann die Immobilie bis zu seinem Tod weiter bewohnen.

Bei der »viager libre« (freien Leibrente) wird die Immobilie verkauft, aber der Käufer kann das Objekt mit der Vertragsunterzeichnung selbst bewohnen, ohne auf den Tod des Verkäufers warten zu müssen.

In Frankreich beruht der Verkauf gegen Leibrente auf dem Zufallsprinzip.[149] Weder der Verkäufer noch der Käufer wissen zum Zeitpunkt der Unterzeichnung des Kaufvertrags, für welchen Betrag die Immobilie erworben wird, da dieser Betrag vom Todestag des Verkäufers abhängt. Der Verkauf einer Leibrente, bei dem das Zufallsprinzip fehlt, kann annulliert werden. Das ist insbesondere dann der Fall, wenn der Verkäufer zum Zeitpunkt der Unterzeichnung des Kaufvertrags krank war und innerhalb von 20 Tagen stirbt.

Die Höhe der Leibrente wird in der Verkaufsurkunde festgelegt und muss mehrere Elemente berücksichtigen:

- den Grundstückswert
- das Alter des Verkäufers
- die Zahlung eines Bouquets und dessen Höhe
- den freien oder besetzten Status der Immobilie, die als Leibrente verkauft wird

VOR- UND NACHTEILE DER FRANZÖSISCHEN LEIBRENTE

Wer sich für das lebenslange Wohnrecht entscheidet, muss beim Verkauf mit einem Abschlag auf den Grundstückswert seiner Immobilie rechnen. So werden Nutzungs- und Wohnrecht kompensiert, da der Käufer das Objekt nicht für sich nutzen kann – zumindest nicht bis zum Tod des Leibrentenbeziehers.

Der Immobilienverkäufer hat bei der französischen Leibrente folgende Vorteile, so das Ministerium für Wirtschaft, Finanzen und die industrielle und digitale Souveränität (Ministère de l'Économie, de Finances et de la Souveraineté industrielle et numérique):[150]

Als Verkäufer einer Immobilie auf Leibrentenbasis erhält man ab dem Zeitpunkt der Unterzeichnung des Kaufvertrags eine lebenslange Rente, die steuerlich begünstigt ist. Obwohl die Leibrente der

Einkommensteuer unterliegt, wird ein Freibetrag gewährt, dessen Höhe vom Alter des Verkäufers zum Zeitpunkt der ersten Rentenzahlung abhängt.

Somit wird nur ein Bruchteil der Leibrente wie folgt besteuert:

- 70 Prozent für eine erste Zahlung unter 50 Jahren,
- 50 Prozent bei einer ersten Auszahlung im Alter von 50 bis 59 Jahren,
- 40 Prozent bei einer ersten Auszahlung im Alter von 60 bis 69 Jahren,
- 30 Prozent für eine erste Einzahlung im Alter von über 69 Jahren.
- Die Einmalauszahlung (Bouquet) ist steuerfrei.

Der Verkäufer muss auch keine Grundsteuer und keine von der Hausverwaltung beschlossenen Arbeiten zahlen (bei einer Eigentumswohnung), auch nicht, wenn er die Immobilie weiterhin bewohnt. Bleibt er weiterhin in der Immobilie wohnen, zahlt er aber eine sogenannte Wohnsteuer (Taxe d'habitation).[151]

Der Immobilienkäufer und Zahlende einer Leibrente hat zwar den Vorteil, dass er seine Zahlungen in Raten leisten kann. Die Leibrente funktioniert ähnlich wie ein Kredit, nur dass der Käufer sie dem Verkäufer und nicht einer Bank schuldet und daher keine Gebühren anfallen. Andererseits weiß niemand, wie lange der Leibrentenbezieher lebt. Bei kurzer Lebensdauer kann man als Käufer eine Immobilie erworben haben, die deutlich unter dem Marktwert liegt – ein gutes Geschäft aus Sicht des Käufers. Es kann aber ebenso sein, dass das Objekt zu einem Preis gekauft wurde, der weit über dem Marktwert liegt, wenn der Leibrentenbezieher lange lebt. Wie die Sache ausgeht, weiß man erst nach dem Tod des Verkäufers.

DER FALL JEANNE CALMENT

Diese Erfahrung machte auch André-François Raffray, der viel Lehrgeld zahlte.[152] Er kaufte 1965 der damals 90-jährigen Französin Jeanne Calment ihre Eigentumswohnung im südfranzösischen Arles gegen ein lebenslanges Wohnrecht und eine monatliche Leibrente von 2.500 Francs (heute: rund 1.500 Euro) ab. Der 47 Jahre alte Notar hätte damit eigentlich ein gutes Geschäft machen können. Denn angesichts der damaligen Lebenserwartung war Madame Calment schon recht betagt und man konnte damit rechnen, dass die monatlichen Zahlungen nicht allzu lange erfolgen würden. Aber Madame machte ihrem Rentenzahler einen Strich durch die Rechnung: Als Raffray 30 Jahre später einem Krebsleiden erlag, lebte Jeanne Calment immer noch – wenn auch inzwischen in einem Altersheim. Nach dem Tod Raffrays musste dessen Tochter und Erbin immerhin noch zwei weitere Jahre monatlich die Rente zahlen. Calment starb erst 1997 im stolzen Alter von 122 Jahren und 164 Tagen – als damals ältester Mensch der Welt. Insgesamt hat sie vom Käufer und dessen Familie über 32 Jahre hinweg mehr als 487 000 Euro an Rente erhalten.

Damit war die Witwe Calment bestens abgesichert. Genau das, was Jahrhunderte zuvor Karl II. mit einem entsprechenden Gesetz beabsichtigt hatte. Karl II., 843 zum König des Reichs der Westfranken gekrönt und Herrscher über alle Ländereien vom Ärmelkanal bis zum Mittelmeer, erlässt 876 ein Gesetz, das eine Neuerung schafft: Käufer von Grundeigentum müssen dieses fortan nicht mehr auf einen Schlag bezahlen, sondern können dem bisherigen Eigentümer auch eine lebenslange Leibrente zukommen lassen.[153] Der ob seiner fehlenden Haarpracht auch als »Karl der Kahle« in die Historie eingegangene Monarch will damit die Witwen der in den Kriegen gefallenen Bauernsoldaten absichern. Sie sollen ihre Höfe gegen eine monatliche Zahlung verkaufen, jedoch selbst weiterhin nutzen können.

Karl legt damit ungewollt den Grundstein für die Leibeigenschaft der europäischen Bauern im Mittelalter. Er schafft damit aber auch die Grundlage für die noch heute in Frankreich übliche Form der Immobilienverrentung. Wer sein Grundeigentum im Nachbarland zu einer fortwährenden Ertragsquelle machen will, überträgt sie dem Käufer gegen eine lebenslange Leibrente.[154]

2006: REFORM DES VERBRAUCHERSCHUTZGESETZES

Seit der Reform des Verbraucherschutzgesetzes von 2006 dürfen Versicherungsgesellschaften in Frankreich Umkehrhypotheken offerieren. Bislang gibt es jedoch kaum professionelle Anbieter am Markt. Der Großteil der Leibrentenverträge wird bis heute zwischen Privatpersonen geschlossen.[155] Verkäufer und Käufer einigen sich dabei untereinander über den Wert der Immobilie und die Höhe der monatlichen Leibrentenzahlung. Der Vertrag wird von einem Notar rechtlich bindend besiegelt.[156] Trotz des ungewöhnlichen und weitgehend unregulierten Prozederes werden pro Jahr einige Tausend Verträge über Leibrenten geschlossen.[157]

Ärzten und Apothekern ist es seit Jahrhunderten untersagt, auf diese Weise Immobilien zu erwerben.[158] Dahinter steht die Sorge, Angehörige dieser beiden Berufsgruppen könnten ihr medizinisches Fachwissen nutzen, um den Verkäufer vorzeitig ins Jenseits zu befördern, um kaum Leibrente zahlen zu müssen.

Dafür haben gleich drei französische Präsidenten über Leibrentenverträge Immobilien erworben: Charles de Gaulle, Valéry Giscard d'Estaing und François Hollande.[159]

KAPITEL 6:

SENIORENDARLEHEN

5. Seniorendarlehen

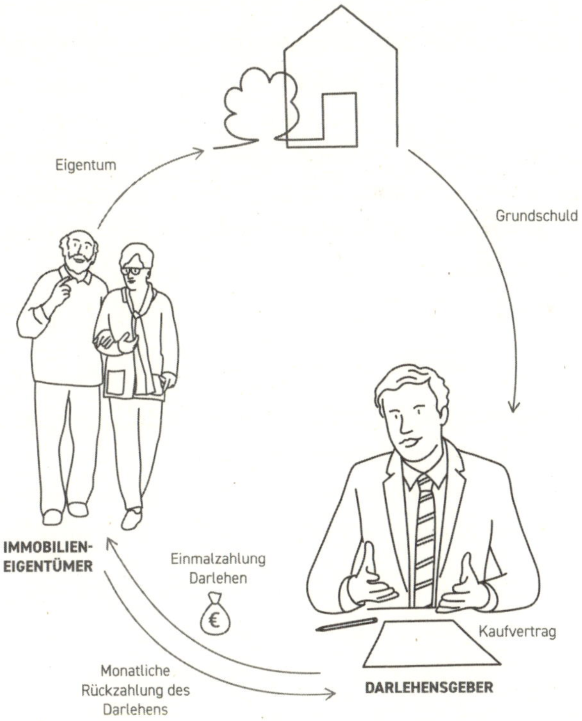

6.1 HYPOTHEKENDARLEHEN – Wohnen bleiben, Kredit aufnehmen, regelmäßig tilgen

Die Mehrzahl der älteren Immobilienbesitzer hat ihr Haus oder ihre Eigentumswohnung selbst finanziert. Die heutige Seniorengeneration gehört nicht zu den klassischen Erben. Daher wissen die meisten auch, was es heißt, über Jahrzehnte einen Kredit abzuzahlen. Soll man sich das Ganze wirklich noch mal antun?

Kaum ist der Kredit für das Eigenheim oder die Wohnung abgezahlt, stehen schon die ersten größeren Reparaturen an. Da die Immobilie mit ihren Besitzern gealtert ist, muss mit größeren Renovierungen genau dann gerechnet werden, wenn das Rentenalter erreicht ist. Je nachdem wie üppig die Rente ausfällt, kann es schon eng werden, das Zuhause aus eigenen Mitteln in Schuss zu halten. Vor allem wenn man so lange wie möglich dort wohnen bleiben möchte, geht es häufig nicht ohne altersgerechte Umrüstung des Badezimmers oder den Einbau eines Treppenlifts. Oder eine neue Heizung, eine neue Dacheindeckung ... Für Hausbesitzer hören Arbeit und finanzielle Belastung praktisch nie auf.

Für zahlreiche Eigentümer steht die Frage im Raum, wie künftig nicht nur die laufenden Kosten, sondern zusätzlich Renovierungen oder Sanierungen zu bestreiten sind, ohne dabei wieder auf vieles verzichten zu müssen. Denn für Umbauten und ein bisschen Luxus reicht die Rente nicht bei allen.

Die extrem niedrigen Bauzinsen der vergangenen Jahre luden geradezu dazu ein, wieder einen Baufinanzierungskredit aufzunehmen. Angesichts wieder gestiegener Zinsen (Mai 2022) drängt die Zeit, sich zu überlegen, ob es nicht doch sinnvoll ist, noch schnell einen Vertrag abzuschließen, bevor es zu teuer wird. In vielen Fällen ist indes keine Eile geboten, denn Senioren haben es immer vergleichsweise schwer, einen Kredit zu erhalten. Ab einem gewissen Alter, das von Bank zu

Bank unterschiedlich bewertet wird, kommt man als Darlehensnehmer ohnehin nicht mehr in Betracht. Andererseits gibt es auch immer mehr Banken, die ältere Menschen als neue Zielgruppe für spezielle Baufinanzierungen oder Ratenkredite entdecken. Welche Möglichkeiten es zurzeit gibt, sein Zuhause zu behalten und aufzumöbeln und dennoch nicht zu verarmen, lesen Sie auf den folgenden Seiten.

Musterrechnung Hypothekenkredit

Anbieter: Dr. Klein

Immobilienwert	**275.000,00 €**
Eigentümer / Eigentümerin (Alter)	Mann oder Frau (80)
Höhe des Darlehens	184.000,00 €
Zinsbindung	15 Jahre
Sollzins	1,85 %
Tilgung	3,75 %
zu zahlende Kreditrate, je Monat	**859,00 €**
Restschuld nach Ende der Zinsbindung	64.800,00 €
Gesamtlaufzeit der Rückzahlung (Zins und Tilgung)	22 Jahre*

* hypothetische Annahme, weil sich Zins und Beleihungsauslauf mit der Anschlussfinanzierung ändern können.

Vorteile des Hypothekenkredits

- Es stehen schnell größere Summen an Bargeld zur Verfügung.
- Aktuell (noch) moderate Kreditzinsen

Nachteile des Hypothekenkredits

- Wiederholte Belastung der Immobilie
- Der Kredit muss zurückgezahlt werden.
- Altersbeschränkungen bei manchen Banken
- Höhere Zinsen für Senioren

6.2 BANKENDARLEHEN FÜR SENIOREN

Als älterer Mensch noch ein Darlehen von der Bank zu bekommen, scheint für die meisten Rentner gar nicht mehr möglich zu sein. Die Hausbanken winken häufig bereits ab, wenn jemand gerade einmal das 60. Lebensjahr erreicht hat. Vielmehr sollte man bis dahin seine Kredite mal langsam zurückgezahlt haben und nicht schon wieder neue Schulden aufnehmen. Doch das Blatt wendet sich – zugunsten der älteren Bevölkerung, deren Angehörige mehrheitlich über Jahrzehnte hinweg bewiesen haben, dass sie in Geldgeschäften zuverlässig sind. Auch, weil der Gesetzgeber nachgebessert hat.

Von 2016 an war es für Senioren zunächst nahezu unmöglich, einen Baukredit zu bekommen. Im März jenes Jahres trat die europäische Wohnimmobilienkreditrichtlinie (MCD)[160] in Kraft, die im Kern besagte: Darlehen sollten künftig noch zu Lebzeiten vollständig getilgt sein. Selbst angesichts steigender Lebenserwartungen von Frauen und Männern war damit klar vorgegeben, dass ein Mann schon mit Anfang 60 Schwierigkeiten haben würde, noch eine Immobilie zu finanzieren. Doch auch eine Frau, deren durchschnittliche Lebenserwartung mit 83,6 Jahren fast fünf Jahre höher liegt, hatte schlechte Karten, in dem Alter noch ein Hypothekendarlehen für den Kauf eines Hauses oder einer Wohnung zu erhalten.

Wer nicht gerade eine späte üppige Erbschaft erwartete oder einen vermögenden neuen Partner fand, blieb grundsätzlich außen vor. Selbst relativ vermögende Senioren wurden häufig abgewiesen. Denn mit der Umsetzung der MCD gingen strenge Haftungsregeln einher, die viele Banken abschreckten. Das Motto: Lieber kein Geschäft als ein Geschäft, bei dem Ärger programmiert ist.

Bis heute gehen viele Banken auf Nummer sicher, weil der Gesetzgeber eine strengere Kreditvergabe fordert und die Banken verpflichtet, die Kreditwürdigkeit der Darlehensnehmer intensiver zu prüfen. Im Gegenzug hat er aber nicht exakt festgelegt, bis wann ein Kredit zurückgezahlt werden muss. Binnen 15 Jahren? Oder 20 Jahren? Können meine Erben das erledigen? Im Grunde ist das alles Verhandlungssache.

Udo Zimmermann, Bankkaufmann und Spezialist für Baufinanzierungen beim Finanzierungsvermittler Dr. Klein, bemängelt (siehe Interview Seite 233), dass es keine »glasklaren« Leitlinien für die Banken gibt. So würden einige Institute eher übervorsichtig handeln, andere hingegen mehr Risiken eingehen. Seiner Erfahrung nach sind es häufig die Hausbanken, die zwar für die meisten Kreditnehmer als erste Ansprechpartner dienen, aber auch am ehesten abwinken. Eine finanzierende Bank zu finden, sei eine echte Herausforderung – aber nicht unmöglich.

Denn inzwischen wurden ein paar starre Regelungen gelockert. So dürfen Immobilien beispielsweise wieder als Sicherheit für einen neuen Kredit dienen und die Chancen, auch jenseits einer bestimmten Altersgrenze noch als kreditwürdig zu gelten, steigen wieder – vor allem mit einer guten Rente oder bei ordentlichem Einkommen aus Kapitalerträgen. Schlechte Karten haben nach wie vor Rentner, die nur sehr kleine Einkommen oder sogar Grundsicherung beziehen. Wer weniger als 1.600 Euro monatlich zur Verfügung hat, kommt für eine Bank als Darlehensnehmer grundsätzlich nicht in Betracht. Eine geringe Rente ist neben fortgeschrittenem Alter das K. o.-Kriterium. Ältere Leute haben schlicht viel weniger Zeit, um eine Bankschuld zu begleichen. Deshalb sind immer noch viele Institute eher zurückhaltend bei der Kreditvergabe.

Anfänglich hohe Tilgungen, die eine Darlehensschuld schneller verkleinern, können aber die Chancen erhöhen, einen Kredit zu erhalten, sagt die Finanzmaklerin Susanne Kazemieh.[161] Flexible Tilgungsmöglichkeiten ohne Vorfälligkeitsentschädigung sind aus ihrer Sicht ebenfalls ein probates Angebot, das man Banken offerieren könnte. Wenn während der Kreditlaufzeit eine Lebensversicherung oder ein Sparvertrag fällig wird, könnten diese finanziellen Mittel für Sondertilgungen genutzt werden – und somit Laufzeiten verkürzen und Belastungen reduzieren.

Auch andere Kriterien spielen inzwischen wieder eine Rolle: Da immer mehr Senioren in ihren Immobilien alt werden möchten, stehen auch Umbauten und Modernisierungen an. Vom Treppenlift bis zum altersgerechten Badezimmer steigern Ein- und Umbauten den Wert einer Immobilie in der Regel. Dadurch erhält auch ein Kredit, der für solche Arbeiten eingesetzt wird, einen anderen Stellenwert. Ist die Immobilie dadurch mehr wert, sinkt auch das Kreditrisiko der Bank – vorausgesetzt, es sind die »richtigen« Modernisierungen.

MODERNISIERUNGSKREDITE

Wer sein Haus von Grund auf sanieren will und dafür eine größere Summe benötigt, die jenseits der 50 000 Euro liegt, fährt mit einer weiteren Baufinanzierung am besten. Da die Kreditzinsen auch aktuell noch zwischen 2 und 3 Prozent (April 2022) liegen, ist es das günstigste Angebot, wenn auch mit viel bürokratischem Aufwand verbunden. Die zweite Möglichkeit ist der zweckgebundene Ratenkredit, bei dem die Zinslast zurzeit zwischen 3 und 4 Prozent liegt (April 2022). Die Abwicklung ist einfacher als bei einem Baukredit und auch kostengünstiger, weil Gebühren für Grundbucheintragungen und Notarkosten wegfallen. Der freie Ratenkredit ist meist die teuerste Variante, weil der Kreditnehmer mit dem Darlehen machen kann, was er will. Die Zinsen dafür liegen zurzeit zwischen 3 und 10 Prozent.

Musterrechnung Modernisierungsfinanzierung Eigenheim

Anbieter: Interhyp	**Beispiel**
Immobilienwert:	**450.000,00 €**
Eigentümer / Eigentümerin (Alter)	unwichtig
Höhe des Darlehens	150.000,00 €
Zinsbindung	10 Jahre
gebundener Sollzins	2,15 %
effektiver Jahreszins	2,17 %
zu zahlende Kreditrate, je Monat	**520,00 €**
Restschuld nach Ende der Zinsbindung	116.564,00 €
Gesamtverkauf nach 10 Jahren	
Immobilienwert nach 10 Jahren (bei +2% p.a.)	548.547,49 €
abzüglich Restschuld	-116.564,00 €
abzüglich gezahlter Kreditraten gesamt	-62.400,00 €
Verkaufserlös für den Kreditnehmer	**369.583,49 €**

Das Beispiel bezieht sich auf ein Eigenheim im Landkreis Harburg mit einem Marktwert von 450 000 Euro und einem gewünschten Modernisierungskredit von 150 000 Euro.
Quelle: https://www.interhyp.de/baufinanzierungsrechner/#/wizard_result
(Stand: 1. April 2022)

1. NEUE BAUFINANZIERUNG

Wer seine Immobilie rundum modernisieren will und eine größere Summe dafür veranschlagt, kann eine Baufinanzierung aufnehmen. Das ist immer die günstigste Variante, weil die Zinsen für Baudarlehen günstiger sind als für andere Finanzierungsformen. Voraussetzung für ein Darlehen ist zunächst einmal eine weitgehend schuldenfreie Immobilie. Ist das Haus noch mit einer Restschuld belastet, wird die Bank je nach Höhe der Restschuld entscheiden, ob die geplanten Modernisierungen den Wert der Immobilie so weit steigern werden, dass dadurch das Risiko eines Kreditausfalls kompensiert wird.

Sollte die Bank zustimmen und einen neuen Kredit gewähren, werden in der Regel nur Maßnahmen finanziert, die langfristig den Wert der Immobilie erhöhen. Ein neues Dach, neue Fenster, eine

Fassadenmodernisierung, ein Dachausbau, ein zusätzliches Bad, energiesparende Maßnahmen und alles, was das Leben im Alter erleichtert, werden dazu gerechnet. Schickes Laminat im Wohnzimmer, eine neue Einbauküche oder teure Lampen in der Decke des Schlafzimmers zählen eher nicht dazu. Letztendlich entscheidet aber die Bank darüber. Der Finanzierungsvermittler Dr. Klein macht jedoch darauf aufmerksam, dass sich ein Baudarlehen nur lohnt, wenn wirklich Summen jenseits der 50 000 Euro finanziert werden sollen. Ansonsten stehen Aufwand und Kosten (Grundbuchgebühren, Notarkosten) nicht im Verhältnis zur Ersparnis durch den geringeren Zins.[162]

2. ZWECKGEBUNDENER RATENKREDIT

Wie häufig gibt es heutzutage für ein und dieselbe Sache viele verschiedene Bezeichnungen: Dieser Kredit heißt manchmal auch »Modernisierungskredit«, »Sanierungskredit«, »Renovierungskredit« oder schlicht »Wohnkredit«. Mit der Anzahl an Anbietern wächst auch das Repertoire an Begriffen. Gemeint ist aber immer dasselbe: ein zweckgebundener Ratenkredit.

Wer sich als Immobilienbesitzer über einen solchen Ratenkredit Geld von der Bank leiht, muss seine Schuld durch regelmäßige Rückzahlungen plus Zinsen im Laufe einer festgelegten Frist tilgen. Die Zinsen sind in diesem Fall günstig (wenn auch nicht so günstig wie bei einer klassischen Baufinanzierung), weil das Darlehen nur für einen bestimmten Zweck eingesetzt werden darf. Die Summe, die man sich leihen kann, liegt zwischen 5.000 und 50 000 Euro. Im Unterschied zum Baudarlehen darf die Immobilie bei diesen Krediten sogar noch mit einer Restschuld belastet sein. Es gibt auch keinen Eintrag im Grundbuch. Laut Dr. Klein[163] ist die Verfügungsfreiheit beim zweckgebundenen Kredit recht groß: Sowohl die neue Einbauküche als auch ein Carport oder eine neue Terrasse lassen sich so finanzieren. Außerdem sei dieser Kredit mit weniger bürokratischem

Aufwand verbunden und sehr viel schneller zurückzuzahlen. In manchen Fällen besteht die Bank jedoch auf konkreten Kostenvoranschlägen für die geplanten Modernisierungen.

3. FREIER RATENKREDIT

Im Gegensatz zum zweckgebundenen Ratenkredit ist man bei dieser Variante vollkommen frei in seiner Entscheidung, wofür man das geliehene Geld einsetzt: Weltreise, neues Auto, Studiendarlehen des Enkels ablösen – alles kein Problem. Für Immobilienbesitzer, die das Geld für die Modernisierung ihres Zuhauses nutzen wollen, lohnt es sich aber, genau zu vergleichen. Wer sich beispielsweise bei der ING Bank[164] aktuell (Stand: 20. April 2022) 20 000 Euro leiht, bezahlt einen effektiven Jahreszins von 3,59 Prozent. Die monatlichen Raten liegen bei 269,07 Euro über 84 Monate. Insgesamt zahlt man als Kreditnehmer 22 601,10 Euro. Schließt man über denselben Betrag einen sogenannten »Wohnkredit« bei ING ab, zahlt man monatlich 268,26 Euro zurück, weil der Zins bei 3,49 Prozent liegt. Insgesamt kostet das Darlehen nach 84 Monaten 22 533,07 Euro.

Je nach Bank können die Zinsunterschiede sehr groß sein – aber auch die Konditionen, die auf den ersten Blick in den üblichen Kreditrechnern gar nicht zu sehen sind. So gibt es einen »Turbokredit« bei der Solarisbank[165] über 20 000 Euro, der zu einem effektiven Jahreszins und Sollzins von nur 0,68 Prozent angeboten wird (nur im April 2022) und bei 84 Monaten Laufzeit monatlich 243,86 Euro kostet. Der Haken dabei: Der Kreditnehmer darf bei Auslauf des Kredits höchstens 67 Jahre alt sein. Und an Selbstständige wird er ohnehin nicht vergeben. Zwei Drittel der Kunden[166] erhalten hingegen bei der Solarisbank einen solchen Kredit zu vollkommen anderen Konditionen: effektiver Jahreszins 6,49 Prozent, Sollzins 6,30 Prozent. Und dann kostet der Kredit 24 788,40 Euro und nicht wie im Angebot nur 20 484,24 Euro.

Bei der Norisbank würde dieser Kredit 249,93 Euro zum Vergleichszeitpunkt April 2022 monatlich kosten (Gesamtkosten: 20 994,12 Euro) – bei einem effektiven Jahreszins von 1,39 Prozent und einem Sollzins von 1,38 Prozent. Aber Selbstständige sind von der Kreditvergabe ausgenommen und alle anderen müssen Gehaltsabrechnungen und Kontoauszüge vorlegen und werden somit auf ihre Bonität hin überprüft. Allzu viele Kreditnehmer werden auch hier nicht in den Genuss des günstigen Zinses kommen. Denn zwei Drittel der Kunden bei der Norisbank erhalten diesen Kredit zu einem effektiven Jahreszins von 3,70 Prozent und einem Sollzins von 3,64 Prozent. Gesamtkosten des Kredits: 22 685,04 Euro. Die Bandbreite des Jahreszinses liegt bei der Norisbank zwischen 1,39 und 8,90 Prozent.

ZAHLT MAN ALS SENIOR HÖHERE ZINSEN?

Jein. Darüber dürfte auch in Zukunft trefflich diskutiert werden. Die Zinsen, die ein Kreditnehmer zahlt, sind vom Alter unabhängig, ist man beim Finanzierungsvermittler Dr. Klein überzeugt. Vielmehr seien bei einer Baufinanzierung die Höhe des gewünschten Kredits, der Wert der Immobilie in Relation zum gewünschten Auszahlungsbetrag und die Zinsbindung entscheidend. Die aktuellen Zinssätze liegen zwischen 2 und 3 Prozent (Stand: 20.04.2022).

Andererseits gibt es Banken, die ausdrücklich darauf aufmerksam machen, dass Rentner bei ihnen mit höheren Zinsen bei Baufinanzierungen rechnen müssen. Der Finanzierungsvermittler Interhyp beispielsweise erklärt, wer in den Genuss von »Top-Zinsen« kommt:[167] Dazu gehören grundsätzlich Beamte sowie andere Kreditnehmer, die »beruflich gut abgesichert« sind. Selbstständige oder Rentner müssen hingegen mit einem höheren Zinssatz rechnen.

FAZIT

Leider gibt es keine einheitlichen und klaren Spielregeln bei der Vergabe von Krediten an Senioren. Weder eine Altersgrenze noch eine zwingende Rückzahlungsfrist sind gesetzlich geregelt. Wohl oder übel muss sich jeder Rentner, der ein Baufinanzierungsdarlehen oder einen Ratenkredit abschließen möchte, selbst durch den Dschungel an Anbietern kämpfen. Zum Telefon zu greifen und einige Banken anzurufen, ist dabei nicht die schlechteste Lösung. Dann weiß man wenigstens von Anfang an, ob überhaupt eine Chance auf einen Kredit besteht. Falls nicht, kann man die Bank gleich abhaken.

Einen Finanzierungsvermittler einzuschalten, ist eine weitere Möglichkeit, sich schnell ein Bild zu verschaffen. Solche Profis verfügen generell über den größeren Überblick und wissen aus Erfahrung, welche Banken und Kreditinstitute offen sind für ältere Darlehensnehmer.

Sich selbst im Internet »schlau« zu machen, ist eher selten von Erfolg gekrönt.

Denn die vielen lukrativen Angebote entpuppen sich aufgrund zahlreicher Auflagen häufig als nicht mehr so attraktiv, wie sie anfangs erscheinen. Top-Zinsen erhalten am Ende nur Top-Verdiener mit bester Bonität. Die meisten Bankkunden zahlen wesentlich mehr, als die günstigen Zinsofferten weismachen wollen. Aber angenommen, es findet sich eine Bank, die mir als Rentner ein günstiges Angebot macht, so darf dennoch nicht vergessen werden, dass das geliehene Geld zurückgezahlt werden muss. Kommt man mit der Bank ins Geschäft und kann mit ihr aushandeln, dass der Kredit nicht mehr zu Lebzeiten getilgt werden muss, ist man fein raus. Dann wird die Immobilie nach dem Tod verkauft und der Kredit mithilfe des Erlöses getilgt. Was übrig bleibt, geht an die Erben. Nur wenige Banken lassen sich aber auf solche Lösungen ein.

Vorteile von Bankendarlehen

- Zurzeit noch niedrige Zinsen (Stand April 2022)
- Planungssicherheit aufgrund langfristiger Zinsfestschreibung

Nachteile von Bankendarlehen

- Belastung der Immobilie mit neuen Schulden
- Bedienung von Zins und Tilgung
- Höhere Summen sind nur als Baukredit möglich.
- Die Zinslast variiert mit der Art des Kredits.
- Ein niedriges Zinsangebot gilt häufig nicht für Senioren.
- Der Vergleich der verschiedenen Angebote ist für den Laien schwierig.

6.3 DAS »BESTAGER«-DARLEHEN DER ALLIANZ

Die Versicherungsgruppe Allianz bietet ein speziell für Senioren entwickeltes Darlehen an. Seit Neuestem kann der Kredit auch in eine Rente umgewandelt werden.

Die Versicherungsgruppe Allianz hat ebenfalls ältere Menschen als Zielgruppe für ein neues Produkt ausgemacht: die »BestAger-Finanzierung«. Dabei handelt es sich um ein Darlehen, das der Konzern in Deutschland als Alternative zur Immobilienverrentung anbietet. Im Jahr 2020 als Pilotprojekt gestartet, gehört BestAger inzwischen zum dauerhaften Angebot der Allianz.

In den Genuss dieses Darlehens kommt man, wenn man mindestens 60 Jahre alt ist – bei Ehepaaren reicht es aus, wenn ein Partner 60 Jahre alt ist. Eine Altersbeschränkung nach oben gibt es nicht. Zudem muss man eine selbstgenutzte und abbezahlte Immobilie sein Eigentum nennen. Im Einzelfall akzeptiert die Allianz seit dem Sommer 2021 Vorlasten im Grundbuch von bis zu 10 Prozent des Marktwertes, sofern der Kredit zeitnah ablösbar ist. Dazu müsste die finanzierende Bank damit einverstanden sein, den Kreditnehmer kurzfristig aus dem laufenden Darlehen zu entlassen. Der Kredit würde direkt durch die Allianz abgelöst. Allerdings ist die Bank dazu nicht verpflichtet. Wer noch ein Hypothekendarlehen bei seiner Bank laufen hat, sollte im Vorfeld klären, ob er aus der laufenden Finanzierung aussteigen kann, rät der Allianz-Vertrieb.[168]

Weitere Voraussetzungen für den BestAger-Kredit: Darlehensnehmer müssen monatlich über 700 Euro Rente je Ehepartner oder 1.000 Euro als Alleinstehender und über gute Bonität verfügen. Als Indikator dafür gilt auch, keinen negativen Schufa-Eintrag zu haben. Damit will man laut Allianz sicherstellen, dass die monatlichen Darlehensraten auch zurückgezahlt werden können. Als Sicherheit für den Kredit dient der Allianz der erstrangige Grundschuldeintrag im Grundbuch.

Im Gegenzug erhält der Darlehensnehmer einen Kredit, der sich an der Höhe des Marktwertes der Immobilie orientiert. Haus oder Eigentumswohnung können mit bis zu 40 Prozent dieses ermittelten Wertes beliehen werden. Zurückgezahlt wird das Darlehen in monatlichen Raten – auf Wunsch auch tilgungsfrei.[169] Sollte der Kreditnehmer während der Laufzeit sterben, können die Erben entweder die Restschuld weiter abzahlen, den offenen Betrag per Einmalzahlung (ohne Vorfälligkeitsentschädigung) begleichen oder aus dem Verkauf der Immobilie die Schulden tilgen.

Wer seine Immobilie während der Darlehenslaufzeit verkaufen will, ins betreute Wohnen zieht oder ganz andere Pläne hat, »kann den Darlehensvertrag nach zehn Jahren mit einer Frist von sechs Monaten kündigen und damit das Darlehen ohne weitere Kosten beenden. Bei einer früheren Kündigung berechnet der Darlehensgeber eine Vorfälligkeitsentschädigung«, so die Pressemitteilung einer Allianz-Vertriebsagentur.[170]

Seit dem Herbst 2021 ist es zusätzlich möglich, das Darlehen vollständig oder teilweise zu verrenten – sogar lebenslang. »Durch die lebenslange Zahlungsgarantie wird die monatliche Rente auch noch gezahlt, wenn das dahinter stehende Kapital rechnerisch aufgebraucht ist«, heißt es weiter in der Mitteilung.[171] Bei Eheleuten endet die Rentenzahlung, wenn der letzte Darlehensnehmer verstorben ist.

Laut Allianz gilt diese Regelung für Kunden, die sich beispielsweise dafür entscheiden, ihr Kapital in eine Sofortrente der Allianz zu investieren und einen neuen Vertrag abzuschließen. Es ist auch möglich, das Kapital aus der BestAger-Finanzierung in eine Pflegeabsicherung oder einen altersgerechten Hausumbau zu investieren.

Das BestAger-Darlehen selbst ist nicht zweckgebunden und kann für alles Mögliche genutzt werden: für die schon lange geplante Kreuzfahrt, das Wohnmobil oder längst fällige Renovierungen, energetische Modernisierungen oder altersgerechte Umbaumaßnahmen, die im Übrigen allesamt den Wert der Immobilie weiter steigern.

Die Allianz hat dafür eine Beispielrechnung:

Ein Paar, beide 65 Jahre alt, mit einer abbezahlten und selbstgenutzten Immobilie im Wert von 300 000 Euro plant einen altersgerechten Umbau. Dazu gehören die barrierefreie Komplettsanierung des Badezimmers, die Installation eines Senkrechtaufzugs, eine Verbreiterung aller Türen sowie der Kauf einer neuen ebenfalls barrierefreien Küche. Die Kosten des geplanten Umbaus in Höhe von 62 000 Euro werden durch die Beleihung der Immobilie gedeckt. Das Paar erhält über die BestAger-Finanzierung ein tilgungsfreies Darlehen mit einer monatlichen Rate von 54,81 Euro.

Wert der Immobilie: 300 000,00 Euro
tilgungsfreies Darlehen: 62 000,00 Euro
monatliche Ratenzahlung: 54,81 Euro
Zinsen gesamt über 10 Jahre: 6.577,20 Euro
Zinsen gesamt über 15 Jahre: 9.865,80 Euro

Die Allianz wirbt für ihr Produkt mit »attraktiven Zins-Konditionen«, niedrigen monatlichen Raten, da keine Tilgung erfolgt, und langfristigen Zinsbindungen von beispielsweise 10,15 oder 20 Jahren, die für Planungssicherheit sorgen sollen.

Wie hoch der Kredit insgesamt ausfällt, hängt von der Werteinschätzung der Immobilie ab. Die Wertermittlung erfolgt nach Angaben der Unternehmenskommunikation der Allianz Deutschland AG durch die Allianz-Baufinanzierung, die dazu eigene Immobiliensachverständige einsetzt.

FAZIT

Die Allianz hat mit BestAger eine Lücke im Bereich der Kreditfinanzierung im Alter geschlossen. Vor allem die Möglichkeit, die Tilgung des Darlehens zu Lebzeiten auf null fahren zu können, dürfte für viele Senioren mit schmalem Geldbeutel ein echtes Argument sein. Auch die Regelung, dass die Erben das Darlehen entweder weiterführen oder ohne Vorfälligkeitsentschädigung zurückzahlen können, spricht für das Angebot. Aber: Auch die Allianz muss prüfen, ob ein

Kreditnehmer noch in der Lage ist, seine Zinszahlungen aus seiner Rente zu stemmen.

Vorteile des BestAger-Darlehens

- Immobilienbesitzer bleiben in ihrem Zuhause, so lange sie wollen.
- Keine Altersbegrenzung nach oben jenseits des 60. Lebensjahres.
- Niedrige monatliche Raten aufgrund des niedrigen Zinsniveaus.
- Zins- und Planungssicherheit durch langfristige Zinsfestschreibung.
- Aussetzung der Tilgung möglich.
- Darlehenstilgung erst bei Tod des Kreditnehmers.
- Keine Gesundheitsprüfung.
- Mögliche Wertsteigerung der Immobilie erhöht den Gewinn für die Erben.

Nachteile des BestAger-Darlehens

- Mindestrente von 1.000 Euro erforderlich.
- Ehepaare als gemeinsame Immobilienbesitzer müssen gemeinsam Darlehensnehmer werden. Das gilt auch dann, wenn ein Partner während der Ehe das Objekt erwirbt und Zugewinngemeinschaft besteht.

6.4 BAUKREDIT ALS IMMOBILIENRENTE

Immer mehr regionale Banken bieten ihren Kunden im Rentenalter spezielle Darlehen an, die darauf angelegt sind, dass sie nicht mehr zu Lebzeiten zurückgezahlt werden müssen. Wer eine (weitgehend) schuldenfreie Immobilie besitzt und monatliche Zinsen zahlen kann, kommt mit den Kreditgebern ins Geschäft und kann so seine Rente aufbessern. Meist wird die Rückzahlung des Kredits erst mit dem Tod des Immobilienbesitzers fällig und aus dem Verkaufserlös des Wohneigentums bestritten.

DAS RENTENDARLEHEN DER SPARKASSE AM NIEDERRHEIN

Das Verbraucherinformationsportal *Finanztip*[172] hat im vergangenen Herbst ein Angebot gefunden, das die Sparkasse am Niederrhein speziell für Senioren anbietet, das sich »Sparkassen-Rentendarlehen«[173] nennt und bundesweit gilt. Dabei wird die abbezahlte Immobilie (minimale Restschulden werden bis zu 10 Prozent des Verkehrswerts akzeptiert) wiederum mit einem Kredit belastet, der zu Lebzeiten nicht getilgt werden muss (aber getilgt werden kann). Darum sollen sich später die Erben kümmern. Der Kreditnehmer zahlt nur die monatlichen Zinsen, die auf 5, 10 oder 15 Jahre festgelegt werden können. Das Darlehen ist auf 15 Jahre begrenzt, kann aber auch auf Wunsch verlängert werden. Der Beleihungswert liegt bei maximal 35 Prozent (siehe Beispielrechnung). Das heißt: Die Bank rechnet 65 Prozent des eigentlichen Wertes der Immobilie als Sicherheitspuffer herunter. Die Darlehenssumme wird als monatliche Zusatzrente ausgezahlt. Spätestens nach 15 Jahren muss das Darlehen getilgt werden, so *Finanztip*. Entweder wird das Haus dann verkauft und aus dem Verkaufserlös der Kredit abbezahlt oder aber die Erben oder der

Kreditnehmer selbst zahlen das Geld zurück – was aber eher unwahrscheinlich ist.

Musterrechnung Auszahlplan mit Kapitalverzehr

Anbieter: Sparkassen-Rentendarlehen (S-RentaPlan)	**Beispiel**
Immobilienwert	450.000,00 €
Verkäufer / Verkäuferin (Alter)	nicht relevant
Sicherheitsabschlag auf den Beleihungswert:	65 %
Obergrenze für ein mögliches Darlehen	157.500,00 €
Wunschrente monatlich	**400,00 €**
Laufzeit der Auszahlung	10 Jahre
dafür notwendiger Darlehensbetrag	60.299,00 €
Sollzins	2,04 %
Effektiver Jahreszins	2,70 %
Kosten für Zinsleistung monatlich	**102,51 €**
nach 10 Jahren noch verfügbarer Verrentungswert	97.201,00 €

Der S-RentaPlan ist ein abgezinster Sparkassenbrief mit Auszahlplan. Das Kapital wird während der Laufzeit verzehrt. Die Zinsen werden monatlich gezahlt und sind steuerpflichtig. In dieser Modellrechnung wurden keine Steuern berechnet.

Quelle: https://module.sparkasse-am-niederrhein.de/de/home/privatkunden/altersvorsorge/rentendarlehen/berechnung.html?n=true&stref=primarybutton&_ga=2.25578169.566840503.1650549279-1620430292.1650549279
(Stand: 1. April 2022)

DIE VR IMMOFIX SOFORTRENTE DER VR BANK MÜNCHEN LAND

Das Angebot der VR Bank München Land gilt nur für Rentner aus München und Umgebung, die mindestens 60 Jahre alt sind und eine (möglichst) schuldenfreie Immobilie »in gutem Zustand«[174] besitzen. In Einzelfällen kann über die Restschulden verhandelt werden.

Das Rentendarlehen wird entweder einmalig ausgezahlt oder als monatliche Rente. Die Höhe des Darlehens bemisst sich am aktuellen Marktwert der Immobilie. Ausgezahlt werden aber maximal 50 Prozent dessen, was die Immobilie bei Vertragsabschluss wert ist. Vorsicht: Die Zinsen für den Kredit sind variabel und können sich im Laufe der Zeit erhöhen. Die Tilgung des Kredits kann ausgesetzt werden, so dass man nur die monatliche Zinszahlung aufbringen muss. Entweder wird das Darlehen nach dem Tod des Kreditnehmers durch den Verkauf der Immobilie getilgt oder aber durch die Erben, wenn sie die Immobilie behalten wollen. Bei Sonderzahlungen gibt es keine Vorfälligkeitsentschädigung. Zusätzliche Gebühren erhebt die Bank keine, aber die Kosten für den Notar und den Grundbucheintrag bezahlt der Kunde.

VR EIGENHEIM&FLEXIBILITÄT DER VR-BANK WÜRZBURG

Auch die bayerische VR-Bank Würzburg[175] bietet eine Immobilienrente auf Basis eines Kredits an – für ihre lokalen Kunden in der Region Würzburg. Auch in diesem Fall kann der Kredit einmalig oder als monatliche Rente ausgezahlt werden. Das Darlehen darf maximal 50 Prozent des Marktwertes betragen, die Immobilie sollte schuldenfrei sein. Falls noch Restschulden auf dem Objekt lasten sollten, wird im Einzelfall entschieden, ob ein Kredit möglich ist oder nicht. Für den Kredit zahlt man variable Zinsen, die künftig steigen und den Kredit verteuern können. Getilgt werden kann das Darlehen jederzeit – ob teilweise oder auf einen Schlag, spielt keine Rolle. Dafür erhebt die Bank keine Vorfälligkeitsentschädigung. Wer zu Lebzeiten mehr Geld für sich behalten will, kann die Tilgung auch komplett aussetzen. Dann wird das Eigenheim entweder nach dem Tod des Kreditnehmers verkauft und aus der Verkaufssumme die Tilgung bestritten. Oder aber die Erben tilgen den Kredit, wenn sie das Haus behalten wollen.

VR BANK STARNBERG-HERRSCHING-LANDSBERG

Schon im Alter ab 50 Jahren kann man bei der VR Bank Starnberg-Herrsching-Landsberg eine Immobilienrente erhalten. Das Angebot gilt aber nur für Kunden aus der Region. Die VR Bank bietet die Rente in Kooperation mit der DZ Privatbank an.[176] Das eigentliche Darlehen vermittelt die VR Bank an die DZ Privatbank weiter, an die man als Kunde auch die Tilgungs- und Zinszahlungen leistet. Von der DZ Privatbank kommt auch der Kreditvertrag. Die VR Bank wiederum haftet für alle Verbindlichkeiten, die ihre Kunden bei der DZ Privatbank haben. Für die Darlehensvermittlung erhebt die VR Bank eine feste Zinsmarge, die vom Kunden bezahlt und über die DZ Privatbank abgerechnet wird.

Die Rente ist angelegt wie ein Dispositionskredit (kurz und gebräuchlich: »Dispo«) – der Kredit, den die Bank ihren Kunden auf ihrem Girokonto einräumt. Man erhält maximal einen Kredit in Höhe von 50 Prozent des Beleihungswertes der Immobilie. Aus dieser Summe kann zuerst ein größerer Betrag abgerufen werden, danach immer wieder kleinere Beträge. Für diese Art Kreditrahmen zahlt man als Nutzer nur dann Zinsen, wenn man sich Geld hat auszahlen lassen. Dafür ist der Zins nicht festgeschrieben, sondern variiert. Das kann bei steigenden Zinsen bedeuten, dass man im Laufe der Zeit mehr bezahlen muss, denn der Zinssatz wird von der Bank monatlich geprüft. Das Darlehen muss nicht getilgt werden während der Laufzeit, kann aber jederzeit zurückgezahlt werden – ohne Vorfälligkeitsentschädigung.

VR BETONGOLD DER VOLKSBANK DORTMUND-NORDWEST

Die Volksbank Dortmund-Nordwest ist eine der wenigen Banken, die bundesweit eine Immobilienrente anbieten – für »Senioren« ab 55 Jahren. Bei der Volksbank Dortmund-Nordwest kann man laut den Recherchen des Verbraucherinformationsportals *biallo.de* zwischen zwei Varianten eines Darlehens wählen: Mal mit festem Zinssatz, der zwischen 1,9 und 2,8 Prozent liegt und für zwei bis zehn Jahre festgelegt werden kann. Der variable Zins gilt nicht für eine feste Darlehenssumme, sondern für einen Kreditrahmen. In beiden Fällen liegt die maximale Höhe des Kredits bei 60 Prozent des Beleihungswertes – also der Summe, die Banken im Fall eines Verkaufs oder einer Versteigerung mit ziemlicher Sicherheit auch in den kommenden Jahren noch für die Immobilie erhalten würden. Auch diese Darlehen sind tilgungsfrei während der Laufzeit; die Schulden können später bei Verkauf der Immobilie getilgt werden. Wer früher tilgen möchte, kann das ohne Vorfälligkeitsentschädigung tun. Während der Laufzeit des Kredits sind aber die monatlichen Zinsen zu zahlen, die beispielsweise Ende Januar 2022 für einen 50 000-Euro-Kredit mit zehnjähriger Zinsfestschreibung bei 113 Euro monatlich gelegen haben.[177] Wer sich für die variable Zinsvariante entscheidet, muss mindestens 50 000 Euro als Kredit aufnehmen und davon sofort mindestens 20 000 Euro abrufen. Danach kann das Darlehen in 10 000-Euro-Schritten genutzt werden. Zinsen zahlt man nur für die jeweils in Anspruch genommene Summe.

FAZIT

Grundsätzlich ist es zu begrüßen, dass sich die Banken endlich auf die ältere Generation zubewegen und eigens auf diese Altersgruppe zugeschnittene Finanzprodukte entwickeln. Leider gelten die meisten Angebote nur auf regionaler oder sogar lokaler Ebene. Bislang fehlt ein bundesweit geltendes Angebot. So muss sich jeder Interessent selbst bei seiner Bank erkundigen, ob sie ein entsprechendes Seniorendarlehen vergibt. Angesichts immer noch niedriger Zinsen dürften die monatlichen Belastungen für die Kreditnehmer im Rahmen liegen. Im Gegenzug können sie ihre Rente durch zusätzliche Zahlungen aufbessern. Der wichtigste positive Aspekt ist aber die

Aussetzung der Tilgung zu Lebzeiten. Wer keine Angehörigen hat oder mit seinen Kindern geklärt hat, dass die Immobilie nach dem Tod verkauft und der Kredit mithilfe des Kauferlöses getilgt wird, kann seine zusätzliche Rente entspannt genießen. Außerdem bleibt der Kreditnehmer weiterhin Immobilieneigentümer und darf darauf hoffen, dass der Wert des Objekts künftig steigt. Die Banken sichern sich gegen den Wertverlust ohnehin mit teils hohen Abschlägen auf den Beleihungswert ab. Was jeder Kreditnehmer aber im Auge behalten sollte: Nach 15 Jahren muss das Darlehen getilgt werden. Danach wird die Immobilie verkauft – oder der Kreditnehmer findet jemanden, der die Bankschulden an seiner Stelle begleicht. Wer bis zum Lebensende in seinem Zuhause bleiben will, wird rechtzeitig eine Lösung finden müssen.

Vorteile des Baukredits als Immobilienrente

- Niedrige Zinsen
- Planungssicherheit durch langfristige Zinsbindung
- Keine Tilgung zu Lebzeiten
- Keine Altersbeschränkung nach oben ab dem 60. Lebensjahr

Nachteile des Baukredits als Immobilienrente:

- Belastung der Immobilie mit einem Kredit
- Erben müssen den Kredit ablösen
- Teils hohe Abschläge auf den Beleihungswert
- Tilgung des Kredits nach spätestens 15 Jahren
- Teils variable Zinsen, die den Kredit verteuern
- Meist nur regionale oder lokale Angebote

6.5 INTERVIEW:

»Es gibt keinen Zinsaufschlag aufgrund des Alters«

Udo Zimmermann *(53), Bankkaufmann und Spezialist für Baufinanzierungen beim Finanzierungsvermittler Dr. Klein, über Rentner als Kreditnehmer, K.-o.-Kriterien bei der Darlehensvergabe und warum man nicht immer auf seine Hausbank setzen kann.*

Herr Zimmermann, stellen Sie sich vor, ich wäre 70 Jahre alt, hätte eine abgezahlte Immobilie und knapp 1.000 Euro Rente. Leider ist das Dach meines Hauses renovierungsbedürftig und ich brauche mindestens 20 000 Euro für die Reparaturen. Habe ich die Chance auf einen Bankkredit?

Udo Zimmermann: Vermutlich nicht. Denn die Konstellation, die Sie schildern, ist aus Sicht der Banken nicht umsetzbar: wenig Rente, relativ geringe Kreditsumme. Zum einen lohnt sich ein solches Geschäft nicht für die Bank, weil die Kreditsumme zu klein ist. Zum anderen würden die Kreditgeber bezweifeln, dass jemand mit einer so kleinen Rente in der Lage ist, seinen Lebensunterhalt zu bestreiten, die laufenden Kosten für eine Immobilie zu tragen und gleichzeitig einen Kredit zurückzuzahlen. Allein bei den monatlichen Kosten für ein rund 100 Quadratmeter großes Haus werden 2,75 bis 3 Euro pro Quadratmeter angesetzt. Das heißt: rund 300 Euro monatlich. Da bleibt keine Luft für einen Kredit.

Vielleicht bin ich ja besonders genügsam ...

Das wird niemanden überzeugen. Die Banken kalkulieren mit einer Untergrenze, die ungefähr bei 1.600 Euro Einkommen liegt. Man geht davon aus, dass die Lebenshaltungskosten bei mindestens 800 Euro liegen – je nach Höhe des Einkommens. Rein rechnerisch gilt: mindestens 40 Prozent des Einkommens für den Lebensunterhalt, maximal 40 Prozent des Einkommens für den Kredit.

Angenommen, ich verfüge über 2.000 Euro Rente und möchte für 30 000 Euro mein Eigenheim sanieren. Wäre ich im Geschäft?

Für eine Baufinanzierung wäre der Kredit nach wie vor zu klein. Wir reden von Summen ab 50 000 Euro. Darunter bedeutet es für die Bank zu viel Arbeit, zu wenig Gewinn. Hier käme aber ein Ratenkredit infrage.

Also spielt mein Alter keine Rolle, sondern im Wesentlichen meine Einkommenssituation?

Es gibt Banken, die haben Altersbeschränkungen bei der Vergabe von Baufinanzierungskrediten. Aber es gibt auch zahlreiche Institute, denen ist das Alter eines Kreditnehmers vollkommen egal, solange er über entsprechende Sicherheiten und ein ausreichendes Einkommen verfügt. Ich selbst habe kürzlich einem 80 Jahre alten Rentner zu einer Finanzierung verholfen. Er hat einem 82-Jährigen ein Haus für 275 000 Euro abgekauft. Der wollte frei über einen größeren Geldbetrag verfügen und dennoch in seinem Heim wohnen bleiben. Jetzt hat er genügend Geld zur Verfügung und einen lebenslangen Mietvertrag. Und der Käufer hat das Ganze über einen Kredit von 184 000 Euro finanziert. Der Bank war vollkommen egal, wie alt der Käufer ist und ob er den Kredit zu Lebzeiten zurückzahlen kann. Wichtig war die Immobilie, die als Sicherheit dient.

Wie passt das alles mit der Wohnimmobilienkreditrichtlinie zusammen, wonach Banken prüfen müssen, ob ein Kreditnehmer

das Darlehen zu Lebzeiten zurückzahlen kann? Passen seine statistische Lebenserwartung nicht mit seiner Darlehenslaufzeit zusammen, wird der Kredit vermutlich nicht gewährt ... so erleben es viele Senioren seit Jahren bei ihren Hausbanken.

Mit der europäischen Wohnimmobilienkreditrichtlinie hat der Gesetzgeber 2016 die Banken dazu verpflichtet, die Kreditwürdigkeit der Darlehensnehmer intensiver zu prüfen, so dass strengere Auflagen bei der Kreditvergabe gelten. Der Gesetzgeber hat nicht explizit festgelegt, dass die Finanzierung zu Lebzeiten zurückgezahlt werden muss. Die Situation ist in der Praxis folgende: Es gibt Banken, die legen diese Leitlinien sehr vorsichtig aus, andere tun das nicht.

Grundsätzlich hat man die Banken alleingelassen, indem man nicht glasklar Anwendungsleitlinien formuliert hat. Der Gesetzgeber ist da gefordert. Er muss dringend nachbessern, damit auch ältere Menschen wieder Kredite bekommen können, ohne dass den Banken eine solche Entscheidung hinterher auf die Füße fällt.

Wie kann ich als älterer Mensch denn herausfinden, wo ich einen Kredit bekomme?

Die erste Anlaufstelle ist sicher die Hausbank, die aber in vielen Fällen keine Kredite mehr gewähren wird. Man kann sich selbst darum kümmern und so lange herumtelefonieren, bis man fündig wird. Das ist aber in der Tat alles sehr schwierig. Ich weiß natürlich aufgrund meiner jahrzehntelangen Erfahrung im Bereich Baufinanzierungen eher, was möglich ist und was nicht. Aber vor allem das Netzwerk von Dr. Klein, das uns die Kooperation mit 600 Bankpartnern ermöglicht, bietet die Chance, in fast jedem Fall eine Lösung zu finden. Übrigens auch für Ratenkredite: Die Deutsche Siedlungs- und Landesrentenbank DSL, eine Tochter der Deutschen Bank, bietet beispielsweise auch sogenannte Verbraucherdarlehen für über 75-Jährige bis zu 25 000 Euro an. Ich selbst habe gerade einem 75-Jährigen zu solch einem Kredit verholfen. Der Kredit läuft über maximal 84 Monate.

Ein Ratenkredit ist ja noch mal etwas anderes als eine Baufinanzierung. Welche Kriterien muss ich dafür erfüllen – vor allem, wenn ich in relativ hohem Alter einen Kredit über sieben Jahre zurückzahlen kann?

Die Bonität ist natürlich entscheidend. Man sollte keine Schulden haben und einen positiven Schufa-Eintrag. Günstig wirkt sich auch aus, wenn ich schon einmal einen Kredit problemlos und pünktlich zurückgezahlt habe. Habe ich den Kredit vielleicht sogar schon vorzeitig abgelöst, gibt es ebenfalls Pluspunkte. Grundsätzlich kann ich einen Ratenkredit ab 5.000 Euro und bis maximal 50 000 Euro in Anspruch nehmen. Im günstigsten Fall zahle ich zurzeit zwischen 3 und 4 Prozent Zinsen, bei der Hausbank oft über 7 Prozent (Stand: 10.03.2022). Wenn ich beispielsweise über eine Rente von 2.000 Euro verfüge, kann ich ohne Weiteres einen Kredit über 15 000 Euro bekommen.

Wie sichert sich die Bank bei extrem langen Laufzeiten ab? Die Wahrscheinlichkeit, im Alter von 75 Jahren seine Bankschulden nicht mehr komplett begleichen zu können, ist ja hoch. Die durchschnittliche Lebenserwartung bei Männern liegt bei knapp unter 80 Jahren ...

Extrem lange Laufzeiten für ältere Darlehensnehmer vereinbart die Bank nur bei Baufinanzierungen und wenn die Immobilie, die als Sicherheit dient, einen entsprechenden Wert hat. Dann geht das Darlehen, das voraussichtlich auch noch nach Lebensende besteht, an die Erben über, die es entweder fortführen oder die Immobilie verkaufen oder vermieten können. In einigen Fällen wünschen sich die Banken auch ein entsprechendes Testament, damit das Erbe geregelt ist. Bei einem einfachen Ratenkredit, bei dem keine Immobilie vorhanden sein muss, kalkulieren die Banken vorsichtiger, weil das Erbe im Zweifelsfall leichter abgelehnt werden kann. Hier kommt es wirklich auf den Einzelfall an.

Wie steht es bei den Krediten generell mit der Höhe der Zinsen? Senioren befürchten häufig, dass sie aufgrund ihres Alters schlechtere Zinskonditionen erhalten.

Diese Sorge ist unbegründet. Es gibt keinen Zinsaufschlag aufgrund des Alters. Vielmehr sind etwa bei der Baufinanzierung die Höhe der Finanzierung, der Wert der Immobilie in Relation zum gewünschten Auszahlungsbetrag und die Zinsbindung entscheidend. Die aktuellen Zinssätze liegen zwischen 1,5 und 2,5 Prozent (Stand: 10.03.2022).

Eine monatliche Kreditrate besteht ja neben dem Zins auch aus der Tilgung. Das wird häufig vergessen und nur die Zinslast gesehen. Gibt es eine Möglichkeit für Senioren, die Tilgung auszusetzen?

Ganz ohne geht es eigentlich nicht. Üblich sind 2 Prozent Tilgung. Ich kenne aber zwei Banken, die akzeptieren auch eine Tilgung von nur einem Prozent. Das senkt die monatliche Rate erheblich.

Es gibt bei der VR Bank Starnberg-Herrsching-Landsberg die VR Immobilienrente, bei der ich nicht tilgen muss, sondern nur die Zinsen bediene. Meine Erben können dann den Kredit nach Verkauf des Hauses ablösen. Ist das aus Ihrer Sicht ein nachahmenswertes Modell?

Das ist ein wichtiger Baustein, wenn es darum geht, Senioren die Chance zu geben, notwendige Renovierungs- und Sanierungsarbeiten an ihrem Eigenheim finanzieren zu können, und nicht genügend Reserven vorhanden sind. Das Ganze dient ja auch dem Werterhalt oder der Wertsteigerung der Immobilie. Insofern hat auch die Bank etwas davon. Dass man ganz klar sagt: Die Erben können eines Tages die Tilgungslast nach Verkauf des Hauses begleichen, kann für Rentner mit schmalem Einkommen eine enorme Entlastung sein. Leider ist die Immobilienrente ein regionales Produkt, das noch nicht von allen Volksbanken angeboten wird.

Haben Sie das Gefühl, dass Menschen Ihres Alters bei der Vergabe von Krediten durch Banken benachteiligt werden (z.B. schlechtere Konditionen)?

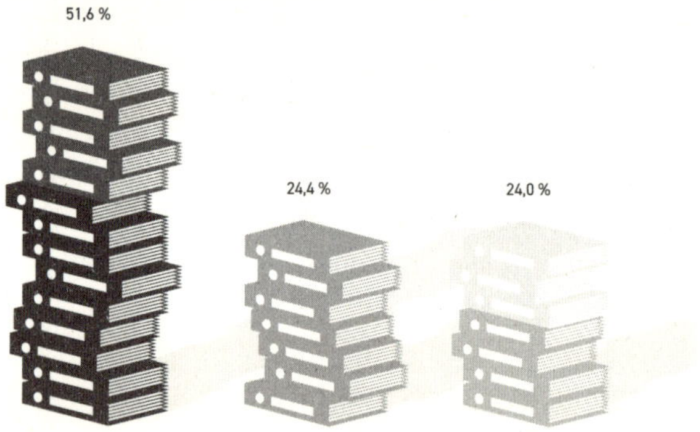

- Ja, auf jeden Fall
- Eher ja
- Unentschieden
- Eher nein
- Nein, auf keinen Fall

Haben Sie die Erfahrung gemacht, dass ältere Menschen bei der Kreditvergabe durch Banken häufig benachteiligt werden (z.B. schlechtere Konditionen)?

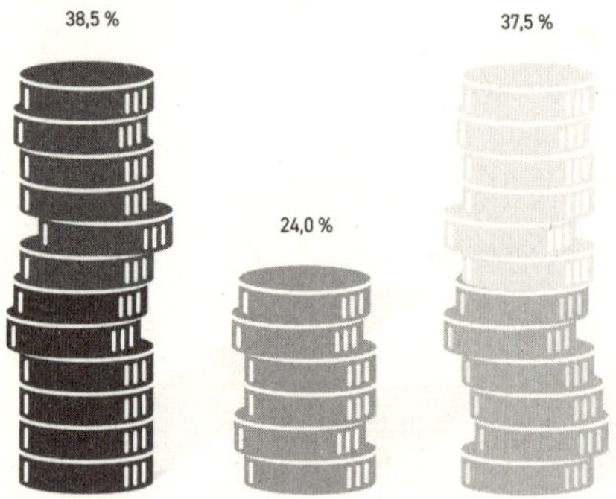

- Ja, auf jeden Fall
- Eher ja
- Unentschieden
- Eher nein
- Nein, auf keinen Fall

KAPITEL 7:

MODELLVERGLEICH UND FAZIT

7.1 WELCHES MODELL IST DAS RICHTIGE FÜR MICH?

Die klassische Immobilienverrentung, der Rückmietkauf und der Teilverkauf sind Möglichkeiten, Geld mit seinem Eigentum zu verdienen – ohne ausziehen zu müssen. Insofern sind alle Modelle eine Alternative zum Verkauf der Immobilie.

Welches Modell für wen infrage kommt, kann nur jeder Immobilieneigentümer für sich selbst entscheiden. Dieses Buch soll dabei eine Entscheidungshilfe sein, kann aber nicht die fundierte Beratung ersetzen, die zwingend notwendig ist, um die »richtige« Wahl zu treffen. Vielleicht kommt nach der Lektüre dieses Buches der eine oder andere auch zu dem Schluss, dass ein Verkauf vielleicht doch besser ist – oder zumindest weniger kompliziert. Dann soll es vermutlich so sein.

Auch wenn die einzelnen Modelle auf den ersten Blick relativ leicht verständlich erscheinen, zeigt sich bei intensiver Auseinandersetzung mit den verschiedenen Möglichkeiten, dass es viele Details gibt, die einen Vergleich schwierig machen. Besser verkaufen und zurückmieten? Oder zunächst nur einen Teil verkaufen und später nochmals vom Gesamtverkauf profitieren? Vielleicht doch besser jetzt die komplette Immobilie gegen Wohnrecht verkaufen und zusätzlich eine Rente kassieren?

Allein diese Fragen zu beantworten, ist nicht ganz einfach. Denn viele Modelle hängen von unbekannten Variablen ab. Kann ich beispielsweise beim Rückmietkauf zurzeit einen relativ hohen Verkaufspreis erzielen, weil der Immobilienmarkt boomt, weiß niemand, wie stark die Mieten künftig anziehen werden. Ein entscheidender Punkt, wenn man wieder Mieter ist – und das möglicherweise für lange Zeit.

Entscheide ich mich für einen Teilverkauf, ist die Unbekannte die weitere Wertentwicklung der Immobilie. Ob die Preise für Wohnimmobilien auch zukünftig noch steigen oder in den kommenden Jahren eher stagnieren werden, ist selbst für Immobilienprofis schwer einzuschätzen.

Und wer seine Immobilie gegen Wohnrecht plus Rente eintauscht, sollte auf jeden Fall berücksichtigen, dass auch das gewährte Wohnrecht einen Wert darstellt, der vom Kaufpreis abgezogen wird. Man sollte also noch sehr lange in seinem Zuhause bleiben können, damit sich das Ganze lohnt. Wer früh ausziehen muss, weil er nicht mehr alleine klarkommt, verliert unter Umständen viel Geld.

Ein detaillierter Blick auf die gerade beschriebene Problematik der Vergleichbarkeit zeigt, dass es immer ein Für und Wider gibt: Beim Rückmietkauf wird die Immobilie verkauft, künftig aber Miete gezahlt. Der Verkäufer bleibt im besten Fall für den Rest seines Lebens dort wohnen. Die Höhe der Miete wird zuvor für einen gewissen Zeitraum festgelegt, kann danach aber steigen. Außerdem erhält der Verkäufer nur rund 75 Prozent des tatsächlichen Marktwerts der Immobilie ausgezahlt, weil der Käufer mögliche spätere Instandhaltungen, die Vermietungszeit – in der er die Immobilie nicht selbst nutzen kann – und auch die Tatsache einpreist, dass es sich um eine vermietete Immobilie handelt, die er kauft. Denn eine vermietete Immobilie ist am Markt weniger wert als eine nicht vermietete.

Gegenüber einem Teilverkäufer oder einem Nießbrauchnutzer ist der Rückmietkäufer eingeschränkter, weil er künftig keine eigenen Mieterträge mehr mit seiner Immobilie erwirtschaften kann – beispielsweise, wenn er in ein Alten- oder Pflegeheim umzieht. Er hat sein Haus oder seine Wohnung an einen Dritten verkauft und muss zudem als Mieter jede Veränderung in der Immobilie mit seinem Vermieter absprechen. Im Gegenzug ist er nicht verpflichtet, für Instandhaltungen aufzukommen oder sich um Steuerzahlungen und Versicherungen zu kümmern, wie etwa der Teilverkäufer, der ja Miteigentümer der Immobilie bleibt.

Jegliche Verantwortung abgeben zu können und durch das Mietrecht geschützt zu sein, hört sich reizvoll an. Außerdem können Mieter jederzeit kündigen und machen auch bei einem frühen Umzug in eine seniorengerechte Einrichtung keine finanziellen Verluste – anders als diejenigen, die sich für ein Verrentungsmodell wie etwa die Leibrente entscheiden, bei dem der Wohnwert im Voraus eingepreist wird. Wer früh auszieht, hat den Wohnwert nicht wirklich nutzen können. Nur selten zahlt ein Anbieter den Restwert des Wohnwerts aus – wie etwa die Stiftung Liebenau.

Rein wirtschaftlich betrachtet ist das Rückmietmodell gegenüber der Immobilienverrentung damit die bessere Variante. Denn als Verkäufer habe ich den höheren Verkaufspreis erzielt und eine größere Summe zur freien Verfügung. Andererseits muss ich für den Rest meines Lebens Miete zahlen, was bei langer Lebensdauer ein teures Vergnügen sein kann – vor allem bei steigendem Mietzins. Wer sich lebenslanges Wohnrecht und lebenslange Rentenzahlungen über ein Leibrentenmodell gesichert hat, muss sich hingegen keine Gedanken machen, in hohem Alter in finanzielle Not zu geraten. Denn die Konditionen stehen von vornherein fest und bergen keine negativen Überraschungen.

Was ist also besser, Rückmietkauf oder Leibrente? Eine Frage, die nicht pauschal zu beantworten ist, weil es mindestens zwei Variablen gibt, die niemand kennt: Zum einen ist nicht klar, wie stark die Mieten künftig steigen werden. Zum anderen weiß niemand, wie lange er lebt.

Grundsätzlich aber lässt sich sagen: Eine Leibrente macht nur Sinn, wenn sie lebenslang gezahlt wird und mit einem lebenslangen Wohnrecht verbunden ist. Dennoch entscheidet sich in der Praxis die Mehrzahl der Immobilienverkäufer für eine zeitlich begrenzte Rente, weil dadurch die monatlichen Zahlungen höher ausfallen. Das damit verbundene Risiko der Altersarmut wird dabei häufig unterschätzt: Wer über Jahre hinweg durch die Zusatzrente komfortabel gelebt hat, wird sich nur schwer daran gewöhnen, wenn plötzlich die Zahlungen ausbleiben – und man vielleicht noch weitere zehn Lebensjahre vor sich hat. Auf Nummer sicher geht indes, wer seine gesetzliche Rente mit lebenslangen Zahlungen aufstockt.

Sowohl für den Rückmietkauf als auch für die Leibrente gibt es Argumente, die dafür oder dagegen sprechen. Nur eine sehr individuelle Abwägung aller Faktoren kann letztlich darüber entscheiden, ob eine der beiden Varianten infrage kommt. Oder ob die Lösung in einer anderen Möglichkeit besteht. Was man sich als Immobilieneigentümer auf jeden Fall klarmachen sollte: Mit der Vertragsunterzeichnung gehört die Immobilie beim Rückmietkauf und der Leibrente jemand anderem – egal ob ich Miete zahle oder mietfrei wohne.

Entscheidet sich ein Rentner für einen Teilverkauf, bleibt er indes Miteigentümer und kann weitgehend schalten und walten, wie er möchte – mit nur wenigen Ausnahmen wie etwa dem Teilabriss des Gebäudes. Das scheint aber eher eine theoretische Überlegung aus dem Bereich der rechtlichen Absicherung zu sein. Vielmehr haben die Erfahrungen der Teilkaufanbieter ergeben, dass viele ihrer Kunden das Geld, das sie aus dem Verkauf ihrer Immobilie erhalten, teilweise oder komplett in den Erhalt des Objekts stecken. Dazu gehören auch altersgerechte Umbauten, die den Wert der Immobilie wiederum steigern. Nicht selten wird das ganz bewusst getan, denn beim Gesamtverkauf kann der Teilverkäufer später an einem höheren Verkaufspreis nochmals verdienen. Im Gegensatz zu den klassischen

Verrentungsmodellen ist das ein enormer Vorteil – vorausgesetzt, die Immobilie ist in der Zwischenzeit nochmals im Wert gestiegen. Die meisten Anbieter rechnen aktuell mit moderaten Wertsteigerungen von 2 bis 2,5 Prozent pro Jahr, was realistisch erscheint angesichts der durchschnittlichen Preissteigerungen der vergangenen Jahrzehnte. Garantien gibt es jedoch keine.

Dafür erhält man als Teilverkäufer für den Teil der Immobilie, die man verkauft hat, auch den vollen Preis, der per Gutachter ermittelt wurde. Anders als bei klassischen Verrentungskonzepten gibt es beim Teilverkauf keinen Abschlag auf die Auszahlungssumme, weil beispielsweise der lebenslange Nießbrauch oder das lebenslange Wohnrecht eingepreist wird. Allerdings ist der Nießbrauch beim Teilverkauf an die regelmäßige Zahlung eines Nutzungsentgelts gekoppelt – einer monatlich zu zahlenden Gebühr, die sich am Verkaufspreis orientiert und als Entschädigung des Käufers dient, der das Objekt ja nicht selbst nutzen oder vermieten kann. Jeder Teilverkäufer verpflichtet sich, diese Art Miete regelmäßig zu entrichten. Gerät ein Teilverkäufer in finanzielle Schwierigkeiten und ist nicht mehr in der Lage, seine Raten zu zahlen, verliert er schlimmstenfalls sein Nießbrauchrecht und muss ausziehen. Anschließend wird das Haus verkauft und die Verkaufssumme anteilig ausgezahlt – abzüglich der Schulden, die sich durch Nichtzahlung der Gebühren ergeben haben.

Daher sollte ein Teilverkäufer immer im Blick behalten: Kann ich mir die monatliche Gebühr leisten oder nicht? Eigentlich sollte das kein Problem sein, weil ja eine größere Summe Bargeld ausgezahlt wird. Ist das Geld aber schon anderweitig verplant, muss das Nutzungsentgelt aus der gesetzlichen Rente bestritten werden – oder aus dem laufenden Einkommen. Denn der Teilverkauf ist bereits ab einem Alter von 55 Jahren möglich. Insbesondere vor diesem Hintergrund ist es wichtig, zu kalkulieren, wie hoch das Nutzungsentgelt ausfällt, wenn man noch zehn Jahre in seinem Zuhause wohnen bleiben möchte. Bei einem Nutzungsentgelt von 300 Euro monatlich ergeben sich im Jahr 3.600 Euro, die binnen zehn Jahren auf 36 000 Euro anwachsen. Diese Summe sollte wie eine feste Mietzahlung eingeplant oder am besten gleich als Reserve zurückgelegt werden.

In diesem Zusammenhang macht der Teilkauf-Anbieter wertfaktor darauf aufmerksam, dass sein Modell bei jüngeren Eigenheimbesitzern – von etwa 50 Jahren – wirtschaftlich ohnehin nicht sinnvoll sei. Da deren Lebenserwartung noch 30 bis 40 Jahre betrage, könne sich die Lebenssituation noch gravierend ändern – ebenso wie der deutsche Immobilienmarkt. Das Modell Teilverkauf sei vielmehr auf eine Perspektive zwischen 5 und 20 Jahren ausgerichtet. Längere Einschätzungen zur Preisentwicklung von Wohnimmobilien erlauben sich selbst die routiniertesten Immobilienmarktprofis nicht.

Mit 50 Jahren zahlen viele Immobilieneigentümer noch ihre Ratenkredite ab. Wer zu dem Zeitpunkt aber schon über ein schuldenfreies Objekt verfügt und dringend eine größere Summe Bargeld benötigt, kann jederzeit einen neuen Kredit aufnehmen. Ein Argument, das Verbraucherschützer beim Vergleich der einzelnen Modelle immer wieder gern anführen. Denn aus ihrer Sicht sind alle Verrentungsmodelle und auch der Teilverkauf zu teuer und damit wirtschaftlich unsinnig. Stattdessen sei ein Hypothekenkredit angesichts historisch niedriger Zinsen grundsätzlich viel günstiger. Das mag sogar angesichts aktuell wieder steigender Zinsen noch stimmen, berücksichtigt aber folgende Faktoren nicht: Die meisten Immobilienbesitzer, die sich für Verrentungen, Rückmietkauf oder Teilverkauf interessieren, sind jenseits der 70 Jahre und kommen damit für viele Banken als Kreditnehmer gar nicht mehr infrage – auch wenn nur wenige das so offen nach außen kommunizieren. Falls sie in Einzelfällen doch einem Senior einen Kredit gewähren, geschieht das zu wesentlich schlechteren Konditionen. Wenige Ausnahmen, wie sie auch in diesem Buch geschildert werden, bestätigen daher eher diese Regel, als dass sie sie widerlegen. Im Übrigen müssen Kredite zurückgezahlt werden. Wer aber ohnehin schon eine schmale Rente aufbessern muss, wird dazu kaum in der Lage sein.

Das haben auch einige Banken und Versicherungen erkannt – und bieten seit Kurzem spezielle Seniorenkredite an, die nicht mehr zu Lebzeiten getilgt werden müssen. Stattdessen können die Erben den Kredit zurückzahlen oder aber das Darlehen mit der späteren Verkaufssumme verrechnen. Die monatlichen Zinsen des Darlehens muss der Kreditnehmer aber auch bei diesen Angeboten zahlen. Daher bestehen manche Anbieter auch auf einer gesetzlichen Mindestrente. Dennoch ist diese neue Art des Kredits eine gute Möglichkeit, sich zusätzliches Kapital zu verschaffen, das monatlich als Rente oder auch einmalig als größere Summe ausgezahlt wird. Die Kreditzinsen sind moderat, das Prozedere für die Kreditaufnahme simpel. Leider gelten viele dieser Angebote nur sehr eingeschränkt für lokale oder regionale Bankkunden. Der Seniorenkredit der Allianz gilt indes bundesweit, ist aber auch wie die meisten anderen Offerten an bestimmte Bedingungen geknüpft – etwa an ein Mindestalter von 60 Jahren sowie ein Mindesteinkommen von 1.000 Euro. Außerdem muss die Immobilie weitgehend schuldenfrei sein.

Der Vollständigkeit halber wurde in diesem Buch auch auf eine weitere Quelle der Immobilienverrentung hingewiesen, die hierzulande noch kaum erschlossen ist, im Ausland jedoch zur gängigen Praxis gehört: die Umkehrhypothek. Da es offensichtlich zurzeit nur einen einzigen professionellen Anbieter gibt und kaum Erfahrungswerte vorliegen, ist eine Einschätzung dieses Angebots schwierig – ebenso ein Vergleich mit anderen Verrentungsmodellen. Grundsätzlich könnte die Umkehrhypothek attraktiv sein, weil der Kreditnehmer eine lebenslange oder zeitlich befristete Rente erhält oder eine Einmalzahlung oder eine Kombination aus Bargeld und Rente – und dafür zu Lebzeiten weder Zins noch Tilgung leisten muss. Dafür wird am Ende der Laufzeit bei begrenzter Rente oder beim Tod des Darlehensnehmers die Immobilie verkauft und das Darlehen aus der Verkaufssumme auf einen Schlag getilgt. Gibt es Erben, können sie auch den Kredit zurückzahlen.

Das dürfte aber eher selten der Fall sein, weil sich über Jahre ein wahrer Berg an Schulden aufgetürmt haben dürfte. Auch dieses Modell arbeitet für gewöhnlich – wie die Leibrenten – mit sogenannten Sterbetafeln, in denen die statistische Lebensdauer eines Menschen berechnet wird. Je jünger ein Immobilieneigentümer ist, desto geringer fällt die Rente aus, weil sie statistisch gesehen noch lange gezahlt werden muss. Wer früh stirbt, hat dem Anbieter somit einen satten Gewinn eingebracht. Eine Frau ist darüber hinaus immer schlechter gestellt und erhält eine geringere Rente, weil Frauen statistisch gesehen länger als Männer leben.

Meist ist aber nicht mal klar, auf welcher Grundlage die theoretische Lebensdauer eines Rentenbeziehers errechnet wurde: Auch wenn die unterschiedlichen Anbieter auf den ersten Blick sehr ähnliche Berechnungsmethoden anwenden, können die Ergebnisse doch sehr unterschiedlich ausfallen. Das liegt an der nicht identischen Datengrundlage: Manche Anbieter nutzen die Sterbetafeln des Bundesamtes für Statistik; andere verwenden die Daten der Aktuare der Versicherungswirtschaft zur Berechnung der Rente. Da die Versicherungswirtschaft grundsätzlich von höherer Lebenserwartung und längerer Rentenzahlung ausgeht, werden die monatlichen Renten auch niedriger angesetzt. Im Klartext: Orientiert sich der Anbieter einer Zusatzrente an der Aktuar-Sterbetafel, fällt die Rente schmaler aus, als wenn er die offiziellen Sterbetafeln des Bundes zurate zieht. Dazu kommen unter Umständen auch noch hausinterne Berechnungen, die auf verschiedenen Sterbetafeln basieren. Nur wer soll das im Voraus wissen? Freiwillig rücken die meisten Anbieter damit nicht heraus.

Das sollte man grundsätzlich auch bei der Entscheidung für eine Leibrente wissen. Bei der Umkehrhypothek kommt hinzu: Sollten die Preise für Immobilien stagnieren oder sogar fallen, müssen die Erben vielleicht sogar noch draufzahlen. Denn für den Komfort des lebenslangen Wohnrechts, des zunächst kostenfreien Kredits und der Unberechenbarkeit der Preisentwicklung der Immobilie wird eine ordentliche Summe vom Marktwert der Immobilie abgezogen. Daher sind selbst Banken zu dem Schluss gekommen, dass das Produkt zurzeit zu teuer ist und sich für beide Seiten nicht lohnt. In Frankreich, Großbritannien oder in den USA ist das etwas anderes, da die rechtlichen Voraussetzungen vollkommen andere sind als hierzulande. Sollte sich daran eines Tages etwas ändern, könnte die Umkehrhypothek ebenfalls eine Alternative zum Gesamtverkauf werden.

Aber möglicherweise entscheidet sich ja doch ein Immobilieneigentümer dafür, weil er keine Angehörigen hat und es ihm egal ist, was nach seinem Tod mit Haus oder Wohnung passiert. Dafür bekommt er jetzt immer noch eine vergleichsweise hohe Summe ausgezahlt, lebt mietfrei und muss sich nicht einmal mehr um den Zustand seines Zuhauses kümmern. Das muss der neue Eigentümer übernehmen.

Senioren, die sich beispielsweise für die Stiftung Liebenau und deren Leibrente entscheiden, tun das auch nicht, weil sie das finanzielle Optimum erreichen wollen. Vielmehr geht es ihnen darum, etwas Gutes zu tun und mit der Übertragung ihrer Immobilie an die Stiftung deren zahlreiche gemeinnützige Organisationen zu unterstützen. Gleichzeitig wird die Rente aufgestockt. Das ist für viele Verkäufer ein doppelter Gewinn: Gutes tun und trotzdem verdienen.

Grundsätzlich geht es bei der Wahl des »richtigen« Modells also darum, genau zu überlegen, wie die eigene Ausgangsbasis hier und heute ist und welche Wünsche und Pläne für die Zukunft anstehen. Trotz aller Risiken kann eine Immobilienverrentung, eine Beleihung der Immobilie oder ein Teilverkauf je nach persönlicher Lebenslage sinnvoll sein. Vor allem für Rentner ohne nahestehende Erben – oder diejenigen, die möglichen Erbstreitigkeiten entgegenwirken wollen – können Verrentungsmodelle durchaus Vorteile bieten. Wer hingegen seinen Angehörigen Haus oder Wohnung vererben will, wird sich eher mit einem Teilkauf anfreunden.

Eine genaue Analyse der eigenen Position ist dafür aber unabdingbar: Wer wenig Geld zur Verfügung hat und seine Rente aufbessern muss, sollte eine lebenslange Leibrenten-Variante wählen – und darauf achten, dass die monatlichen Zahlungen auch ausreichen, um steigende Pflegekosten damit finanzieren zu können. Eine Zusatzrente, die gerade einmal die aktuellen Kosten deckt, macht auf lange Sicht keinen Sinn.

Zurzeit gibt es aber auch noch viele Rentner, die nicht unbedingt eine Zusatzrente benötigen, um gut über die Runden zu kommen. Da bietet sich eine zeitlich befristete Rente an, die für zusätzlichen finanziellen Spielraum sorgt und durch die Befristung höher ausfällt als die lebenslange Zusatzrente. Wer etwa 75 Jahre alt ist und in den kommenden Jahren noch viel unternehmen oder reisen möchte, solange das gesundheitlich möglich ist, hat dadurch ein gutes Polster.

Wer gern eine größere Summe Bargeld auf einmal hätte, hat die Chance, durch den Teilverkauf sofort über viel Geld zu verfügen – kann aber im Gegensatz zum Rückmietkauf zusätzlich darauf hoffen, in den kommenden Jahren bei einem Gesamtverkauf der Immobilie nochmals an Bargeld zu kommen. Noch gibt es wenige Erfahrungswerte der Teilkaufanbieter, weil das Modell gerade einmal seit vier Jahren am Markt praktiziert wird. wertfaktor hat dazu kürzlich eine erste Leistungsbilanz vorgelegt, wonach die durchschnittliche Wertsteigerung der Immobilien beim Gesamtverkauf bei 22 Prozent lag. Da der Wohnimmobilienmarkt nach wie vor boomt und die Laufzeit zwischen Teilverkauf und Gesamtverkauf im Durchschnitt der ersten Gesamtverkäufe nur 16 Monate betrug, konnten die Kunden oder deren Erben nochmals erheblich profitieren.

Rein rechnerisch hat sich der Teilverkauf für die bisherigen wertfaktor-Kunden gelohnt – insbesondere im Vergleich zu einem sofortigen Verkauf, mit dem ein Umzug in eine Mietwohnung einhergeht. Und das trotz monatlichen Nutzungsentgelts und einer zusätzlichen

Gebühr, die sich auf 3,25 Prozent des Verkaufspreises bezieht. In dieser Gebühr sind sämtliche Kosten, die mit der Vermarktung der Immobilie und deren Verkauf zusammenhängen, enthalten. Von Verbraucherschützern wird oft moniert, dass diese Zahlungen insgesamt zu hoch seien und der Teilverkauf damit ein schlechtes Geschäft. Das würden die 17 wertfaktor-Kunden, die ihre Immobilie nochmals mit Gewinn verkauft haben, wohl nicht so stehen lassen.

Was auf jeden Fall zu erwähnen ist: Beim Teilverkauf werden detailliert alle Kosten und Gebühren aufgelistet, so dass sich jeder Kaufinteressent relativ einfach ausrechnen kann, was finanziell auf ihn zukommt und was ihm am Ende bleibt. Was nicht im Voraus bestimmt werden kann, ist der tatsächliche Verkaufspreis beim Gesamtverkauf der Immobilie. Die Wertsteigerung ist die Unbekannte in der Gleichung. Und dieses Risiko trägt allein der Kunde. Denn der Teilkaufanbieter erhält beim Gesamtverkauf immer sein eingesetztes Kapital zurück – egal, ob die Immobilie dann mehr oder weniger wert ist als prognostiziert.

Wer seine Immobilie sofort komplett gegen eine Rente oder eine Einmalzahlung verkauft, muss sich damit nicht auseinandersetzen. Dafür hat er aber auch keine Chance, ein zweites Mal vom Verkauf seines Zuhauses zu profitieren.

Ist der Teilverkauf daher die beste Lösung? Teilverkäufer, die in diesem Buch zu Wort gekommen sind, haben diese Frage für sich mit »Ja« beantwortet. Dazu muss man aber auch wissen, dass es sich um Immobilieneigentümer handelt, die über gute Renten verfügen und finanzielle Engpässe nicht fürchten müssen. Wer über weniger als 2.000 Euro Rente verfügt – die Summe wird auch von kreditgebenden Banken zur Grundlage eines Darlehens gemacht –, dürfte kaum in der Lage sein, die Immobilie so in Schuss zu halten, wie es bei einer Umkehrhypothek oder auch bei einigen Wettbewerbern von wertfaktor vertraglich festgelegt wird. Auch Steuern und Versicherungen sind weiterhin zu zahlen. Außerdem ist der Ankauf an einen Mindestwert des Objekts gebunden: Wer ein Häuschen im Ruhrgebiet besitzt, das nicht mal 150 000 Euro wert ist, scheidet von vornherein aus. Daher kommt der Teilverkauf generell nicht für jedermann infrage.

Die Frage, ob die eigene Immobilie die Voraussetzungen für das eine oder andere Modell erfüllt, lässt sich noch am einfachsten klären. Die unterschiedlichen Anbieter und auch sogenannte Vermittlungsportale informieren auf ihren Homepages meist über Mindestanforderungen. Darüber lässt sich grundsätzlich schon einmal eine Vorauswahl treffen. Hat man sich für ein Modell entschieden, sollte besonderes Augenmerk auf die vertragliche Gestaltung gelegt werden. Da es keine einheitlichen Spielregeln oder gesetzliche Vorgaben gibt, ist jeder Anbieter vollkommen frei in der Vertragsgestaltung. Geklärt sein müssen etwa beim Nießbrauch die Nutzungsbedingungen und damit zusammenhängend die Instandhaltungsfragen. Häufig wird ein umfangreiches Nießbrauchrecht, das die Vermietung der Immobilie beispielsweise nach Umzug in eine Senioreneinrichtung zulässt, an die Bedingung geknüpft, die Immobilie in Schuss zu halten. Damit ist der Nießbrauchnutzer für sämtliche Reparaturen und Instandhaltungsarbeiten verantwortlich. Genau mit solchen Arbeiten und Aufgaben wollen sich aber viele ältere Menschen nicht mehr belasten – weder mental noch finanziell. Eine Zusatzrente, die vor allem für die Instandhaltung der Immobilie eingesetzt wird, ist verschwendet. Die Verrentung macht daher nur Sinn, wenn man von solchen Aufgaben befreit ist.

7.2 CHECKLISTE

Was sich Immobilienbesitzer vor einer Entscheidung für oder gegen ein Verrentungs- oder Verkaufsmodell fragen sollten:

- Wie lange möchte ich noch in meiner Immobilie wohnen?
- Wie alt bin ich und wie alt werde ich in zehn Jahren sein?
- Reicht meine Rente gerade so zum Leben oder komme ich gut aus?
- Habe ich Kinder/Enkelkinder, denen ich mein Haus/meine Wohnung zum Teil oder gesamt hinterlassen möchte?
- Wie alt ist meine Immobilie?
- Was ist meine Immobilie aktuell wert?
- Stehen größere Reparaturen oder sogar eine Grundsanierung an?
- Ist meine Immobilie seniorengerecht?
- Möchte ich mein Haus altersgerecht umbauen?
- Will ich weiterhin selbst darüber entscheiden, ob meine Immobilie umgebaut oder saniert wird?
- Ist meine Immobilie schuldenfrei?
- Falls nicht: Wie hoch sind meine Restschulden bei der Bank und möchte ich die Schuld so schnell wie möglich begleichen?
- Möchte ich künftig eine größere Summe Bargeld zur Verfügung haben, über deren Verwendung ich frei entscheiden kann?
- Bin ich bereit, mich jetzt schon endgültig von meiner Immobilie zu trennen, oder möchte ich diese Entscheidung später treffen und flexibel bleiben?

7.3 FAZIT

Ein Buch zu schreiben, ist mehr ein Marathonlauf denn ein Sprint. Hat der Läufer beim Sprint nur eine kurze Strecke zu bewältigen und dabei das Ziel stets in Sichtweite, muss der Marathonläufer sich auf einen kräftezehrenden kilometerlangen Weg einstellen, dessen Ende er erst auf den letzten Metern einsehen kann. Ähnlich erging es der Autorin, als sie sich im Winter 2021 an die Recherche zu diesem Ratgeberbuch gemacht hat. Damals waren die Voraussetzungen für die unterschiedlichen Möglichkeiten, mithilfe einer Immobilie zusätzlich Geld zu verdienen, schlichtweg andere als beim Schreiben des Schlusskapitels. Dazwischen lagen zwar nur wenige Monate. Die aber haben die Welt verändert.

Im Winter 2021 kreiste unser aller Hoffnung um ein baldiges Ende der Pandemie oder zumindest deren Beherrschbarkeit. Wir hofften auf mehr persönliche Bewegungsfreiheit. Die Wirtschaft baute auf reibungslos funktionierende Lieferketten im Laufe dieses Jahres und mehr Konsumfreude der Verbraucher. Leider kam alles anders.

Mit dem Überfall Russlands auf die Ukraine wurden die Karten nicht nur geopolitisch neu gemischt, sondern auch wirtschaftlich: Statt positiver Nachrichten über einen konjunkturellen Aufschwung bestimmen mehrheitlich negative Nachrichten unseren Alltag: Energiepreise explodieren, Rohstoffe werden knapp. China verhängt neue Corona-Lockdowns und legt damit erneut die globalen Lieferketten lahm. Unsere Wirtschaft schwächelt, die Verbraucherpreise steigen.

Drohende Engpässe im Winter lassen die Energiekosten drastisch ansteigen; viele Mieter haben bereits im Mai erfahren, dass sich ihre Nebenkostenpauschalen verdoppeln werden. Durch die Kombination aus massiv anziehenden Energiepreisen und hoher Inflation steht zu befürchten, dass auch die Mieten steigen könnten. Das Immobilienportal *ImmoScout24*[178] erwartet bundesweit einen Mietanstieg von 6 Prozent für Bestands- und 7 Prozent für Neubau-Mietwohnungen innerhalb der kommenden zwölf Monate (Stand Juni 2022).

Auch Vermieter spüren die Inflation im Geldbeutel und versuchen, ihre Mieten an die Teuerung anzupassen. Laut Deutschem Mieterbund[179] greifen immer mehr Vermieter in Gegenden mit angespanntem Wohnungsmarkt auf sogenannte Indexmietverträge zurück. Dabei ist die Mietentwicklung an die Entwicklung der Lebenshaltungskosten gekoppelt. Wer gerade jetzt eine neue Wohnung sucht, muss sich auf höhere und vor allem kontinuierlich steigende Mietzahlungen einstellen. Und wer ein Haus kaufen oder bauen will, sieht sich erstmals seit zehn Jahren wieder steigenden Bauzinsen gegenüber: Von Januar bis Anfang Juni haben die Zinsen für zehnjährige Immobiliendarlehen von rund 1 Prozent auf 3,3 Prozent zugelegt. Immobilienkäufer zahlen inzwischen deutlich mehr für ihre Kredite als noch zu Jahresbeginn. Baukreditfinanzierer gehen davon aus, dass die Zinsen im Laufe des Jahres weiter anziehen werden – auf bis zu 4 Prozent.

Die Zeit historischer Niedrigzinsen dürfte damit endgültig vorbei sein und der Immobilienmarkt vor einer Wende stehen. Was das für Wohneigentümer heißt? Kommt drauf an: Wer sein Haus oder seine Wohnung noch nicht abbezahlt hat und möglicherweise gerade jetzt eine Anschlussfinanzierung benötigt, muss sehr viel tiefer in die Tasche greifen als noch zu Jahresbeginn. Wer eine Immobilie verkaufen will, kann hingegen mit einem hohen Verkaufspreis rechnen. Denn angesichts steigender Zinsen wollen Interessenten noch schnell zuschlagen, bevor sie sich einen Hauskauf nicht mehr leisten können. Branchenkenner nennen das »Vorzieheffekt«.

Der könnte jetzt auch noch denjenigen zugutekommen, die sich für einen Immobilienverkauf gegen Leibrente, einen Teilverkauf oder auch einen Rückmietkauf entscheiden: Solange die Nachfrage nach Wohneigentum noch hoch ist, bleiben ihre Objekte begehrt und können entsprechende Verkaufspreise erzielen. Die Preise für Wohnimmobilien in Deutschland sind im ersten Quartal 2022 um durchschnittlich 12 Prozent gegenüber dem Vorjahresquartal gestiegen. Laut Statistischem Bundesamt (Destatis)[180] haben sich Wohnungen sowie Ein- und Zweifamilienhäuser gegenüber dem Vorquartal im Schnitt allerdings nur noch um 0,8 Prozent verteuert. Damit deutet sich eine leichte Abschwächung der Dynamik an: Im dritten Quartal 2021 waren die Preise für Wohnimmobilien noch um 4,1 Prozent und im vierten Quartal 2021 um 3,1 Prozent gegenüber dem jeweiligen Vorquartal gestiegen.

Enorme Preissprünge, wie sie über Jahre am Immobilienmarkt üblich waren, dürften somit der Vergangenheit angehören. Darauf müssen sich auch Immobilienverkäufer einstellen, die in naher Zukunft ihr Zuhause gegen eine Rente eintauschen wollen oder einen Teilverkauf in Erwägung ziehen. Insbesondere beim Teilverkauf, dessen Erfolgskonzept darauf basiert, dass man von weiter steigenden Immobilienpreisen profitiert, sollte einkalkuliert werden, dass die eigene Immobilie mindestens auf absehbare Zeit keine sensationellen Preissteigerungen mehr erfahren könnte. Ist der Teilverkauf deshalb nicht mehr ratsam? Das kann man wohl kaum sagen. Denn die meisten Anbieter haben dieses Risiko in ihren Berechnungen bereits berücksichtigt und mit rund 2 Prozent Preissteigerung pro Jahr kalkuliert – und nicht mit 15 oder 20 Prozent. Daher dürfte sich zurzeit die Realität den Beispielrechnungen anpassen. Da das Modell ohnehin auf Langfristigkeit angelegt ist, kann im Übrigen niemand wissen, welche Verkaufspreise Wohnimmobilien in zehn Jahren erzielen werden.

Was allerdings jeder Verkäufer jetzt berücksichtigen sollte: Dem Verkaufserlös seiner Immobilie stehen steigende Kosten gegenüber. Haben die meisten Anbieter von Verrentungsmodellen und Teilverkauf schon im Frühjahr auf die neue Zinssituation reagiert und Risikoabschläge oder Gebühren erhöht, werden sie sie künftig weiter nach oben anpassen »müssen«. Da sie in den meisten Fällen den Ankauf ebenfalls durch Bankkredite finanzieren, zahlen auch sie deutlich höhere Zinsen als noch vor einem halben Jahr. Insofern sind auch alle Beispielrechnungen in diesem Buch nur als allgemeine Orientierung zu verstehen. Alle Berechnungen basieren auf den Konditionen während der Niedrigzinsphase.

An den grundsätzlichen Aussagen und Einschätzungen hat sich indes nichts geändert. Jedes Modell hat seine Berechtigung, weil es den jeweils unterschiedlichen Wunschvorstellungen der Immobilieneigentümer entspricht. Deren Zukunftsperspektiven und Verkaufsmotive sind so individuell wie ihr Zuhause, in dem sie wohnen bleiben möchten. Jemand, der seine schmale monatliche Rente mithilfe seiner Immobilie aufbessern will, wird sich für eine andere Möglichkeit des Immobilienverzehrs entscheiden als jemand, der aktuell einen finanziellen Engpass überbrücken muss und demnächst, obwohl selbst bereits im fortgeschrittenen Alter, noch eine Erbschaft erwartet. Wer eigentlich keine Geldnöte kennt und sich nur mehr finanziellen Spielraum wünscht, um sich ein bisschen Luxus im Alter leisten zu können, wird vermutlich auch ein anderes Modell wählen als ein Rentner, der weiß, dass seine Ersparnisse demnächst aufgebraucht sind und er weder altersgerechte Umbauten noch größere Reparaturen selbst bezahlen kann.

Voraussetzung bei (fast) allen Modellen: Die Immobilie ist mindestens 200 000 Euro wert. Andernfalls geht man leer aus. Immobilien, die weniger wert sind, werden zurzeit höchstens beim Rückmietkauf berücksichtigt. Das ist bedauerlich, weil viele Immobilieneigentümer mit weniger wertvollen Häusern in nicht so attraktiven Regionen von vornherein ausgeschlossen werden und bei Bargeldbedarf nur der Verkauf bleibt. Emotionale Bindungen an ihr Zuhause sind ein Luxus, den sie sich nicht leisten können.

Die Gespräche mit Nutzern der unterschiedlichen Angebote für dieses Buch haben indes zutage gefördert, dass es den meisten Verkäufern neben rein wirtschaftlichen Aspekten auch um das sogenannte »Bauchgefühl« geht. Selbst wenn sich rechnerisch bei dem einen oder anderen Modell ein kleiner finanzieller Vorteil ergeben hat, haben sie sich mehrheitlich für den Anbieter entschieden, der ihnen sympathisch und vertrauenswürdig erschien – und der sie nicht zu einem Abschluss gedrängt hat. Das mag man irrational oder sogar naiv nennen. Es zeigt aber deutlich, dass es bei jeder Art von Geschäft auch auf emotionale Aspekte ankommt, die nicht zu unterschätzen sind. Vor allem Teilverkäufer und Leibrentenbezieher, die auf längere Sicht mit dem Käufer ihrer Immobilie verbunden bleiben, haben viel Wert auf das Auftreten und Geschäftsgebaren ihres Partners gelegt.

Für viele Senioren ist das »sich Wohlfühlen« mit der eigenen Entscheidung offenbar ein sehr wichtiger Aspekt. Mehr als deutlich wurde das auch bei der Nachfrage nach einer Kreditaufnahme bei der Bank. Die Verbraucherzentralen weisen immer wieder darauf hin, dass ein Kredit bei der Bank finanziell günstiger sei als ein Verrentungsmodell oder vor allem ein Teilverkauf. Durch das Ende der Niedrigzinsphase muss das sicherlich grundsätzlich neu bewertet werden. Aber abgesehen davon und von der Tatsache, dass für Senioren häufig die günstigen Zinskonditionen gar nicht gelten, wollen viele Immobilieneigentümer ihr Zuhause nicht nochmals mit einem Darlehen belasten – und dann über viele Jahre bei der Bank in der Kreide stehen.

Bankschulden im Alter werden hierzulande als enorme Bürde empfunden, was auch erklärt, dass sich kaum jemand für eine Umkehrhypothek interessiert. Während bei einem Hypothekenkredit die Schulden von Monat zu Monat schrumpfen, steigen sie bei der Umkehrhypothek stetig an. Am Ende ist eine stattliche Summe auf einen Schlag zurückzuzahlen. In den meisten Fällen müssen das die Erben erledigen, die den Kredit mit der Verkaufssumme des Objekts verrechnen. Wer keine Erben hat, überlässt den Verkauf der Bank. Eigentlich eine probate Lösung, die in anderen Ländern teils seit Jahrhunderten praktiziert wird. Deutsche Immobilieneigentümer tun sich mit dem Gedanken des Schuldenmachens bis zum Tod jedoch noch sehr schwer. Möglicherweise wird sich das aber künftig ändern. Insbesondere für Haushalte, die fast alles an Barvermögen in ihr Eigenheim und wenig in die private Altersvorsorge investiert haben, könnte eine Umkehrhypothek der Ausweg aus einer misslichen Lage sein. Dazu müsste aber auch der Gesetzgeber einen klaren Rechtsrahmen für das Produkt schaffen.

Ein Mindestmaß an gesetzlicher Regulierung würde auch allen anderen Verrentungsmodellen und dem Teilverkauf nicht schaden. Zumindest Beratung und Aufklärung über die wichtigsten Konsequenzen eines Verkaufs oder Teilverkaufs könnten in einem Beratungsprotokoll festgehalten werden. Das Deutsche Institut für Altersvorsorge[181] weist zu Recht darauf hin, dass für den Abschluss eines Fondssparplans, in den monatlich 50 Euro eingezahlt werden, ein solches Protokoll angefertigt werden muss. Bei der Verrentung einer Immobilie im Wert von mehreren Hunderttausend Euro ist das hingegen bislang nicht erforderlich.

Ohne zu viel Bürokratie zu schaffen, die wiederum zu zusätzlichen Kosten führt, könnten beispielsweise einheitliche Standards für mehr Transparenz und Vergleichbarkeit sorgen. Bislang ist es nur schwer möglich, die Angebote miteinander zu vergleichen, weil detaillierte Auskünfte darüber fehlen, mit welchen Abschlägen künftige Sanierungen oder die Marktentwicklung der Immobilie in ein Angebot eingepreist werden. Nur wenige Anbieter legen von sich aus – oder zumindest auf Nachfrage – die Karten auf den Tisch.

Da Verrentungs- und Immobilienverzehrmodelle sowie der Teilverkauf in den kommenden Jahren an Bedeutung gewinnen werden – und damit sicherlich die Zahl der Angebote weiter steigen wird –, wäre es auch aus Sicht der Anbieter hilfreich, sich in einem minimalen gesetzlichen Rahmen bewegen zu können. Insofern würden beide Seiten profitieren – Verkäufer und Käufer.

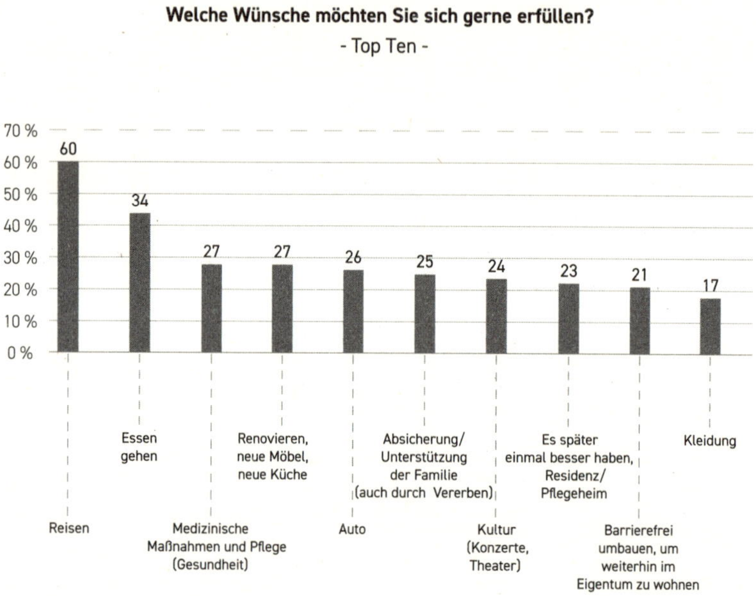

Quelle: *wertfaktor Senioren-report 2020* – Deutschlandweite Gfk-Studie im Auftrag von wertfaktor zum Thema Wünsche und wirtschaftliche Situation von Senioren 65+ mit Immobilienbesitz (Basis: 1.000 Teilnehmer, Werte gerundet, Mehrfachnennung war möglich)

ANHANG

Anbieter und Vermittler von Verrentungen, Teilverkauf und weiteren Modellen

Leibrente

Deutsche Immobilien-Renten AG, Stuttgart, www.meinewohnrente.de

Deutsche Leibrenten Grundbesitz AG, Frankfurt am Main, www.deutsche-leibrenten.de

DIR Deutsche Immobilienrente, Frankfurt am Main, www.dir-deutsche-immobilienrente.de

Malteser Stiftung, Köln, malteser-stiftung.de

Stiftung Liebenau, Meckenbeuren, www.stiftung-liebenau.de

Teilverkauf

Deutsche Teilkauf GmbH, Köln, www.deutsche-teilkauf.de / www.hausanker.de

EV LiquidHome GmbH, Hamburg, ev-liquidhome.de

HausVorsorge Immobilienbeteiligungs GmbH, Runkel, www.hausvorsorge.com

HausVorteil GmbH, Hamburg, www.hausvorteil.de

Heimkapital GmbH, München, www.heimkapital.de

Volksbank Immobilien GmbH, Heidelberg, www.volksbank-teilverkauf.de

wertfaktor Immobilien GmbH, Hamburg, www.wertfaktor.de

Wohnwert Immobilien AG, Flörsheim am Main, www.wohnwert-immobilien-teilkauf.de

Vermittler / Anbieter verschiedener Modelle

Andhoff-Immobilien Gmbh, Berlin, www.andhoff-hausrente.de (Vermittler von Nießbrauch und Wohnungsrecht / Immobilienrente / Rückmiete / Teilverkauf).

Caritas Gemeinschafts-Stiftung, Stuttgart, www.caritas.de (Verrentung und Erwerb von Immobilien gegen Immobilienrente mit Nießbrauchrecht).

DEGIV – Die Gesellschaft für Immobilienverrentung GmbH, München, www.degiv.de (Vermittlung von Immobilien mit Nießbrauchrecht).

giv Gesellschaft für internationale Immobilienvermittlung und Vermögensplanung mbH, München (Vermittler von Immobilien mit Nießbrauch- und Wohnrecht; gehört zur Unternehmensgruppe von Otto Kiebler, Eigentümer der giv und der Hausplus-Rente Gmbh).

Verkaufen aber bleiben Gmbh, Hamburg, www.verkaufenaberbleiben.de (Vermittlung von Verrentung / Teilverkauf / Umkehrhypothek).

Wohnen & Gut Leben GmbH, München, www.wohnenundgutleben.de (Vermittler von Immobilien mit Nießbrauch- und Wohnrecht mit Schwerpunkt München und Oberbayern).

Glossar

Annuitätendarlehen: Bei einem Annuitätendarlehen (lateinisch »annus«, das Jahr) zahlt der Kreditnehmer jährlich eine festgelegte Summe an den Kreditgeber zurück. Diese Summe besteht aus den beiden Elementen Zins und Tilgung. Da mit jeder Rate ein Teil der Restschuld getilgt wird, verringert sich der Zinsanteil zugunsten des Tilgungsanteils. Am Ende der Laufzeit ist der Kredit vollständig getilgt. Im Gegensatz zum Ratenkredit bleibt die Höhe der gesamten Laufzeit des Kredits gleich hoch, weil der Zinssatz bei einem Annuitätenkredit für gewöhnlich über lange Zeit festgeschrieben ist und sich nicht verändert.

Anschaffungskosten: Beim Kauf einer Immobilie müssen neben dem Kaufpreis zusätzliche Kosten beglichen werden. Sie werden auch als »Kaufnebenkosten« oder kurz »Nebenkosten« bezeichnet und können vor und nach dem Kauf anfallen. Dazu gehören beispielsweise die Grunderwerbsteuer, Maklergebühren, Notarkosten, Gebühren für den Eintrag ins Grundbuch, die Kosten für einen Gutachter, der den Kaufpreis der Immobilie schätzt, sowie Zinsen für den Immobilienkredit.

Baufinanzierungskredit: Mit dem Baufinanzierungskredit nimmt man in der Regel einen langfristigen Kredit bei der Bank auf. Dieser Kredit ist zweckgebunden, weil er nur zum Bau oder Kauf einer Immobilie dient.

Beleihungswert: Der Beleihungswert ist der Wert einer Immobilie, **den die Bank oder ein anderer Finanzierer als beleihbar ansieht**. Für gewöhnlich legt ein Gutachter fest, wie viel ein Objekt wert ist. In den meisten Fällen liegt der Beleihungswert einer Immobilie unter dem Verkehrswert, also dem möglichen Verkaufspreis, den eine Immobilie aktuell am Markt erzielen könnte. Kreditgeber preisen ihr eigenes Risiko ein und behandeln eine Immobilie bei der Werteinschätzung so, als wäre sie viel weniger wert. Üblich sind Abzüge vom Verkehrswert in Höhe von bis zu 40 Prozent.

Business Angel: Ein Business Angel ist jemand, der sich finanziell an einem noch jungen Unternehmen beteiligt und den Existenzgründern mit seinem Wissen und seinen Kontakten zur Verfügung steht. Typischerweise sind Business Angels erfahrene Geschäftsführer oder Firmengründer, die über Jahrzehnte die Höhen und Tiefen eines Geschäftsverlaufs mitgemacht haben. In Deutschland gibt es sogar einen Verband, der vom Bundeswirtschaftsministerium gefördert wird.

Euribor: Der **Euribor** ist der Zinssatz, zu dem einige europäische Banken einander Kredite in Euro gewähren – und zwar für die Laufzeit von drei Monaten. Neben diesem Drei-Monats-Euribor-Zinssatz gibt es noch 14 weitere Euribor-Zinssätze mit anderen Laufzeiten. Steigen die Euribor-Zinssätze stark an, erhöhen sich auch die Zinsen für Hypotheken, Sparkonten oder Kredite.

Family Office: Übersetzt wäre es ein »Familienbüro«. Und tatsächlich geht es um das finanzielle Vermögen einer oder mehrerer Familien, das im Rahmen einer Gesellschaft (Family Office) verwaltet wird. Sinn und Zweck ist die Vermehrung des Vermögens, und zwar über Generationen hinweg. Das Vermögen besteht beispielsweise aus Geldanlagen wie Aktien, Anleihen, Immobilien oder Unternehmensbeteiligungen.

Grundpfandrecht: Ein Grundpfandrecht dient als Sicherheit für den Immobilienkredit und macht ihn überhaupt erst möglich. Grundpfandrechte ermöglichen einem Immobilieneigentümer, etwa sein Haus oder seine Eigentumswohnung als Sicherheit für eine Baufinanzierung einzusetzen. Über eine Hypothek oder Grundschuld, die im Grundbuch eingetragen wird, übernimmt das Grundpfandrecht die Absicherung des Baufinanzierungsdarlehens.

Grundschuld: Die Grundschuld ist ein Grundpfandrecht, über das Banken ein Immobiliendarlehen absichern. Dazu trägt die Bank eine Grundschuld ins Grundbuch der Immobilie ein. Kann ein Kreditnehmer sein Darlehen nicht mehr bezahlen, hat die Bank somit die Möglichkeit, die Immobilie zu verkaufen, um die Restschuld zu tilgen. Die *Grundschuld* ist nicht an ein bestimmtes Darlehen gebunden und bleibt auch nach der Rückzahlung des Darlehens in ihrer Höhe bestehen. Der Vorteil für die Bank: Sie kann schneller zwangsvollstrecken, wenn ein Kreditnehmer zahlungsunfähig ist. Der Vorteil für den Kreditnehmer: Bleibt die Grundschuld im Grundbuch eingetragen, kann sie später für weitere Kredite, etwa für Modernisierungen, genutzt werden, ohne dass wiederholt Gebühren für einen Grundbucheintrag anfallen.

Hypothekenkredit: Der Hypothekenkredit ist ein besichertes Darlehen, bei dem Grundpfandrechte wie eine Hypothek oder eine Grundschuld zum Einsatz kommen – und zwar bei der Baufinanzierung. Eine Hypothek ist an eine konkrete Forderung gebunden – im Gegensatz zur Grundschuld. Ist beim Hypothekenkredit die letzte Rate gezahlt, erlischt die Hypothek. Der Kreditgeber hat keinen Anspruch mehr auf die Immobilie. Die Grundschuld bleibt dagegen bestehen, auch wenn das Darlehen bereits zurückgezahlt wurde. In beiden Fällen muss der Eintrag im Grundbuch von einem Notar gelöscht werden. Früher wurden eher Hypotheken zur Besicherung eines Kredits genutzt. Heutzutage ist es die Grundschuld, die als wichtigstes Grundpfandrecht gilt. Da der Begriff aber seit Langem gebräuchlich ist, wird er auch dann benutzt, wenn ein Kredit nicht über eine Hypothek, sondern über eine Grundschuld besichert wird. Banken favorisieren die Grundschuld, weil sie bei einem Kreditausfall ihre Ansprüche schneller geltend machen können.

Leibrente: Grundsätzlich ist eine Leibrente eine zusätzliche Zahlung, die man ein Leben lang erhält – meist monatlich, wie etwa die gesetzliche Altersrente, die auch eine Leibrente ist. Daneben gibt es Unfallrenten, Betriebsrenten, Erwerbs- und Berufsunfähigkeitsrenten oder auch Witwenrenten. Die Immobilienleibrente, die von unterschiedlichen gewerblichen Akteuren angeboten wird, besteht aus zwei Teilen: einer Geldleistung und einem Nutzungsrecht. Die Geldleistung ist die Leibrente, das Nutzungsrecht entweder ein lebenslanges Wohnrecht oder ein Nießbrauchrecht.

Marktwert: »Marktwert« und »Verkehrswert« haben dieselbe Bedeutung: Es geht um den potenziellen Verkaufspreis, den eine Immobilie am freien Markt erzielen könnte. Beide Begriffe werden synonym verwendet.

Rückmietkauf: Dabei verkauft man sein Eigenheim oder seine Eigentumswohnung, bleibt aber als Mieter so lange wohnen, wie man will, und zahlt dafür monatlich Miete. Der Vorteil: Man verfügt auf einen Schlag über eine größere Menge Bargeld.

Teilverkauf: Seit 2018 können Eigenheimbesitzer als Alternative zum Verkauf auch nur einen Teil ihrer Immobilie veräußern. Sie wohnen weiterhin in ihrem Haus oder in ihrer Eigentumswohnung, können die Objekte vermieten, vererben, eines Tages den verkauften Teil zurückerwerben oder die Immobilie mithilfe des neuen Miteigentümers verkaufen. In der Zwischenzeit verfügen sie über genügend Kapital, um ihr Leben sorgenfrei zu gestalten.

Umkehrhypothek: Der Unterschied zum »normalen« Immobilienkredit besteht darin, dass das Darlehen nicht monatlich getilgt wird, sondern einmalig – dann aber inklusive aller angefallenen Zinsen. Im Englischen heißt die Umkehrhypothek »Reverse Mortgage« – »Rückwärtshypothek« –, was es sprachlich noch besser trifft. Während bei einem Hypothekenkredit die Schulden von Monat zu Monat schrumpfen, steigen sie bei dieser Form des Kredits stetig an. Am Ende ist eine stattliche Summe auf einen Schlag zurückzuzahlen.

Wandelanleihe: Eine Wandelanleihe ist eigentlich eine herkömmliche Schuldverschreibung eines Unternehmens. Aber: Eine Wandelanleihe besitzt darüber hinaus die Option, das Wertpapier in Aktien des Emittenten umzuwandeln.

Wertsicherungsklausel: Die meisten Anbieter beim Teilverkauf (siehe Teilverkauf) sichern sich gegen den Wertverlust der angekauften Immobilien über eine Wertsicherungsklausel ab. Der Teilverkäufer verpflichtet sich vertraglich, dem Teilverkaufanbieter immer eine Mindestvergütung für seinen Anteil zu zahlen, wenn die Immobilie später verkauft wird – selbst wenn sie nicht an Wert gewinnen oder sogar weniger wert sein sollte als zum Zeitpunkt des Teilverkaufs.

Wohnungsrecht: Das lebenslange Wohnungsrecht berechtigt dazu, eine Immobilie unbefristet bis ans Lebensende zu bewohnen. Dieses Recht wird im Grundbuch eingetragen und stellt sicher, dass es auch bei einem etwaigen Verkauf des Objekts an Dritte bestehen bleibt. Das Wohnungsrecht kann nicht an andere übertragen werden. Es lässt sich weder verkaufen noch übertragen noch vererben. Es erlischt erst mit dem Tod des Wohnberechtigten.

Wohnrecht: Der Gesetzgeber unterscheidet Wohnrecht und Wohnungsrecht, weil es gravierende inhaltliche Unterschiede zwischen beiden Begriffen gibt: Im allgemeinen Sprachgebrauch wird meist von »Wohnrecht« gesprochen, wenn eigentlich das Wohnungsrecht gemeint ist. Auch in diesem Buch wird der Einfachheit halber der Begriff »Wohnrecht« benutzt, weil er sich eingebürgert hat. Eigentlich ist das Wohnrecht nur ein »Mitbenutzungsrecht«, das sowohl dem Nutzer als auch dem Eigentümer erlaubt, die Immobilie gemeinsam zu nutzen.

Danksagung

An dieser Stelle möchte ich mich bei all jenen bedanken, die tatkräftig mitgewirkt haben, damit dieses Buch veröffentlicht werden kann.

In Zeiten, in denen der rasche Blick ins Internet vermeintlich richtig und umfassend informiert, rückt die klassische Recherche mehr und mehr in den Hintergrund, weil sie zeitintensiv und anstrengend ist – und zwar sowohl für den Anfragenden als auch für diejenigen, die sich mit den Fragen beschäftigen und sie beantworten müssen. Deshalb sei an dieser Stelle auch den zahlreichen Mitarbeitern in den Presse- und Kommunikationsstellen von Banken, Sparkassen, Versicherungen und anderen Unternehmen gedankt, die sich mit Immobilien und deren Verrentung beschäftigen, sowie den Verbraucherschützern, die sich geduldig mit meinen vielen Fragen auseinandergesetzt haben.

Gedankt sei auch den Immobilieneigentümern, die ausführlich ihre Motive für einen Teilverkauf ihres Zuhauses oder ein anderes Modell der Immobilienverrentung geschildert haben. Ohne ihre Mitwirkung hätte diesem Buch etwas Entscheidendes gefehlt: Lebendigkeit und Praxisnähe. Genau das muss eine Publikation, die anderen Menschen im besten Sinne als Entscheidungshilfe dienen soll, aber leisten. Ich kann nur hoffen, dass mir das ansatzweise gelungen ist.

Unerwähnt darf auch nicht bleiben, dass die Unternehmen wertfaktor und Engel & Völkers LiquidHome dieses Buch gesponsert haben. Sie fanden die Idee einer Publikation, in der alle Modelle möglicher Immobilienverrentungen sowie des Immobilienverzehrs vorgestellt und analysiert werden, unterstützenswert.

Grundsätzlich ist das nicht unproblematisch, weil das Geschäftsmodell dieser Unternehmen – unter anderen – ebenfalls in dieser Publikation analysiert wurde. Ich kann nur versichern, dass mich das in keiner Weise bei meiner journalistischen Arbeit beeinflusst hat und die Unternehmen zu keinem Zeitpunkt versucht haben, Einfluss auf das Ergebnis meiner Recherchen zu nehmen. Da ich mich stets um optimale Transparenz bei meinen Arbeiten bemühe, sei das der Vollständigkeit halber an dieser Stelle ausdrücklich erwähnt.

Quellenangaben

Einleitung

1 Lietzmann, Philine; Kirsch, Simon & Lewald, Melanie: »1000, 1500 oder 2000 Euro Rente: So viel müssen Sie verdienen, um im Alter nicht arm zu sein«, Focus Online, https://www.focus.de/finanzen/altersvorsorge/rente/altersvorsorge-einfach-erklaert-1000–1500-oder-2000-euro-rente-so-viel-muessen-sie-verdienen-um-im-alter-nicht-arm-zu-sein_id_24498575.html.

2 Bundesweite Online-Umfrage des Marktforschungsinstituts Toluna unter 1.500 über 50-Jährigen im Januar 2021 im Auftrag von EVLH.

3 Heimkapital (2020): »Fast die Hälfte der Senioren geht mit weniger als 10.000 Euro Sparguthaben in Rente«, 10.11.2020, https://www.heimkapital.de/presse/mitteilung/20201110.

4 Statista (2022): »Städte in Deutschland mit den höchsten Kaufpreisen für Eigentumswohnungen im Vergleich der Jahre 2016 und 2021«, 26.07.2022, https://de.statista.com/statistik/daten/studie/6654/umfrage/immobilienpreise-fuer-eigentumswohnungen-in-deutschen-staedten-2008/#professional.

5 Wiktorin, Anne (2021): »Plus elf Prozent: Der Anstieg der Preise für Wohnungen und Häuser erreicht neuen Rekord«, Handelsblatt, 24.09.2021, https://www.handelsblatt.com/finanzen/immobilien/immobilien-plus-elf-prozent-der-anstieg-der-preise-fuer-wohnungen-und-haeuser-erreicht-neuen-rekord/27643606.html.

6 Die Analyse fußt auf Daten von realxdata und dem Mutterkonzern Moody'' Analytics. Quelle: Rekord-Preise für Einfamilienhäuser in der Pandemie: Höchster Anstieg in Deutschland im letzten Jahrzehnt«, Pressemitteilung vom 24.02.2022.

7 https://www.immowelt.de/immobilienpreise/bl-bayern/hauspreise.

8 Möbert, Jochen (2022): »Ausblick auf den deutschen Wohnungsmarkt 2022 ff.«, Deutsche Bank Research, 01.04.2022, https://www.dbresearch.de/PROD/RPS_DE-PROD/PROD0000000000522583/Ausblick_auf_den_deutschen_Wohnungsmarkt_2022_ff_%3A.pdf?undefined&realload=l5oqdhGpZJpR6luMcG0H9NdnkflqpOUo2kr/PSzAqYI/x9n3CVVYUsmVjrwmkysr.

Kapitel 1

9 Anmerkung: In diesem Buch wird der Einfachheit halber der Begriff »Wohnrecht« verwendet, obwohl es sich aus Sicht des Gesetzgebers eigentlich um ein Wohnungsrecht handelt. Siehe Erklärung Seite 266.

10 Haufe: »Wohnrecht (Miete) / 6.1 Beschränkte persönliche Dienstbarkeit«, https://www.haufe.de/immobilien/verwalter-praxis/wohnrecht-miete-61-beschraenkte-persoenliche-dienstbarkeit_idesk_PI9865_HI2281989.html.

11 Immobilienrente: »Wohnungsrecht, § 1093 BGB in Abgrenzung zum Wohnrecht, § 1090 BGB«, http://www.stiftung-immobilienrente.de/buergerliches-gesetzbuch-bgb/wohnungsrecht-§-1093-bgb-in-abgrenzung-zum-wohnrecht-§-1090-bgb/.

12 Anmerkung: Weitere Abschläge sind durchaus üblich, wie eine Untersuchung des Informationsportals Immo.info (Kapitel »Immobilie gegen Nießbrauch« in diesem Buchteil) gezeigt hat.

13 Krude, Viktor: »Grundbuch: Was Immobilienkäufer darüber wissen müssen«, Dr. Klein, https://www.drklein.de/grundbuch.html – (ausführliche Informationen zu Fragen des Grundbuchs leicht verständlich aufbereitet).

14 Buhlert, Hans-Jürgen: »Rang eines Rechts im Grundbuch«, Rechtsanwalt Hans-Jürgen Buhlert – Spezialist für Immobilienrecht, https://www.rechtsanwalt-buhlert.de/lexikon-immobilienrecht/rang-eines-rechts-im-grundbuch/.

15 DAHAG (2012): »Erlischt das Wohnrecht bei einer Zwangsversteigerung?«, 17.06.2012, https://www.dahag.de/c/ebs/immobilienrecht/erlischt-das-wohnrecht-bei-einer-zwangsversteigerung-4564.

16 Zwangsversteigerungsgesetz, § 92, https://dejure.org/gesetze/ZVG/92.html.

17 Notare Bayern und Pfalz (2020): »Schenkung – ganz oder nur ein bisschen?«, Pressemitteilung, 13.03.2020, https://www.notare.bayern.de/presse/pressemitteilungen/pressemitteilung/artikel/detail/News/schenkung-ganz-oder-nur-ein-bisschen.html?tx_news_pi1 %5B%40widget_0 %5D%5BcurrentPage%5D=4&cHash=b671b3afbefd6b809f8057f747480ba2.

18 Notare Bayern und Pfalz (2020): »Schenkung – ganz oder nur ein bisschen?«, Pressemitteilung, 13.03.2020, https://www.notare.bayern.de/presse/pressemitteilungen/pressemitteilung/artikel/detail/News/schenkung-ganz-oder-nur-ein-bisschen.html?tx_news_pi1 %5B%40widget_0 %5D%5BcurrentPage%5D=4&cHash=b671b3afbefd6b809f8057f747480ba2.

19 Nippel, Sönke (2021): »Elternunterhalt – Rückforderung von Schenkungen und Überleitung des Anspruchs auf den Sozialhilfeträger«, Rechtsanwalt und Sozialrecht, 28.10.2013, aktualisiert am 17.11.2021, https://rechtsanwalt-und-sozialrecht.de/elternunterhalt-rueckforderung-schenkungen-ueberleitung/.

20 Bundesministerium der Finanzen (2021): »Berechnung einer lebenslänglichen Nutzung oder Leistung; Vervielfältiger für Bewertungsstichtage ab 1. Januar 2022«, Schreiben an die Obersten Finanzbehörden der Länder, 04.10.2021, https://www.bundesfinanzministerium.de/Content/DE/Downloads/BMF_Schreiben/Steuerarten/Erbschaft_Schenkungsteuerrecht/2021-10-04-bewertung-einer-lebenslaenglichen-nutzung-oder-leistung-stichtage-ab-1-1-2022.pdf?__blob=publicationFile&v=2.

21 Bundesministerium der Finanzen (2021): »Berechnung einer lebenslänglichen Nutzung oder Leistung; Vervielfältiger für Bewertungsstichtage ab 1. Januar 2022«, Schreiben an die

Obersten Finanzbehörden der Länder, 04.10.2021, https://www.bundesfinanzministerium.de/Content/DE/Downloads/BMF_Schreiben/Steuerarten/Erbschaft_Schenkungsteuerrecht/2021-10-04-bewertung-einer-lebenslaenglichen-nutzung-oder-leistung-stichtage-ab-1-1-2022.pdf?__blob=publicationFile&v=2.

22 Hardi, Janine & Hardi, Boris: »Das Wohnrecht und die Steuern: Das sollten Sie beachten«, RentePlus Immobilie.de, https://renteplusimmobilie.de/wohnrecht-steuern/#:~:text=Steuern%20beim%20entgeltlichen%20Wohnrecht,Empfänger%20des%20Entgelts%20eine%20Steuerpflicht.

23 DAHAG (2017): »Ist Wohnrecht steuerpflichtig?«, 12.12.2017, https://www.dahag.de/c/ebs/immobilienrecht/ist-wohnrecht-steuerpflichtig-1240.

24 Zivilprozessordnung: § 857 Zwangsvollstreckung in andere Vermögensrechte, https://www.gesetze-im-internet.de/zpo/__857.html.

25 Fricke, Fabian (2019): »Insolvenzrecht, ist Wohnrecht pfändbar?«, Frag-einen-Anwalt.de, 23.09.2019, https://www.frag-einen-anwalt.de/Insolvenzrecht-Ist-Wohnrecht-pfaendbar--f332072.html.

26 Löbe, Kerstin: »So regeln Sie die Lastenverteilung und Lastentragung beim Nießbrauchsvorbehalt«, Deubner Steuern & Praxis, https://www.deubner-steuern.de/themen/steuerfreie-einnahmen/steuerfreie-schenkung/niessbrauch/lasten-lastenverteilung.html.

27 Bürgerliches Gesetzbuch (BGB), § 1041 Erhaltung der Sache, https://www.gesetze-im-internet.de/bgb/__1041.html.

28 advocado: »Nießbrauch – Wissenswertes für Nießbraucher & Eigentümer«, https://www.advocado.de/ratgeber/erbrecht/niessbrauch/niessbrauchrecht.html.

29 IMMO.info (2021): »Aktuelle Studie: Berechnung Nießbrauch bei Hausverkauf«, 26.07.2021, https://immo.info/wohnrecht-niessbrauch/hausverkauf-mit-niessbrauch/.

30 IMMO.info (2021): »Aktuelle Studie: Berechnung Nießbrauch bei Hausverkauf«, 26.07.2021, https://immo.info/wohnrecht-niessbrauch/hausverkauf-mit-niessbrauch/.

31 Schön, Britta Beate (2021): »Das Erbe verteilen und mit dem Nießbrauch das Wohnrecht sichern«, Finanztip, 27.08.2021, https://www.finanztip.de/niessbrauch/.

32 Schön, Britta Beate (2021): »Das Erbe verteilen und mit dem Nießbrauch das Wohnrecht sichern«, Finanztip, 27.08.2021, https://www.finanztip.de/niessbrauch/.

33 Bürgerliches Gesetzbuch (BGB), § 529 Ausschluss des Rückforderungsanspruchs, https://www.gesetze-im-internet.de/bgb/__529.html.

34 Wohnweisend (2019): »Verkauf auf Leibrente mit Nießbrauch oder lieber Wohnrecht? Was ist der Unterschied?«, 15.11.2019, https://www.wohnweisend-immobilien.de/post/verkauf-auf-leibrente-mit-niessbrauch-oder-lieber-wohnrecht-was-ist-der-unterschied.

35 In Anlehnung an das Lateinische „»usus«“ (Nutzung) und „»fructus« (Frucht) – also die Nutzung der Frucht, ist der Begriff Nießbrauch entstanden. Vgl. Wikipedia: »Nießbrauch«, https://de.wikipedia.org/wiki/Nießbrauch.

36 Erbrecht-Ratgeber: »Rechte und Pflichten beim Nießbrauch«, https://www.erbrecht-ratgeber.de/erbrecht/vorweggenommene-erbfolge/niessbrauch-rechte-pflichten.html.

37 IMMO.info: »Leibrente berechnen: Formel zur Berechnung der Leibrente und Online-Rechner«, https://immo.info/immobilienrente-teilverkauf/leibrente-berechnen/.

38 Bundesministerium der Finanzen: »Wie Alterseinkünfte besteuert werden«, Broschüre, https://www.bundesfinanzministerium.de/Content/DE/Downloads/Broschueren_Bestellservice/wie-alterseinkuenfte-besteuert-werden.html.

39 Deutsche Rentenversicherung: »Ertragsanteil«, https://www.deutsche-rentenversicherung.de/SharedDocs/Glossareintraege/DE/E/ertragsanteil.html;jsessionid=4AC55FE225A387A8FB40A23F8F02C229.delivery2–3-replication.

40 IMMO.info: »Leibrente Steuer: Wie wird die Leibrente versteuert? Steuerliche Behandlung und Online-Rechner«, https://immo.info/steuern/leibrente-steuer/.
41 https://datenbank.nwb.de/Dokument/78789_55/.

Kapitel 2

42 Eisenmenger, Matthias, Emmerling, Dieter (2011): »Amtliche Sterbetafeln und Entwicklung der Sterblichkeit«, in: Statistisches Bundesamt (Hrsg.): Wirtschaft und Statistik, He2011, S. 219–238.
43 Ebenda.
44 Statistisches Bundesamt: »Durchschnittliche fernere Lebenserwartung (Periodensterbetafel) in den Bundesländern für Männer«, https://www.destatis.de/DE/Themen/Gesellschaft-Umwelt/Bevoelkerung/Sterbefaelle-Lebenserwartung/Tabellen/lebenserwartung-bundeslaender-maennlich.html;jsessionid=C67771F98C3DB09ACEFB9704897E689A.live712.
45 Statistisches Bundesamt: »Durchschnittliche fernere Lebenserwartung (Periodensterbetafel) in den Bundesländern für Frauen«, https://www.destatis.de/DE/Themen/Gesellschaft-Umwelt/Bevoelkerung/Sterbefaelle-Lebenserwartung/Tabellen/lebenserwartung-bundeslaender-weiblich.html.
46 Verwaltungsgericht Sigmaringen, Az. 9 K 2042/05, 9 K 483/06, https://verwaltungsgericht-sigmaringen.justiz-bw.de/pb/,Lde/1217524/?.
47 Stiftung Liebenau: »Über uns«, https://www.stiftung-liebenau.de/ueber-uns/stiftung-liebenau/.
48 w&w gruppe (2019): »Chancen der Immobilienverrentung sinnvoll nutzen«, 13.09.2019, https://www.ww-ag.com/de/newsroom/news-und-publikationen/artikel/466371.
49 iMMO.info: »Deutsche Leibrenten Grundbesitz AG«, https://immo.info/anbieter-liste/deutsche-leibrenten-grundbesitz-ag/.
50 Ebenda.

51 Presseportal (2019): »Immobilien-Verrentung: Vereinigte Volksbank Münster und Deutsche Leibrenten Grundbesitz kooperieren«, 25.06.2019, https://www.presseportal.de/pm/119738/4305800.

52 Presseportal (2019): »Bankenstudie: Es fehlt an Angeboten für Senioren – Altersfinanzierung als Thema bei Instituten noch nicht angekommen«, 03.09.2019, www.presseportal.de/pm/119738/4364647.

53 https://immo.info/anbieter-liste/meine-wohnrente/

54 https://www.onvista.de/news/2022/08–04-ots-meine-wohnrente-deutsche-immobilien-renten-ag-aus-stuttgart-zieht-10–26023108.

55 Waanders, Stefan (2022): »Die Immobilien-Wohnrente – Zeitgemäße Altersfinanzierung für Eigentümer!«, 14.03.2022, https://www.berliner-sonntagsblatt.de/Die-Immobilien-Wohnrente-Zeitgemaesse-Altersfinanzierung-fuer-Eigentuemer--259771.html.

56 biallo.de (2021): »Deutsche Immobilien-Renten AG: Meine Wohnrente.de und ihre Angebote sind transparent«, Interview mit Gordon Sauer, 21.05.2021, https://www.biallo.de/baufinanzierung/news/interview-deutsche-immobilien-renten-ag/.

57 Meine Wohnrente: »Ihre Fragen & unsere Antworten«, https://meinewohnrente.de/fragen/.

58 Schriftliche Antwort der Deutschen Immobilien- Renten AG durch Geschäftsführer Gordon Sauer am 02.04.2022 auf Presseanfrage vom 31.03.2022.

59 Verbraucherzentrale Hamburg: »Versicherungsunternehmen kassieren bei Sofortrenten ab«, https://www.vzhh.de/themen/finanzen/altersvorsorge-riester-ruerup-etc/versicherungsunternehmen-kassieren-bei-sofortrenten-ab.

Kapitel 3

60 Neuhaus, Christoph (2019): »Neues Finanzmodell bietet maximale Freiheit durch Immobilien-Teilverkauf«, wertfaktor, 19.03.2019, https://www.wertfaktor.de/presse/pressemittei-

lungen/neues-finanzmodell-bietet-maximale-freiheit-durch-immobilien-teilverkauf/.

61 Neuhaus, Christoph (2020): »wertfaktor übernimmt Basora-Teilverkauf«, wertfaktor, 08.06.2020, https://www.wertfaktor.de/presse/pressemitteilungen/wertfaktor-uebernimmt-basora-teilverkauf/.

62 Neuhaus, Christoph (2021): »Drei Jahre Immobilien-Teilverkauf: Senioren wollen nicht auf Kredit leben«, wertfaktor, 06.12.2021, https://www.wertfaktor.de/presse/pressemitteilungen/teilverkauf_immobilien_drei_jahre/.

63 Neuhaus, Christoph (2022): »Immobilien-Teilverkauf: Lukrativ auch bei kurzen Laufzeiten«, wertfaktor, 02.02.2022, https://www.wertfaktor.de/presse/pressemitteilungen/wertfaktor_teilverkauf_gesamtverkauf/.

64 Volksbank Mittelhessen: »Finanzielle Freiheit für Eigenheimbesitzer durch Teilverkauf«, www.vb-mittelhessen.de/wir-fuer-sie/news/pressearchiv/pressemitteilungen-2020/finanzielle-freiheit-fuer-eigenheimbesitzer-durch-teilverkauf.html.

65 Volksbank eG: »Finanzielle Freiheit genießen«, https://www.gestalterbank.de/immobilien/verkaufen/immobilienverrentung.html.

66 Neuhaus, Christoph (2022): »PlanetHome kooperiert mit Marktführer wertfaktor beim Teilverkauf von Immobilien«, 09.02.2022, https://www.wertfaktor.de/mediathek/presse/pressemitteilungen/planethome-kooperiert-mit-marktfuehrer-wertfaktor-beim-teilverkauf-von-immobilien/.

67 Engel & Völkers (2020): »Engel & Völkers mit neuem Geschäftsfeld – Immobilien-Teilverkauf«, Pressemitteilung, 20.04.2020, https://ev-liquidhome.de/presse-pdf/Geschäftsfeld-presse1.pdf;(letzter Zugriff: 02.03.2022).

68 Der Euribor ist der Zinssatz, zu dem einige europäische Banken einander Kredite in Euro gewähren – und zwar für die Laufzeit von drei Monaten. Neben diesem Drei-Monats-Euribor gibt es noch 14 weitere Euribor-Zinssätze mit anderen Laufzeiten. Steigen die Euribor-Zinssätze stark an, erhöhen

sich auch die Zinsen für Hypotheken, Sparkonten oder Kredite. Vergleiche. Deutsche Bundesbank Eurosystem: »10 Euribor – Dreimonatsgeld«, https://www.bundesbank.de/de/statistiken/die-deutsche-wirtschaft-auf-einen-blick/10-euribor-dreimonatsgeld-767236.

69 EVLH (2021): »Übersicht über die wesentlichen Regelungen der Teilverkaufsvereinbarung«, Hamburg, August 2021.

70 EVLH (2021): »Übersicht über die wesentlichen Regelungen der Teilverkaufsvereinbarung«, Hamburg, August 2021.

71 EVLH (2020): »Der Immobilien-Teilverkauf – Vertragsübersicht und vorvertragliche Aufklärung«, Hamburg, November 2020.

72 Ankaufsnebenkosten sind verschiedene Gebühren und Steuern. Etwa Gebühren für den Notar, die Umschreibung des Grundbuchs, die Grunderwerbsteuer sowie die Maklerprovision. Die Grunderwerbsteuer variiert zwischen 3,5 und 6,5 Prozent; die Maklercourtage zwischen 5,95 und 7,14 Prozent – je nach Bundesland. Vergleiche immoverkauf24: »Maklerprovision & Neuerungen in 2022 – Fragen & Antworten«, https://www.immoverkauf24.de/immobilienmakler/makler-provision/.

73 EVLH (2021): »Übersicht über die wesentlichen Regelungen der Teilverkaufsvereinbarung«, Hamburg, August 2021.

74 Antwort der Pressestelle von EVLH vom 08.03.2022 auf Anfrage vom 04.03.2022.

75 Antwort der Pressestelle von EVLH vom 08.03.2022 auf Anfrage vom 04.03.2022.

76 Engel & Völkers (2021): »Engel & Völkers LiquidHome implementiert Verbraucher-Beirat«, Pressemitteilung, Hamburg, 23. November 2021. https://www.konii.de/news/engel-volkers-liquidhome-implementiert-verbraucher-beirat-202111231901.

77 Deutsche Teilkauf: »Häufige Fragen«, https://deutsche-teilkauf.de/faq/.

78 Antwort der Deutschen Teilkauf vom 29.03.2022 auf Anfrage vom 07.03.2022.
79 https://stiftung-deutsche-teilkauf.de.
80 Antwort der Deutschen Teilkauf vom 29.03.2022 auf Anfrage vom 07.03.2022.
81 Antwort der Deutschen Teilkauf vom 29.03.2022 auf Anfrage vom 07.03.2022.
82 Antwort der Deutschen Teilkauf vom 29.03. 222 auf Anfrage vom 07.03.2022.
83 Deutsche Teilkauf (2021): »Deutsche Teilkauf kooperiert mit FALC Immobilien«, 16.03.2021, https://deutsche-teilkauf.de/news/deutsche-teilkauf-kooperiert-mit-falc-immobilien/.
84 Deutsche Teilkauf: »Führender Allfinanzvertrieb Bonnfinanz und Deutsche Teilkauf gehen Kooperation ein«, https://deutsche-teilkauf.de/npewse/fuehrender-allfinanzvertrieb-bonnfinanz-und-deutsche-teilkauf-gehen-kooperation-ein/.
85 Pressemitteilung der Deutschen Teilkauf vom 19.04.2022.
86 Deutsche Teilkauf (2020): »Umfrage: Senioren wünschen sich mehr finanzielle Flexibilität«, 20.08.2020, https://deutsche-teilkauf.de/news/umfrage-teilverkauf-erfuellt-wunsch-nach-finanzieller-flexibilitaet/.
87 Deutsche Teilkauf (2020): »Umfrage: Immobilienbesitzer können unvorhergesehene Ausgaben kaum stemmen«, 20.08.2020, https://deutsche-teilkauf.de/news/umfrage-teilverkauf-macht-unvorhergesehene-ausgaben-moeglich/.
88 Deutsche Teilkauf (2021): »Über 3,3 Millionen Seniorenhaushalte mit Immobilienbesitz haben kein auskömmliches Einkommen«, 05.05.2021, https://deutsche-teilkauf.de/news/seniorenhaushalte-mit-immobilienbesitz-ohne-ausreichendes-einkommen/.
89 Heimkapital: »Häufig gestellte Fragen«, https://www.heimkapital.de/hilfe/.
90 Heimkapital: »Immobilien Teilverkauf«, https://www.heimkapital.de/teilverkauf/.

91 Heimkapital: »Immobilien Teilverkauf«, https://www.heimkapital.de/teilverkauf/.
92 Heimkapital (2020): »Heimkapital schließt Seed-Runde erfolgreich ab und startet mit Immobilien-Teilverkauf«, 30.04.2020, https://www.heimkapital.de/presse/mitteilung/20200430.
93 Heimkapital Magazin (2022): »Heimkapital wirbt 300 Millionen Euro Fremdkapital für Immobilien-Teilankäufe ein«, 14.01.2022, https://www.heimkapital.de/presse/mitteilung/20220114.
94 Heimkapital (2020): »Fast die Hälfte der Senioren geht mit weniger als 10.000 Euro Sparguthaben in Rente«, 10.11.2020, https://www.heimkapital.de/presse/mitteilung/20201110.
95 Immobilienexperten empfehlen Eigenheimbesitzern, zwischen 200 und 300 Euro monatlich für die Instandhaltung der Immobilie zurückzulegen. Je älter Haus oder Wohnung ist, desto höher sollte die monatliche Rücklage ausfallen. Vergleiche Sparkasse Immobilien: »Instandhaltungsrücklage berechnen«, https://immobilien.sparkasse.de/finanzieren/kosten/instandhaltungsruecklage.html.

Kapitel 4

96 Bürgerliches Gesetzbuch: »§ 566 Kauf bricht nicht Miete«, https://dejure.org/gesetze/BGB/566.html.
97 Insolvenzordnung: »§ 111 Veräußerung des Miet- oder Pachtobjekts«, https://dejure.org/gesetze/InsO/111.html.
98 wohnungsboerse.net: »Entwicklung des Wohnungsmarktes und aktuelle Mietpreise in Hamburg«, https://www.wohnungsboerse.net/mietspiegel-Hamburg/3195.

Kapitel 5

99 Verordnung über die Ermittlung der Beleihungswerte von Grundstücken nach § 16 Abs. 1 und 2 des Pfandbriefgesetzes (Beleihungswertermittlungsverordnung – BelWertV) vom 12. Mai 2006, https://www.gesetze-im-internet.de/belwertv/BJNR117500006.html.

100 https://www.immorente.de/rechner, Nutzung am 30.01.2022.

101 Antwort auf Presseanfrage vom 17.01./19.01.2022 durch Dr. Georg F. Doll, Geschäftsführender Gesellschafter der WIR WohnImmobilienRente Gmbh.

102 Antwort der Pressestelle der Hamburger Sparkasse vom 10.01.2022 auf Anfrage vom 10.01.2022.

103 Antwort der Pressestelle des Bundesverbands der Deutschen Volksbanken und Raiffeisenbanken e. V. vom 31.01.2022 auf Anfrage vom 31.01.2022.

104 Antwort der Pressestelle des DSGV vom 22.02.2022 auf Anfrage vom 11.01.2022.

105 Bartsch, Florian; Buhlmann, Florian; Kirschenmann, Karolin und Schmidt, Carolin (2021): »Is There a Need for Reverse Mortgages in Germany? Empirical Evidence and Policy Implications«, FonPol Policy Report (31/2021).

106 Das Sozio-oekonomische Panel (SOEP) ist die größte und am längsten laufende multidisziplinäre Langzeitstudie in Deutschland. Das SOEP ist am Deutschen Institut für Wirtschaftsforschung (DIW) Berlin angesiedelt und wird als Teil der Forschungsinfrastruktur in Deutschland unter dem Dach der Leibniz-Gemeinschaft (WGL) vom Bundesministerium für Bildung und Forschung (BMBF) und den Ländern gefördert. Das SOEP läuft seit 1984, aktuell werden jedes Jahr rund 30.000 Befragte in etwa 15.000 Haushalten vom Umfas Institut für angewandte Sozialwissenfohaftunefragt. Das Besondere ist, dass jedes Jahr dieselben Menschen befragt werden, und Kinder, die in den Haushalten der Befragten leben, ab dem 16. Lebensjahr in die Befragung »nachrücken«». Dadurch können nicht nur langfristige gesellschaftliche Trends, sondern auch die gruppenspezifische Entwicklung von Lebensläufen besonders gut analysiert werden.

107 Verbraucherzentrale (2021): »Umkehrhypothek und Leibrente: Mietfrei im zuvor eigenen Haus wohnen«, 08.07.2021, https://www.verbraucherzentrale.de/wissen/geld-versiche-

rungen/bau-und-immobilienfinanzierung/umkehrhypothek-und-leibrente-mietfrei-im-zuvor-eigenen-haus-wohnen-10758.

108 AAG: »The History of the Reverse Mortgage«, https://www.aag.com/reverse-mortgage/history/; Senior American Funding, Inc.: »A History of Reverse Mortgage Loans«,https://www.safunding.com/all-about-reverse-mortgages/history-reverse-mortgages/; Gilbert, Michelle Garcia (2020): »The Reverse Mortgage Conundrum«, 10.01.2020, https://dsnews.com/daily-dose/01–10–2020/the-reverse-mortgage-conundrum.

109 Clow, Chris (2021): »October Reverse Mortgage Volume Hits 2021 High, HMBS Record to Break Imminently«, Reverse Mortgage Daily, 03.11.2021, https://reversemortgagedaily.com/2021/11/03/october-reverse-mortgage-volume-hits-2021-high-hmbs-record-to-break-imminently/.

110 U.S. Department of Housing and Urban Development: »Home Equity Conversion Mortgages for Lenders (HECMS)«, https://www.hud.gov/program_offices/housing/sfh/hecm; Congress.gov: »H.R. 1698 – Housing and Community Development Act of 1987«, https://www.congress.gov/bill/100th-congress/house-bill/1698?s=1&r=51.

111 U.S. Department of Housing and Urban Development: »Home Equity Conversion Mortgages for Lenders (HECMS)«, https://www.hud.gov/program_offices/housing/sfh/hecm; Congress.gov: »H.R. 1698 – Housing and Community Development Act of 1987«, https://www.congress.gov/bill/100th-congress/house-bill/1698?s=1&r=51.

112 U.S. Bank: »Today's Mortgage Rates«, https://www.usbank.com/home-loans/mortgage/mortgage-rates.html.

113 U.S. Department of Housing and Urban Development: »Home Equity Conversion Mortgages for Lenders (HECMS)«, https://www.hud.gov/program_offices/housing/sfh/hecm.

114 Ben-Shlomo, Jonathan (2015): »Reverse Mortgage – Ein integrativer Ansatz zur Erklärung der Nachfrage nach

Umkehrhypotheken«, Dissertation Albert-Ludwigs-Universität Freiburg, Wirtschafts- und Verhaltenswissenschaftliche Fakultät, S. 32.

115 All Reverse Mortgage, Inc.: »Current Reverse Mortgage Rates: Today's Rates, APR | ARLO™«, https://reverse.mortgage/rates.

116 Ben-Shlomo, Jonathan (2015): »Reverse Mortgage – Ein integrativer Ansatz zur Erklärung der Nachfrage nach Umkehrhypotheken«, Dissertation Albert-Ludwigs-Universität Freiburg, Wirtschafts- und Verhaltenswissenschaftliche Fakultät, S. 32.

117 Herrera, Michelle (2021): »Home Equity Conversion Mortgage HECM 101«, June6., 20, Michepartment of Housing and Urban Development.

118 »Reverse Mortgages: Polishing Not Tarnishing the Golden Years«, Hearing before the Special Committee on Aging United States Senate, One Hundred Tenth Congress, First Session, 12.12.2007, https://www.govinfo.gov/content/pkg/CHRG-110shrg42743/html/CHRG-110shrg42743.htm.

119 AAG: »The History of the Reverse Mortgage«, https://www.aag.com/reverse-mortgage/history/;
Maricopa Reverse: »History of Reverse Mortgages«, https://maricopareverse.com/history-of-reverse-mortgages/.

120 Guerin, Jessica (2019): »Most homeowners think a reverse mortgage is a last-resort option. Here's why they're wrong«, HW Media, 23.04.2019, https://www.housingwire.com/articles/48858-most-homeowners-think-a-reverse-mortgage-is-a-last-resort-option-heres-why-theyre-wrong/. Branson, Michael (2019): »Reverse Mortgages Are No Longer a ›Last Resort‹«, 01.03.2019, https://reverse.mortgage/no-longer-last-resort.

121 Congress.gov: »H.R.5334 – Housing and Community Development Act of 1992«, https://www.congress.gov/bill/102nd-congress/house-bill/5334; U.S. Department of Housing and Urban Development: »Housing and Community Development Act of 1992«, https://www.hud.gov/sites/documents/SCP_HCDA102–550.PDF.

122 Clow, Chris (2020): »Canadian Reverse Mortgage Debt Rises to $4.3 Billion CAD, Though Demand Slows«, Reverse Mortgage Daily, 17.09.2020, https://reversemortgagedaily.com/2020/09/17/canadian-reverse-mortgage-debt-rises-to-4–3-billion-cad-though-demand-slows/.
123 Financial Consumer Agency of Canada: »Reverse mortgages«, https://www.canada.ca/en/financial-consumer-agency/services/mortgages/reverse-mortgages.html.
124 Ratehub.ca: https://www.ratehub.ca/mortgages.
125 Equitable Bank: »Equitable Bank Reverse Mortgage Solutions«, https://www.equitablebank.ca/residential/reverse-mortgage/comparison-rates?gclid=Cj0KCQjw3IqSBhCoARI-sAMBkTb35cm HRRXb22vGdUGgSKFz9CdZDPApddmD0–85q-j2VClHDsoa2oAAaAsRpEALw_wcB.
126 Seniors' Lending Centre: »How Does a CHIP Reverse Mortgage Work?«, https://seniorslendingcentre.com/home-equity-plan-reverse-mortgage-canada/reverse-mortgage-canada-how-does-it-work/.
127 Seniors' Lending Centre: »How Does a CHIP Reverse Mortgage Work?«, https://seniorslendingcentre.com/home-equity-plan-reverse-mortgage-canada/reverse-mortgage-canada-how-does-it-work/.
128 https://www.theglobeandmail.com/real-estate/mortgages-and-rates/the-reverse-mortgage-quandary/article1391748/
129 Equitable Bank: »Equitable Bank Reverse Mortgage Solutions«, https://www.equitablebank.ca/residential/reverse-mortgage/comparison-rates?gclid=Cj0KCQjw3IqSBhCoARI-sAMBkTb35cm HRRXb22vGdUGgSKFz9CdZDPApddmD0–85q-j2VClHDsoa2oAAaAsRpEALw_wcB.
130 Moneysmart.gov.au: »Reverse Mortgage and home equity release«, https://moneysmart.gov.au/retirement-income/reverse-mortgage-and-home-equity-release.
131 ASIC: »Credit«, https://asic.gov.au/regulatory-resources/credit/.

132 CommBank: »Home loans«, https://www.commbank.com.au/home-loans.html; Moneysmart.gov.au: »Reverse Mortgage and home equity release«, https://moneysmart.gov.au/retirement-income/reverse-mortgage-and-home-equity-release.

133 Equity Keep: »How does a Reverse Mortgage work?«, https://equitykeep.com/how-does-a-reverse-mortgage-work/; Moneysmart.gov.au: »Reverse Mortgage and home equity release«, https://moneysmart.gov.au/retirement-income/reverse-mortgage-and-home-equity-release.

134 CommBank: »Home loans«, https://www.commbank.com.au/home-loans.html; SENIORS FIRST: »FREE Reverse Mortgage Guide«, https://seniorsfirst.com.au/reverse-mortgage/download-free-guide/?gclid=Cj0KCQjw3IqSBhCoARIsAMBkTb1udHcYRDYVlWVanuB5kJcY0MZmbvoukASfg4L-7Ze2F63THm8nkSj0aAkGUEALw_wcB.

135 Equity Keep: »How does a Reverse Mortgage work?«, https://equitykeep.com/how-does-a-reverse-mortgage-work/; SENIORS FIRST: »FREE Reverse Mortgage Guide«, https://seniorsfirst.com.au/reverse-mortgage/download-free-guide/?gclid=Cj0KCQjw3IqSBhCoARIsAMBkTb1udHcYRDYVlWVanuB5kJcY0MZmbvoukASfg4L7Ze2F63THm8nkSj0aAkGUEALw_wcB.

136 Macquarie: »Home loans«, https://www.macquarie.com.au/home-loans.html; CommBank: »Home loans«, https://www.commbank.com.au/home-loans.html.

137 Equity Keep: »How does a Reverse Mortgage work?«, https://equitykeep.com/how-does-a-reverse-mortgage-work/.

138 Equity Keep: »How does a Reverse Mortgage work?«, https://equitykeep.com/how-does-a-reverse-mortgage-work/; ASAG: »Reverse Mortgage in the Australian Capital Territory (ACT)«, https://asagfirst.com.au/locations/reverse-mortgage-in-the-australian-capital-territory/?https://asagfirst.com.au/solutions/regular-instalments/?utm_source=pls&utm_medium=cpc&utm_campaign=pls&utm_id=google_cpc&gclid=Cj0KCQjw3IqSBhCoARIsAMBkTb3T-DWYwmzL9Pqb-

vqXCe_SO8OAG2HBkDZXibMVs6Hw_YWsUma0DsV0aAl-4hEALw_wcB.

139 Ben-Shlomo, Jonathan (2015): »Reverse Mortgage – Ein integrativer Ansatz zur Erklärung der Nachfrage nach Umkehrhypotheken«, Dissertation Albert-Ludwigs-Universität Freiburg, Wirtschafts- und Verhaltenswissenschaftliche Fakultät, S. 35.

140 Lewis, Martin (2022): »Should you equity-release?«, MoneySavingExpert, 08.08.2022, https://www.moneysavingexpert.com/mortgages/equity-release/#content.

141 Ben-Shlomo, Jonathan (2015): »Reverse Mortgage – Ein integrativer Ansatz zur Erklärung der Nachfrage nach Umkehrhypotheken«, Dissertation Albert-Ludwigs-Universität Freiburg, Wirtschafts- und Verhaltenswissenschaftliche Fakultät, S. 35.

142 Lewis, Martin (2022): »Should you equity-release?«, MoneySavingExpert, 08.08.2022, https://www.moneysavingexpert.com/mortgages/equity-release/#content.

143 Baxter, L., Bennett, J. (2006). Building confidence in the equity release market. CML Housing Finance Issue 05/2006

144 Ben-Shlomo, Jonathan (2015): »Reverse Mortgage – Ein integrativer Ansatz zur Erklärung der Nachfrage nach Umkehrhypotheken«, Dissertation Albert-Ludwigs-Universität Freiburg, Wirtschafts- und Verhaltenswissenschaftliche Fakultät, S. 35.

145 Bank of England – Prudential Regulation Authority (2018): »Solvency II: Equity release mortgages«, Consultation Paper CP13/18, Juli 2018, https://www.bankofengland.co.uk/-/media/boe/files/prudential-regulation/consultation-paper/2018/cp1318.pdf?la=en&hash=ACF36142370A7151AE-5C2CDE3F2494190A0EE39E.

146 Cheung, Chloe (2021): »Hodge withdraws from equity release«, FT Adviser, 04.02.2021, https://www.ftadviser.com/mortgages/2021/02/04/hodge-withdraws-from-equity-release/; Jones, Rozi (2021): »Hodge withdraws from equity release lending«, financial reporter, 04.02.2021, https://www.financialreporter.co.uk/later-life/hodge-withdraws-from-equity-release-lending.html.

147 Hodge: »Hodge Life Assurance Company has been sold to Reinsurance Group of America (RGA) with effect from Thursday 1 July 2021«, https://hodgebank.co.uk/mortgages/equity-release/.

148 Lewis, Martin (2022): »Should you equity-release?«, MoneySavingExpert, 08.08.2022, https://www.moneysavingexpert.com/mortgages/equity-release/#content.

149 Ministère de l'Économie, des Finances et de la Souveraineté industrielle et numérique (2022): »Le viager: comment ça marche ?«, Bercy Infos, 08.03.2022, https://www.economie.gouv.fr/particuliers/viager-comment-ca-marche.

150 Ebenda.

151 Die *taxe d'habitation* ist eine Wohnsteuer, die für eine Wohnung oder ein Haus zu entrichten ist. Es handelt sich um eine lokale Steuer, die von der Lage des Objekts und der persönlichen Situation (Einkommen, Zusammensetzung des Haushalts etc.) jeweils am 1. Januar abhängt.

152 Heintze, Alexander und Schüppler, Ulrich (2021): »Die Verrentung kommt ins Rollen«, Immobilien Zeitung 31/2021, 05.08.2021, https://www.iz.de/maerkte/news/-die-verrentung-kommt-ins-rollen-162124.

153 Wikipédia: »Vente en viager d'un bien immobilier en France«, https://fr.wikipedia.org/wiki/Vente_en_viager_d%27un_bien_immobilier_en_France.

154 http://www.viager.com.

155 Schneider, Mike (2009): Kalkulation von Lifetime bzw. Reverse Mortgages: Eine kritische Analyse am Beispiel des US-amerikanischen Home Equity Conversion Mortgage (HECM)-Modells, Wiesbaden: Springer Gabler Verlag, .ei6.

156 Wikipédia: »Vente en viager d'un bien immobilier en France«, https://de.fikipedia.orgwikii/Vente_en_viager_d%27un_bien_immobilier_en_France#cite_ref-3.

157 Schneider, Mike (2009): Kalkulation von Lifetime bzw. Reverse Mortgages: Eine kritische Analyse am Beispiel des US-

amerikanischen Home Equity Conversion Mortgage (HECM)-Modells, Wiesbaden: Springer Gabler Verlag, .ei6.

158 Wikipédia: »Vente en viager d'un bien immobilier en France«, https://de.fikipedia.orgwikii/Vente_en_viager_d%27un_bien_immobilier_en_France#cite_ref-3.

159 Ebenda.

Weitere Quellen und Literatur in Kapitel 5:

immoverkauf24: »Umkehrhypothek: Anbieter, Alternativen, Vor- & Nachteile«, https://www.immoverkauf24.de/immobilienverkauf/immobilienverkauf-a-z/umkehrhypothek/

Immo-Rente: https://www.immorente.de.

Falk, Bernd (Hrsg.) (2002): Fachlexikon Immobilienwirtschaft, 3. Auflage, Köln: Rudolf Müller.

Kapitel 6

160 BaFin Bundesanstalt für Finanzdienstleistungsaufsicht: »Wohnimmobilienkreditrichtlinie«, Beitrag aus dem Jahresbericht 2016 der BaFin, https://www.bafin.de/DE/PublikationenDaten/Jahresbericht/Jahresbericht2016/Kapitel2/Kapitel2_1/Kapitel2_1_7/kapitel2_1_7_node.html.

161 Kazemieh, Susanne (2020): »Baufinanzierung im Alter«, FinanzKun.de, 17.09.2020, https://finanzkun.de/artikel/baufinanzierung-im-alter/.

162 Dr. Klein: »Modernisierungskredit sei Dank: Neuer Glanz für alte Hütten«, https://www.drklein.de/modernisierungskredit.html.

163 Dr. Klein: »Modernisierungskredit sei Dank: Neuer Glanz für alte Hütten«, https://www.drklein.de/modernisierungskredit.html.

164 ING: https://www.ing.de/kredit/.

165 verivox: »Top-Kredite vergleichen – 40 % Zinsen sparen«, https://www.verivox.de/ratenkredit/vergleich/?kreditbetrag=20000&kreditlaufzeit=84&verwendung=12&Clickout=1&campaignid=8289630364&gclid=CjwKCAjwu_

mSBhAYEiwA5BBmf4yZc1C6×2u6–9HS6Y9Ir4bEugs6lv7lag-Jo3M_hTROQ7DMFAz81ZBoCEQ0QAvD_BwE#!/.
166 Krux, Rudolf: »›2/3 aller Kunden erhalten‹: Das sollten Sie über den Zweidrittelzins wissen«, finanzvergleich.com, https://finanzvergleich.com/kredit/zweidrittelzins/.
167 Barlage, Britta: »Wie entwickeln sich die Bauzinsen in der Baufinanzierung? Unsere Zins-Charts«, interhyp, https://www.interhyp.de/ratgeber/was-muss-ich-wissen/zinsen/zins-charts.html.
168 Schmidt, Jens: »Darlehen für Rentner OHNE Rückzahlung zu Lebzeiten«, Allianz Bremen, Portal der Wirtschaft, https://www.portalderwirtschaft.de/pressemitteilung/335747/darlehen-fuer-rentner-ohne-rueckzahlung-zu-lebzeiten.html.
169 Allianz: »Allianz BestAger Finanzierung«, https://www.allianz.de/recht-und-eigentum/baufinanzierung/bestagerfinanzierung/.
170 Allianz Hauptvertretung Jens Schmidt (2021): »Leuchtturm der BestAger – Darlehen für Rentner«, Pressemitteilung 27.09.2021, openPR, https://www.openpr.de/news/1217881/Leuchtturm-der-BestAger-Darlehen-fuer-Rentner.html.
171 Ebenda.
172 Weber, Barbara: »Der Hauskredit für Rentner«, Finanztip, https://www.finanztip.de/immobilienverrentung/umkehrhypothek/.
173 Sparkasse am Niederrhein: »Das Sparkassen-Rentendarlehen«, https://www.sparkasse-am-niederrhein.de/de/home/privatkunden/altersvorsorge/rentendarlehen.html.
174 VR Bank München Land eG: »VR ImmoFix SofortRente«, https://www.vr-bank-muenchen-land.de/privatkunden/kredit-baufinanzierung/kredit/vr-immofix-sofortrente.html.
175 VR-Bank Würzburg: »Finanzierung für Eigentümer«, https://www.vr-bank-wuerzburg.de/privatkunden/baufinanzierung/finanzierung-fuer-eigentuemer.html.
176 Christner, Florian (2021): »VR Immobilienrente: Liquiditätslösung für Hausbesitzer«, Profil 11/2021, https://www.profil.

bayern/11–2021/praxis/vr-immobilienrente-liquiditaetsloesung-fuer-hausbesitzer/.
177 biallo.de (2021): »›Wir machen Immobilien-Vermögen wieder flüssig‹«, 28.01.2022, https://www.biallo.de/baufinanzierung/news/betongold-interview-armin-schwarze-volksbank-dortmund-nordwest/.

Kapitel 7

178 Herz, Carsten & Leitel, Kerstin (2022): »Vermieter suchen nach Wegen, Mieteinnahmen an Preissteigerung anzupassen«, Handelsblatt, 07.06.2022, https://www.handelsblatt.com/finanzen/inflation-vermieter-suchen-nach-wegen-mieteinnahmen-an-preissteigerung-anzupassen/28389626.html.
179 Hartmann, Jutta (2022): »Steigender Verbraucherpreisindex und Indexmiete«, Deutscher Mieterbund, 21.04.2022, https://www.mieterbund.de/presse/pressemeldung-detailansicht/article/68600-steigender-verbraucherpreisindex-und-indexmiete.html.
180 Statistisches Bundesamt (2022): »Preise für Wohnimmobilien im 1. Quartal 2022: +12,0 % zum Vorjahresquartal«, Pressemitteilung Nr. 265 vom 24. Juni 2022, https://www.destatis.de/DE/Presse/Pressemitteilungen/2022/06/PD22_265_61262.html.
181 Morgenstern, Klaus (2022): »Immobilienverrentung braucht Regulierung«, Deutsches Institut für Altersvorsorge, 28.04.2022, https://www.dia-vorsorge.de/presse/immobilienverrentung-braucht-regulierung/.